JN058216

鳥谷 一生 [著]

# 中国・金融「自由化」 と 人民元「国際化」 の 政治経済学

「改革・開放」後の中国金融経済 40 年史

The Political Economy of Financial Liberalization
and Renminbi Internationalization of China,

its History of Financial Economy for 40 years after 'Reform and Opening'

晃洋書房

# はじめに

　2016年10月，中国・人民元はIMF特別引出権SDR（Special Drawing Rights）を構成する主要国通貨入りを果たした．同日，人民中国建国を祝う国慶節を迎えた中国にとって，正に面目躍如，慶賀すべき日になったであろう．

　さて，2008年秋のリーマン・ショックを契機にアメリカ発世界金融危機が勃発，その直撃を受けた中国は輸出の激減に見舞われた．春節を控えた11月，中国政府は4兆元（約60兆円）に上る公共投資を中心とした内需拡大策を打ち出した．その後2009年3月，中国人民銀行周小川総裁（当時）は，SDRを軸とした国際通貨制度改革構想「关于改革国际货币体系的思考」を発表し，IMF・G7をはじめ各国財政金融関係者及び国際金融界の関心を大いに引くこととなった．そして同年7月人民元建貿易取引が開始し，人民元「国際化」が始まった．

　それから10年，中国が実施した景気回復政策は，不動産と株式バブルを誘発させる一方で，国内外には巨額の債務が積み上がるに至った．それと共に，人民元「国際化」も道半ばにて，今日ほぼ立ち往生しているのが現状である．

　2001年末，WTO加盟を契機に「世界の工場」，「世界の消費市場」と謳われ，高度経済成長を疾駆してきた中国経済であるが，その債務額はGDPの300％にも迫る勢いである．世界最大の人口約14億人を擁し，世界第2位のGDPを誇る中国経済の債務大国化，さて世界経済は受け容れることができるであろうか．換言すれば，世界経済は，「債務主導型経済成長（debt-driven economic growth）」に転じた中国経済を受け止めつつ，世界全体の安定と成長に結びつけることができるかということである．これに成功すればよし，さもなくば中国経済と世界経済には大きな亀裂が走り，その影響は'チャイナ・リスク'として単に経済次元に止まらず，政治的軍事的緊張へと発展する可能性さえある．正に「トゥキュディデスの罠」である．

　もっとも，2008年のリーマン・ショック後，中国がとった4兆元もの公共事業政策について，当時のIMF専務理事シュトラスカーンは最大の賛辞を

贈った．現にこの間の世界経済も，中国の経済成長に牽引されることによって，辛うじてプラス成長を維持することができたことを忘れる訳にはいかない．それゆえ，加熱する不動産投資と株式バブルに依存した経済成長が限界に達し，「新常態（New Normal）」時代を迎えた中国経済が，今後益々増加するであろう不良債権をいかに処理し，重厚長大産業に偏重した経済構造をいかにソフト・ランディングできるかは，世界経済にとっても極めて重要な意義を有している．

　そこで本書は，金融論と国際金融論の観点から現代中国経済についてアプローチし，併せて世界経済の行く末を考えることを目的としている．もっとも，これら二つの分析視角は，「社会主義市場経済」の中国にとって正に泣き所である．なぜなら，金融の「自由化」は，財政を梃子とした計画と指令の「社会主義」経済に楔を打ち込むであろうし，人民元の「国際化」は為替相場制度の在り方を通じ，計画経済下の資源配分の在り方に対外的側面から圧力を加えることになるからである．要するにキーワードは金利と為替であって，本書の書名に金融「自由化」と人民元「国際化」と併記した理由もここにある．

　本書は，これまで発表してきた大学紀要論文を適宜抜粋して加筆修正する一方で，いくつかの章については新たに書き下ろし，全体を再構成したものである．「社会主義的市場経済」下，中国が直面する経済諸問題の一般性と歴史的段階的特殊性について分析が成功していればと願うばかりである．読者諸氏より忌憚のないご批判を賜ることができればと考える．

　京都・東山を望む研究室にて

　　　　　　　　　　　　　　　　　　　　　　　　筆　　　者

# 目　　次

# 掲載図表一覧

# 欧文用語一覧

AMC（Asset Management Company）　資産管理会社

APEC（Asia-Pacific Economic Cooperation）　アジア太平洋経済協力会議

ASEAN（Association of Southeast Asian Nations）　東南アジア諸国連合

CFETS（China Foreign Exchange Trade System）　中国外貨取引センター

CIPS（RMB Cross-Border Interbank Payment System）　クロスボーダー人民元決済システム

CNAPS（China National Advanced Payment System）　中国資金決済システム

CNH（Chinese Hong Kong）　香港のオフショア市場で建てられる人民元為替相場

CNY（Chines Yuan）　上海のオンショア市場で建てられる人民元為替相場

DES（Debt Equity Swap）　デット・エクイティ・スワップ，「債務の株式化」

EPA（Economic Partnership Agreement）　経済連携協定

FTA（Free Trade Agreement）　自由貿易協定

GATT（General Agreement on Tariffs and Trade）　関税と貿易に関する一般協定

Hibor（Hong Kong Interbank Offered Rate）　香港銀行間取引金利

HKMA（Hong Kong Monetary Authority）　香港金融管理局

HSBC（Hong Kong and Shanghai Banking Corporation）　香港上海銀行

IMF（International Monetary Fund）　国際通貨基金

IPO（Initial Public Offering）　新規株式公開

LGFV（Local Government Financing Vehicle）　地方融資平台

NIES（Newly Indutrializing Economies）　新興工業経済地域

QDII（Qualified Domestic Institutional Investor）　適格国内機関投資家

QFII（qualified Foreign Institutional Investor）　適格海外機関投資家

RCEP（Regional Comprehensive Economic Partnership）　東アジア地域包括的経済連携

RMB（Renminbi）　人民元

RQFII（Renminbi Qualified Instutional Investor）　人民元建適格海外機関投資家

SDR（Special Drawing Rights）　IMF特別引き出し権

Shibor（Shanghai Interbank Offered Rate）　上海銀行間取引金利

WTO（World Trade Organization）　世界貿易機関

# 第 I 部

## 本書の視角
――歴史的理論的諸問題について――

# 第1章　近代化・工業化と「社会主義」の理念と現実

## 第1節　国民経済形成の歴史理論

　中学校や高校の歴史の教科書で習った通り，15世紀のルネサンス——仏語Renaissanceは「再生」・「復活」を意味し，ギリシア・ローマの古典文化を復興しようとする文化運動を通じた人間の「再発見」を意味した——に始まる西欧世界の近代化は，18世紀末のアメリカ独立戦争とフランス市民革命といった一連の政治革命によって絶対主義体制を打倒し，近代市民社会を生み出した．

　他方，こうした近代市民社会で生きる人間の物的経済活動は，政治革命とほぼ同時期に始まった産業革命＝工業化に支えられつつあった．木材から石炭へ，内燃装置と蒸気に駆動された機械装置，牛馬車から蒸気列車へ，鉄道網と大量輸送，大航海時代の帆船から蒸気船へ，そして世界的物流網の構築……．

　さて，このように物的経済的環境が科学技術の発展と共に大きく進んでいく時代，人間は旧態依然たる封建制的共同体に閉じこもることはできないであろう．いや，むしろ近代政治革命は，そうした封建的社会の強制的人格的拘束を解き，人間の自由を指向するものであった．その帰結が今日の基本的人権といってよい．

　しかし，地縁・血縁で結ばれていた封建的共同体は，絶対王政下の共同体の掟（ルール）に従う限りにおいて，人々に最低限の衣食住を保証していたといってよい．そうした自給自足的共同体おいても，長い時間を経る中徐々に生産技術は向上し，生産力が増大していった．例えば治山治水事業の積み重ね，品種改良や作付・施肥のノウハウ改善，冶金技術や工作機械の発展等を考えてみるとよい．こうして，自給自足的な共同体の生産力が増大するにつれ，そこに余剰生産物が生まれ，これを背景に共同体間の取引が始まっていった．或い

は自然的条件によって天然鉱物資源の賦存に恵まれていれば，これを特産物として交易に回すことになった．ここに商品経済＝市場経済の始まり，貨幣を交換手段とする取引の始源がある．

　しかし，このことはそれまでの共同体の生産の在り方を変容させることにもなる．なぜなら，増大する生産力が背景にあって，あくまで共同体にとっては余剰となった生産物が商品となり，貨幣となって実現したところが，一旦貨幣を手に入れるや，ありとあらゆる商品を手中に収めることができることから，貨幣を手に入れるために商品を生産することになってしまうからである．「生産→商品→貨幣の論理」の「貨幣→商品→生産の論理」への転倒，「目的：共同体の生存→手段：貨幣」から「目的：貨幣→手段：共同体の生存」というように，目的と手段の転倒である．こうして，商品・貨幣経済＝市場経済の発展は古の牧歌的な生産共同体を徐々に変容せしめていくことになったのである．そして上に記した近代市民革命と産業革命＝工業化は，長い中世の時代を経ながら商品・貨幣経済＝市場経済の浸透を通じ変容を迫られつつあった封建共同体に最後の一撃を加え，その決定的な解体に追い込むことになった．

　商品・貨幣経済＝市場経済の浸透は，宗教的・政治的権威に拘束された社会規範の通用力を低下させ，代わって社会の総ては貨幣に支配されるようになった．それと共に，地縁・血縁で結びついた封建共同体内の掟に拘束された社会的人間関係も変容を迫られ，共同体の人間は職業・移動・婚姻の自由を得るようになった．人々は農村等一次産業主体の地域共同体から離れ，都市へと移動した．「都市の空気は人間を自由にする（Stadtluft macht frei）」との勢いは社会で一段と増していった．

　こうして自らの労働の処分権を得た人々は，産業革命＝工業化を迎えた都市部で或いは工業地帯・沿海地域で，賃金と引き換えに労働者となって働くようになった．今日まで続く地方から都市への社会的人口移動の起源がここにある．その一方で，労働者は，彼らの労働を差配し処分する一群の産業資本家と対峙しなければならなかった．こうして商品経済＝市場経済は，貨幣による人間労働の支配を通じ，一群の資本家＝企業家と多数の無産労働者とに二極分化するようになった．いわゆる資本主義時代の到来である．

　ところで，いずれの社会であっても，人間が一定の社会的範囲で生きていく

以上，そこには農業と工業とのバランス，両産業間で投入される生産要素と産出される生産物との均衡が保持されなければならない．さもなくば，巨大な住宅マンションがモニュメントの如く林立する一方で，人々は塗炭の苦しみを味わうことになるやもしれず，或いは生産活動は全くの手労働の人海戦術でありながら，一部の人間たちのみ贅沢三昧の栄耀栄華を極めるかもしれない．いずれであれ，そうした社会で人々の安寧は保たれるはずもなく，遂には社会の秩序は乱れ革命とクーデターによる政変に転じるというのが，歴史の教えるところである．

このことは，近代国民国家が国境によって画した一定の社会的経済空間，すなわち国民経済にも当てはまることである．したがって，一定の期間内における農業と工業との社会的バランスこそは，国民経済の均衡ある発展の要諦といえよう．[1]

だが，国民経済が工業に牽引されて発展していくとなれば，食糧生産には直接従事しない工業技術者・工場労働者・事業経営者等々の累々たる積み重ねとそれによる科学的知見・技術・ノウハウ等の次世代への伝授がなくてはならない．そのためにも，義務教育から高等教育までの教育制度が必要であるし，彼らが直接生産には従事しない以上，労働の現場を離れたのちの生存を保障するための社会制度も必要となろう．そしてこれらの社会的ファンド（剰余）を支えるのが，農業等の食料生産業である．その一方で，彼ら工業技術者・工場労働者が製造する工業技術を用い，更には事業経営者によって生産流通組織が一段と合理化されることで，農業等の食料生産業の生産力は格段に向上していくことになる．こうして，彼ら工業技術者・工場労働者・事業経営者等々の社会的積み上げとそれによる科学的知見・技術・ノウハウ等の発展が可能となる．

## 第2節　「社会主義の理念」とは何であったか

しかし，農業と工業の均衡ある発展は，あくまで理想である．なぜなら，資本主義経済の発展は，一群の資本家（ブルジョア）＝企業家と多数の無産労働者（プロレタリア）への二極化による貧富の格差を生み出すからである．「持てる者」と「持たざる者」との社会的亀裂，今日ある「格差問題」の始源もここに

あるといってよい．特に社会保障制度もなければ，公的義務教育制度さえ根付いていなかった 19 世紀の時代，労働法制も未整備のまま，労働現場は低賃金の長時間労働はおろか，児童労働さえ蔓延していた社会であった．かくて過酷な労働条件に呻吟する労働者と彼ら労働者を使用し企業利潤を懐に入れる資本家＝企業家との間の貧富の格差は，資本家対労働者の階級対立として深刻化していった．そうした社会的緊張の中で，働く者の利益を保護することを目的に，職場では職別・産業別に労働運動が組織化され，これら労働運動を支持母体とする無産者政党が，資本主義の母国たるイギリスはもとより，西欧そしてアメリカにも広がっていった．日本の場合には，1920 年代，大正デモクラシーの頃が，正にその黎明期にあたる．

　こうして工業化を軸に資本主義が発展すると共に深刻化する階級対立は，労働運動に支えられた無産者政党を生み出し，これが社会主義政党として先進資本主義各国の政治史上に登場するようになった．もっとも，社会主義を標榜する政党の理念には，かなりのヴァリアントが存在したが，ここでは最も代表的な K. マルクス＝ F. エンゲルスの 1848 年『共産党宣言』に記されている理念を掲げておこう．

　「一　土地所有を収奪し，地代を国家の経費にあてること．

　　二　強度の累進所得税．

　　三　相続権の廃止．

　　四　すべての亡命者および反逆者の財産の没収．

　　五　排他的な独占権をもった，国家資本による単一の国立銀行をつうじて，信用を国家の手に集中すること．

　　六　全運輸機関を国家の手に集中すること．

　　七　国有工場と生産用具を増大させること，単一の共同計画によって土地を開墾し改良すること．

　　八　万人平等の労働義務．産業軍，とくに農耕産業軍の設置．

　　九　農業経営と工業経営を統合すること．都市と農村の対立をしだいに除去するようにつとめること．

　　十　すべての児童に対する公共の無償教育．今日おこなわれている形態

での児童の工場労働の撤廃．教育と物的生産との結合，その他.」[2]

　いかがであろうか．1980年代後半のバブル経済を経て「失われた20年」を経験した日本経済，そして2008年のリーマンショックを契機としたアメリカ発世界金融恐慌の直撃を受けた欧米及び日本の経済社会，非正規雇用の蔓延と「格差社会」の現実を知る者たちにとって，『同宣言』に掲げられた政治理念に，特に違和感は感じられないのではないか．なぜなら，掲げられた政治理念の多くは，19世以降，特に第二次世界大戦後の西側先進諸国でも，憲法に銘記され或いは右派・左派の違いはあれ，政権の座に就いた政党が実際に政策運営していく段となった場合，最大公約数として共有してきた政策目標であり，またそれによって作り込まれてきた社会制度だからである．恐らく違和感があるとすれば，生産手段の国有化ということであろうか．つまり，株式資本制の私企業を国有化，広くいえば公有化して，その生産の在り方を社会化しようということである．

　では，なぜ株式資本制の私企業を公有化して，生産の在り方を社会化しなければならないのか．それは，優勝劣敗の自由競争を前提とした場合，企業は大量生産をもって価格競争──「規模の経済」に働きかけ，限界費用の低廉化を図る──を仕掛け[3]，マーケット・シェアの占拠・拡大を実現しようとするからである．そのため，資本家＝企業家は徹底した賃金抑制を図るだけでなく，獲得した利潤の一部を留保し新技術の導入のために蓄積しようとする．その結果，一方で大量生産が行われるも，労働賃金を所得とする広範な労働者及びその家族の消費生活水準は低下するため，国民経済の生産と消費はバランスを失い，過剰生産＝過少消費に陥ってしまう．過剰生産に陥った企業は，いよいよもって賃金抑制を図るであろうし，場合によっては売れ残った在庫を抱えて倒産の憂き目にあう．それと同時に労働者も職を失い，一家は路頭に迷うこととなる．正に失業と消費低迷によるデフレ・スパイラルである．

　このように国民経済の生産と消費の矛盾が噴出したところ，社会の安寧は保たれるはずもない．そうであるが故に，過剰生産を避けるべく，株式資本制下，経営者・株主が掌握する生産の指揮経営権を剥奪し，労働時間＝生産数量を社会的にコントロールできる政治社会体制＝「社会主義」に転換していかねばな

らないという訳である．マルクス『共産党宣言』に掲げられた理念の一つである生産手段の国有化は，このように考えられよう．[4]

　この点から考えれば，「社会主義」とは過剰生産に陥る程に工業力が発展した資本主義諸国で初めて政治理念として俎上に上がってくるし，実現できることにもなる．しかし，'社会主義の悲劇'はここから始まる．なぜなら，20世紀以降，「社会主義」を標榜する政党が政権を長きにわたって担ってきた国は，おしなべて資本主義が十分に発展していなかったロシアや旧植民地の発展途上国だったからである．[5]

## 第3節　工業化と外資導入・輸出指向工業化

　近代市民革命後の長い工業化の歴史過程を主導した欧米諸国や日本の帝国主義列強とは違い，これら列強の工業化のための踏み台となって徹底的に蹂躙された植民地——イギリスが奴隷貿易と奴隷制を法的に廃止したのは1807年と1833年，フランスは1848年に奴隷制を禁止——には，教育や社会保険を支える社会的ファンドはおろか，工業化のための技術的蓄積も全くなかったといってよい．むしろ，これら植民地はかつての帝国主義本国のために伝統産業を失い，或いは自らが口にしない換金作物の生産を強いられて，最早均衡ある農業と工業との発展など望むべくもなかった．したがって，第二次世界大戦後，これら旧植民地が政治的独立を実現するも，国民経済として経済的自立化を図ることは極めて難しく，その歩みは正に苦難の道のりであった．[6]

　こうした資本主義世界体制の歩みにおいて，「帝国主義の最も弱い環」に位置したロシアにおいて，第一次世界大戦中の1917年，「パンと平和を」求めて世界で初めて社会主義革命が実現した．だが革命を主導し政権に就いたロシア社会民主党党首 V. I. レーニンが，1920年ゴエルロ計画（国家電化計画）を作成した際に記した有名な文言は，「共産主義とはソビエト権力に全国的電化を加えたものである」．ちなみにソビエトとは，革命に蜂起した労働者・農民・兵士によって自然発生的に形成された評議会のことであり，後にソビエト連邦として継承された．他方，引用の全国的電化を工業化と読み替えれば，「社会主義」を掲げて革命を実現し政権の座に就いたレーニンが直面したことは，工業

化であった．

　もっとも，ツアー（皇帝）の圧政が続いてきたロシアで遂に農奴解放令が発せられたのは，1861年であった．農奴制がロシアの社会規範に残した影響は極めて深く且つ広範に及び，その遺制が長い間ロシアの政治経済社会を拘束してきた．いわゆる絶対主義的封建遺制である．そうした社会において，社会主義を理念に掲げて政権を奪取したレーニンが直面した課題が工業化であり，そのための「生産手段の国有化」であった．

　だが，「生産手段の国有化」とは，本来過剰生産に陥るほどにまで発達した資本主義諸国であるが故に，生産力をコントロールして生産過剰の抑制に努めるための政策ツールであった．ところが，レーニンがいう「生産手段の国有化」とは，国有企業主導でむしろ工業化を進めようというものであった．共に社会主義を理念とし，「生産手段の国有化」を同じく政策手段としても，その目的と手段は全く逆転している．正に「上からの革命」であり，そうした逆立ちした「生産手段の国有化」による工業を支えるための社会的ファンドを作り出すべく，土地の国有化と農業の集団化という政策が併せて取られた．工業化のための強制労働，収穫した農産物の強制供出が政治権力によって実施され，[7]反対すれば反革命罪としてシベリアの強制収容所——ノーベル文学賞を受賞したソレジェニーチンの『収容所群島』が想起される——送り，最悪は処刑の運命であった．[8]

　18世紀，西欧の近代化と工業化の影響を多分に受け，19世紀当時，世界の列強の一つに数えられたロシアの現実でさえ，上記の通りであった．1840年のアヘン戦争に敗北して以降，帝国主義列強の軍事的介入を受けて「半植民地」状態であった中国，そして第二次世界大戦後ようやく政治的独立を勝ち得た旧植民地諸国，これら諸国が工業と農業の均衡を得た国民経済を実現していくことが，近代以降の人間の歴史に照らしていかに至難の道のりであるか，ここで一度立ち止まって振り返る必要がある．今日先進諸国である旧植民地本国の発展と後発開発途上国・発展途上国・新興諸国といわれる旧植民地諸国とは，歴史的に構造化された表裏の関係——従属学派のいう「中心」と「周辺」の関係——にあるといわねばならないのである．

　そこで，こうした理解を踏まえて**図表1-1**をみてみよう．農業と工業との均

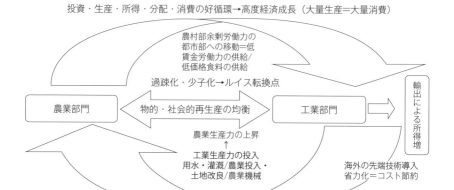

投資・生産・所得・分配・消費の好循環→高度経済成長（大量生産＝大量消費）

農村部余剰労働力の
都市部への移動＝低
賃金労働力の供給/
低価格食料の供給

過疎化・少子化→ルイス転換点

| 農業部門 | ←物的・社会的再生産の均衡→ | 工業部門 |

輸出による所得増

農業生産力の上昇
↑
工業生産力の投入
用水・灌漑/農業投入・
土地改良/農業機械

海外の先端技術導入
省力化＝コスト節約

**図表 1-1　輸出指向工業化政策と国民経済の概念図**

[出所] 筆者作成.

衡が国民経済発展の要諦であることは，既に記した．しかし，工業化を機関車に発展するのが資本主義経済である．したがって，急激な工業化のための社会的ファンドは，農業を踏み台にするか，海外への輸出によって積み上げていくしかない[9]．農業を踏み台にするとなれば，農家収入を抑え込み，工業育成のための社会的ファンドを形成していくしかない．だが，こうした段階で国内市場向けに工業生産を行っても，国内消費市場が狭隘なままでは，生産と消費の矛盾は必ずや露見する．旧植民地諸国が政治的独立を勝ち取り，次に経済的自立を目指そうとした段階で起きた状況が正にこうしたことであった．旧植民地宗主国から機械技術を輸入し，国内で工業生産力を育成しようという輸入代替工業化戦略が緒に就いたばかりの段階で，大量生産の工業生産力に対する国内の購買力不足という問題が先鋭化してきた．しかも国民の大半が農業等第一次産業に従事していた当時，国内購買力不足の背景には，大土地所有制度と小作農の問題が存在していた．なぜなら，彼ら小作農は，一方で地主に高い小作料を要求されるも，所得・価格弾力性の低い農産物販売収入だけに依存していたため，その消費購買力は低水準に留まっていたのである．加えて，工業化を推進する資本家＝企業家は政府と結託し，時に極めて専制的な政治権力を揮い，軍部がこれに加担をするという構図がみられた．

　こうして輸入代替工業化戦略は，国内の経済的疲弊と政治的混乱をもたらし，1970 年代半ば以降，外資導入・輸出指向工業化戦略に転換していった．

　では，外資導入・輸出指向工業化戦略とは何か？　それは，国民経済の機関車役たる工業設備プラントを低賃金労働力を誘因に進出してくる外国資本，すなわち多国籍企業に委ねる一方で，進出してきた外国資本は，生産する工業製品の販路を投資受け入れ国に求めるのではなく，海外市場に求めるという開発戦略である．したがって，外資導入・輸出指向工業化戦略が実現するためには，自由貿易の堅持と直接投資の対外開放という国際経済秩序が前提となる．1980 年代の韓国・台湾・香港・シンガポールといったアジア NIEs の高度経済成長，1990 年代のマレーシア・タイ・インドネシアといった ASEAN 諸国の経済発展，そして 1978 年中国の「改革・開放」への転換と 2001 年 WTO 加盟を契機とした高度経済成長，更にはこれに続かんとするベトナム，ミャンマーの開発政策も，同じ成長戦略である．

　以上，崩壊したソ連，そして第二次世界大戦直後には後進国といわれ，1970〜90 年代には発展途上国，最近では新興経済諸国といわれる国・地域の工業化と経済社会開発戦略について述べてきた．19 世紀以降の資本主義世界経済において，旧帝国主義諸国の土台となり捨て鉢とされてきた旧植民地諸国の工業化が，いかに苦難な道であったか，想像に難くないであろう．そうした苦難の道を歩みながらも，高度経済成長を実現してきた東アジア地域経済において　押し並べて量・質両面において政府の役割の重要性を強調したのが 1994 年の世界銀行年次報告書『東アジアの奇跡――経済成長と政府の役割――』であった．

　もっとも，工業化と社会開発を急いできた東アジア地域の経済社会には，次のような三つの特徴があると指摘されている．

　第一に農地改革である．これについては，前掲**図表 1-1** での説明に立ち返れば理解できよう．土地制度改革による小作農制度を廃止し，農業の機械化と農民の富裕化を実現することで，農業生産力が上昇すると同時に，農民は大量に生産される工業製品の消費者となるのである．第二は上に記した輸出指向工業化戦略であり，再言は不要であろう．そして第三は「金融抑圧（financial repression）」であり，この点については第 4 章第 2 節（2）で再度言及する．[10]

# 第4節　国民経済の所得・資源分配の軸心
## ——財政か金融か——

　「社会主義的市場経済」を掲げる中国である．その中国経済を分析するにあたっては，「社会主義」と「市場経済」の二つの経済システムの体制的差異について最低限理論的に明らかにしておく必要があろう．

　一定期間における一国経済の付加価値の総計がGDPである．GDPを支出面からみた場合，GDP＝消費＋投資＋政府支出＋（輸出等－輸入等）であり，分配面からみた場合には，GDP＝消費＋貯蓄＋租税となる．したがって，「（貯蓄－投資）－（政府支出－租税）＝（輸出等－輸入等）」となり，これがマクロ経済学にいういわゆる「貯蓄＝投資論」である．そして等号＝右辺の（輸出等－輸入等）が，いわゆる '外需' である．

　ところで，いまハロッド＝ドーマーの保証成長率にしたがえば，高い経済成長率は貯蓄率が高く，資本係数（一定期間における産出高Yに対する生産に投入した資本量Kの比率でK/Y）が低い場合に実現されることになる．[11]したがって，国民経済には消費対投資，貯蓄対投資に一定のバランスが必要であることになるが，実はここに投資主導型経済成長の「持続可能性（sustainability）」に係る二つの問題が潜んでいる．

　第一に，現実の金融取引においては，1単位の貯蓄に数倍のレバレッジが掛けられて資産運用されていることである．例えば商業銀行の「信用創造乗数」一つをとってもそうであるし，これが「シャドウ・バンキング」となると，そうした資産運用が交錯し，金融資産＝負債が膨張することになる．したがって，現実の金融はレバレッジを幾重にもかけられた貸借金融取引でありながらも，フローの付加価値をベースとするマクロ経済学は金融資産＝負債の価格変動リスクを対象の外に置いている．そのため「貯蓄＝投資論」は，現実の金融経済を分析する段になると，往々にしてその妥当性を失うのである．

　第二に，「貯蓄＝投資論」によれば，貿易・経常収支＝（輸出等－輸入等）の対外バランスが黒字である限り，理論的には国内投資が国内貯蓄でファイナンスされることになり，国内投資の質に係わる問題は看過されがちである．そのため貿易・経常収支黒字は国内の貯蓄超過に胡坐をかいたユーフォリアが蔓

延し，往々にして安易な金融ブームを生み出す背景になってきた．逆に貿易・経常収支が赤字の場合，国内は過剰消費＝過少貯蓄であり，不足する貯蓄分は対外借り入れによって資金ファイナンスされざるをえなくなる．だが非居住者がこの経常収支赤字ファイナンスを拒否した場合，一国国民経済は為替暴落と深刻なシステミック・リスクに直面する．このように，「貯蓄−投資のバランス」が崩れ始めた時，一国国民経済は長期構造的な対外債務国に転落する門口に立ち，その先には深刻な危機が待ち受けていることになる．

　さて，上記の二つの論点を踏まえたところで，本節のタイトルである「国民経済の所得・資源分配の軸心——財政か金融か——」が指示する問題の所在は理解できよう．マクロ経済学が示す「貯蓄＝投資論」に則るとすれば，現実の金融取引にみられるようなレバレッジを数倍に掛けた投機的金融取引は規制されるべきであり，財政をもって国民経済の所得・資源配分の軸心とすべきこととなる．恐らくは，これが本来のケインズ経済学＝マクロ経済学の考えであったであろう．したがって，財政に従う信用秩序を維持するには金融「自由化」に対しては慎重であるべきであろう．しかし，財政に重心を置いた経済秩序を維持すべく，各種業務・業際規制は‘屋上屋を架す’が如く積み重なり，行政組織は拡大し「大きな政府」となる．その行き着く先は開発独裁型か国家と独占資本が癒着した資本主義というのが，これまでの歴史であった．

　逆に，金融の「自由化」は，国民経済の所得・資源配分を金融市場を中心とした市場原理に置くが故に，こうした財政の役割にネガティブな烙印を捺して「小さな政府」とならざるをえない．もっとも需給の変化が価格変動に表れる市場において，価格変動リスクを回避するには現物取引に対する先物取引が要請され，次にはアウトライト取引が現物・先物の価格変動リスクを自身の収益機会とする一方で，リスクそれ自体は市場の中に戻されて先送りされる[12]．これが調整的といわれる市場メカニズムである．こうして国民経済は投機的取引を組み入れた市場原理主義に資源配分を委ね，所得配分はその帰結である．その現実が「格差問題」である．なぜなら，市場原理は所詮優勝劣敗，遂には一人の勝者と無数の敗者を生み出すこと，自由競争は寡占・独占に転化することが論理的に自明だからである．ましてやこうした金融の「自由化」が金融の「国際化」と両輪となって展開するグローバル金融資本主義ともなれば，一握りの

グローバル企業が世界経済を牛耳り,「格差問題」は国内外の社会断層として世界の経済社会に亀裂を走らせることとなろう.

　さて, 中国の掲げる「社会主義的市場経済」, 実に巧妙な言い回しではあるが, 逆に経済社会体制の差異を曖昧にするものである. そこで本節は「国民経済の所得・資源分配の軸心──財政か金融か──」というテーマを設定することで, 本書における問題の一つを明確に示した次第である.

**注**

1)　ここでの理論認識の背景には, 大塚久雄の「国民経済」概念がある. 大塚理論を発展途上国経済論に敷衍して論じた赤羽 (1971), 特に第 1 章を参照.
2)　Marx & Engels (1848) [訳] 495 ページ.
3)　ここでは収穫逓減ではなく, 収穫逓増の原理が優勢である.
4)　ここには, 竹内 (1979) がかつて記した通り, 生産力主義の近代合理主義をいかに乗り越えていくべきかという人類全体の生存に係わる倫理学・哲学の問題が根源として控えているが, ここではこれ以上は言及しない.
5)　以上を取りまとめるにあたって, 本来であれば別途「社会主義論」が必要であろう. だが, 例えば渓内 (1988) が ‘ヒューマニズムの復権’ として第 5 章「展望」に示した通り, 過去の「社会主義論」について社会科学・政治経済学として学ぶべき多くの論点があることは十分に承知するも, 最早絶滅危惧種となったマルクス経済学において現代経済の現実に立った「社会主義論」が提案されているようでもない. そういう意味では, グローバル金融資本主義が 2008 年アメリカ発世界金融経済危機に陥り, その後 10 年以上が経つも, 国内外で「経済格差」は深刻化し, 第二次世界大戦後のアメリカ中心の世界経済秩序に亀裂が走りつつある今日, 改めて「社会主義」を語るとすれば, それは未来を拓くオープンな政治経済学テーマといえるだろう.
6)　アメリカでは南北戦争後の 1865 年憲法修正において奴隷制度が廃止されたが, 人種差別を禁じた公民権法が成立したのは 1964 年であった. イギリスの旧植民地であった南アフリカでは, 1834 年英帝国内での奴隷制廃止に従いはしたものの, 人種差別のアパルトヘイトが法的に廃止されたのは 1991 年, フランスでは, 2001 年 5 月 10 日 ‘Christiane Taubira's Law (トービラ法)’ において, 奴隷制度と大西洋奴隷貿易を人道に対する罪だとようやく公式に認めた.
7)　Sweezy (1980) [訳] 160-162 ページ参照.
8)　革命後, ロシアが工業化を図っていく上で, いかなる社会的現実に直面することになったか. この点については, 同じロシア社会民主党員でロシア革命のリーダーの一人でありながら, レーニン死後権力を掌握したスターリンによってメキシコで暗殺されたトロツキーが明確に記している.「ロシアのブルジョアジーが無力であったため, 君主制や農民の半農奴的隷属属性の廃絶といった後進ロシアの民主主義的課題はプロレタリ

アートの独裁を通じてしか解決できなかった．しかし農民大衆をひきいて権力を獲得したプロレタリアートは，民主主義的な課題でとどまるわけにはいかなかった．ブルジョア革命は社会主義革命の第一段階に直結していた．この事実は偶然的なものではない．資本主義の衰退という諸条件のもとでは，後進国にはかつて資本の本国が到達しえたような水準に到達する可能性が欠けているということ——そのことをこの数十年の歴史はとくにはっきりと証明している．……（中略）……ロシアがプロレタリア革命の道に踏み入ったのは，ロシアの経済が最初に社会主義的変革への準備が整ったからではなく，資本主義の基盤の上ではもはやまったく経済が発達できなかったからである．まず国を未開状態からぬけださせるために生産手段を社会化することが不可欠な条件となった．これが後進国の結合発展の法則である……（中略）……したがってまずはじめには追いつくという課題，すなわち先進資本主義がずっとまえに解決した技術上・生産上の任務を解決するという課題をなおかかえている」．Trotsky（1937）［訳］19-20 ページ．

9)　Marx（1885）は「第 3 篇　社会的総資本の再生産と流通　第 21 章　蓄積と拡大生産」において，拡大再生産における生産財部門と消費財部門の条件について定式化しつつも，拡大再生産においては価値移転額と現物更新額との不一致という理論的問題が最終的に残ったままとなっている．この残された理論問題は金融論の領域となるが，本書の対象から大きく外れるため，ここではこれ以上論じることはしない．小野（1990）を参照．

10)　Kroeber（2016), pp. 9-17.

11)　数学的な補足をしておけば，経済成長率 $\triangle Y/Y$，支出面からみた国民所得 $Y = C + I$，限界消費性向 $c = \triangle C/\triangle Y$ とすれば，$Y = cY + I$，$Y - cY = I$，$(1 - c) Y = I$，$(1 - c) = s$：限界貯蓄性向，$Y = I/(1 - c) = I/s$．資本 K の変化量 $\triangle K$ は投資 I のことであるから，$\triangle K = I$．資本係数 $v = K/Y$ で $K = v \times Y$ であり，v が一定とすれば，$\triangle K = v \times \triangle Y$ となり，$I = v \times \triangle Y$ となる．まとめると $Y = I/(1 - c) = I/s = 1/s \times v \times \triangle Y$ となって，経済成長率 $\triangle Y/Y = s/v$ となる．つまり限界貯蓄性向 s が高いこと，資本係数 v が低いことによって経済成長は実現される．尚，資本係数とは生産物 1 単位を生産するために何倍の資本を必要とするかを示す係数のことで，資本 - 産出高比率ともいう．もっとも，これをマルクス経済学から解釈し直せば，消費を控えて貯蓄に励み，物的資本コストと人件費を節約して所得を増やすことになろう．

12)　例えば，いまミカン 1 個 = 100 円が現物価格で 1 週間後これを転売して利益を得たいが，1 週間後の現物価格は実は誰にも分からない．そこで事前に売買契約を行うのが先物取引であり，いま 1 週間後のミカン 1 個の先物価格 200 円の売り予約をしたとする．単純に「安く買って高く売る」である．もっとも 1 週間後，① ミカンの現物価格が 1 個 150 円となった場合，1 週間前に 200 円で買う側のアウトライト契約を行った業者には，50 円の（含みの）損失がでていることになる．取得原価は 200 円で時価評価は 150 円だからである．② 逆に 1 週間後の現物価格が 250 円となった場合，買う側のアウトライト契約を行った業者は，200 円で買ったミカンを 250 円で売却し 50 円の利益を出す．だが，250 円でミカンを買い込んだ業者が次に売買益を上げるためには，ミカン 1 個の価格は 250 円以上でなければならない．① であればリスクは直ちに取引業者に資産

　　負債調整行動を促すだろうし，②であればリスクは市場の中に先送りされただけである．
こうして市場には延々と価格変動リスクが累積していく．

# 第2章　国際通貨の理論と人民元「国際化」

## 第1節　一国の国民通貨の「国際化」と「国際通貨化」

　人民元の「国際化」或いはかつては円の「国際化」というように，一国の国民通貨の「国際化」はしばしばマスコミを賑わすテーマとなる[1]．しかし，一国の国民通貨の「国際化」と「国際通貨」化そして「基軸通貨」については，明らかに概念に重層的段階性が存在する．次の通りである．

　第一に，一国の国民通貨の「国際化」とは，IMF8条国にいう貿易・経常取引に係る為替取引の「自由化」の第一段階はいうに及ばず，自国の金融資本市場を対外開放し，国際的金融資本取引に係る為替取引を「自由化」するという第二段階を完了したことを指している．今日，この二段階を経て「国際化」を実現している国民通貨といえば，米ドル，ユーロ，英ポンド，日本円，豪ドル，ニュージーランド・ドル，香港ドル，タイ・バーツ，マレーシア・リンギット等が存在する[2]．したがって，人民元「国際化」という限りでは，人民元がこうした諸通貨と同列に並ぶだけであって，「国際化」が直ちに「国際通貨」に転じる訳ではない．

　第二に，では一国の国民通貨が「国際通貨」に転じるとはどういうことか．それは，当該国と当該国以外の相手国との間での貿易・経常取引そして国際的金融資本取引に係る為替取引が当該国国民通貨建で取り組まれることを指す．このことは同時に，相手国為替市場で当該国通貨を基準とした為替相場が建てられる一方で，二国間の国際決済は当該国金融センター所在銀行の預金口座の振替で行われることでもある．留意すべきは，ここにおいて既に「国際通貨」国と相手国に「非対称性（asymmetry）」が内在していることであり，後に記す「流動性のジレンマ論」の問題の根源もここに存在する．

　第三に,「基軸通貨」概念とは, この「国際通貨」概念の上に成立する上位概念である. すなわち, 一国の国民通貨が「国際通貨」に転じた上で, 第三国間の──当該国が取引相手の一方の当事者とはならない──貿易・経常取引, 国際的金融資本取引においても当該国国民通貨建で為替取引が取り組まれる段階である. こうして世界経済のあらゆる取引が当該国通貨建為替手形で決済されるようになり, 世界各国の為替市場では, 当該国通貨を基準とした為替相場が建てられ, 国際的支払い決済の過半が当該国金融センター所在銀行の預金口座の振替に集中するようになる. かくて世界経済には, 当該国民通貨を「基軸通貨」とする非対称的国際通貨システムが成立することになるし, これが米ドルを中心とした現代の国際通貨体制＝「米ドル本位制」である.

## 第2節　「国際通貨」生成の条件と人民元「国際化」

　では, 一体いかなる国の国民通貨が国際通貨, ひいては基軸通貨となりうるのか？　それは次の三つの条件を具えている特定国の国民通貨である.

　第一に, 世界経済の中心国であること

　第二に, 当該国国民通貨の価値が安定していること

　第三に, 当該国に広くて深い開かれた金融市場が存在していること[4]

　では, 中国・人民元が, これら三つの条件を満たしているかどうか少し検討してみよう.

　まずは第一の条件である. 2010 年 GDP 規模で中国は日本を追い抜き世界第2位に踊り出たこと, また各種推計によれば, 2020 年代には中国がアメリカをも凌駕するといわれていること, これらの事情から, 第一の条件はほぼクリアしているといえよう[5].

　次に第二の条件である通貨価値の安定についていえば, 次のようにいえよう. 2005 年 7 月事実上の対米ドル固定相場制から管理フロート制へ移行して以降, 貿易・経常収支黒字の長期構造化によって, 人民元の対米ドル為替相場は強含みに推移してきた. この点で非居住者にとって, 人民元保有に大きなインセンティブが働いた. だが, 2015 年夏の上海株式市場の大崩落と人民元為替相場の下落を契機に, そうしたインセンティブは大きく削がれた. したがって, 通

貨価値の安定性という点で，現状人民元はその条件を満たしておらず，ここに
その「国際化」が立ち往生してしまった大きな理由がある．

　そこで第三の条件である．この点についての評価は最早明白である．非居住
者が中国国内商業銀行に決済用預金口座を開設し，同口座宛に人民元建為替手
形を振り出して国際決済が可能かといえば，これに対しては従来厳しい為替管
理が敷かれてきた．その代わり中国は，国際決済の預金口座をオフショアたる
香港所在銀行に移設させ，対外取引決済に伴う資金流出入と為替相場変動が，
人民銀行下の国内決済システムと管理された為替相場に極力影響を与えないよ
うにした──「内－外分離型」──のである．したがって，香港オフショア市
場所在の商業銀行は，非居住者の決済用預金口座の残高過不足を理由に，上海
銀行間短期金融市場で資金調達・運用を自由に行うことは原則できないことに
なっている．むしろ現状は，上海金融資本市場を中心とする国内金融の「自由
化」さえ依然道半ば──国内預貸金利は依然事実上の規制金利──にあって，
非居住者向けの金融の「国際化」についても漸く着手されたばかり，「原則禁
止・例外自由」にあるといってよい．したがって，この点でいえば，国際マク
ロ経済学の「国際金融のトリレンマ（Impossible Trinity, 鼎立不可能命題）」──為
替相場の安定性・自由な国際資本移動・独立した金融政策の三つは同時に成立
することはないという命題──の指摘を俟つまでもなく，人民元「国際化」の
現状はその「国際通貨」化から程遠い段階であるといわねばならない．

　尚，上記第二と第三の条件については，第7章以下において詳しくみること
なる．

## 第3節　グローバル金融資本主義下の中国金融経済の立ち位置

　前の章において，1970年代後半以降高度経済成長を遂げてきたアジアNIES
等の後を追い，中国も外資導入・輸出指向工業化戦略を取り入れてきたと記し
た．その象徴が1978年の「改革・開放」政策への転換であった．こうして中
国企業そして経済は，第二次世界大戦後アメリカが主導してき資本主義世界体
制に足を踏み入れ，いわゆるグローバルなサプライ・チェーンの中に組み込ま
れるようになったのである．そうしたアメリカ主導の資本主義世界体制を「国

際通貨」・「基軸通貨」という観点から概念化したのが，「米ドル本位制」＝「ドル本位制」である[6]．

　だが，世界経済の安定した発展という観点からみると，「米ドル本位制」には根本的且つ深刻な矛盾が内在している．すなわちアメリカの場合，自国通貨米ドルが国際取引・決済通貨として世界経済において広範に利用されていることから，諸外国の個人・企業・為替銀行等はアメリカ商業銀行に当座預金勘定を開設し，これを決済勘定として利用する．このこと自体，アメリカにとっては非居住者からの預金受け入れとなり，アメリカの国際収支上は国際短期資本の流入として受け止められる．

　問題は，アメリカが長期構造的貿易・経常収支赤字を計上していることである．そのため，国際取引・決済が米ドルで行われる限り，アメリカの貿易・経常収支赤字規模に匹敵する金額が，アメリカ商業銀行に非居住者が保有する米ドル建預金残高——預金者に対する銀行の債務＝負債——として積み上がることになる．この限りにおいてアメリカは，その貿易・経常収支赤字を商業銀行の米ドル建預金債務に形態転換させているに過ぎず，言葉の真の意味において残高清算＝決済となっている訳ではないことに留意しなければならない[7]．こうした国際決済の在り方が「負債決済」であり，これは自国通貨たる米ドルが基軸通貨国となっているアメリカが唯一享受しうる「法外な特権（exorbitant privilege）[8]」であり，これを「国際通貨特権（International Seigniorage）」という．

　勿論，例えば諸外国の為替銀行は，積み上がった米ドル建預金残高を取り崩し，これを為替市場で売却して自国通貨に転換することも可能である．しかし，そのことは自国通貨の為替相場の上昇要因につながるから，その二次的副次的マクロ経済的影響については，当該国中央銀行・通貨当局の考慮すべき案件となる．他方で，為替市場で売られる米ドルに対し，当該国の別の為替銀行ではなく，第三国の為替銀行から買需要が入って来るかもしれず，その場合当該国通貨の為替相場は必ずしも上昇するとは限らない．

　以上から分かる通り，為替取引は国際通貨国＝アメリカを除く周辺諸国の為替市場で行われ，為替相場もアメリカ以外の為替市場で建てられる．そして，これら一連の為替取引の決済は，アメリカ商業銀行に開設された預金勘定の振替に付されている．したがって，世界最大のGDPを擁し，長期構造的貿易・

経常収支赤字を計上してきたアメリカが，こうした米ドル建預金振替の「負債決済」のシステムにいかに支えられてきたかが理解できよう．いわゆる「米ドル本位制」の本質がこれであり，1980 年代半ば以降先進諸国は，こうした「米ドル本位制」を資本主義世界経済体制として擁護してきた．そのためにも各国は，IMF8 条国が求める貿易・経常取引に係る為替取引の自由化はいうまでもなく，自国の金融資本市場を対外開放し，国際的金融資本取引に係る為替取引までも原則自由化したのである．こうしてグローバル金融資本主義は成立し，米ドルは自国アメリカの貿易・経常収支赤字をファイナンスしつつ，世界の金融資本市場を跳梁跋扈する国際短期資本移動の取引・決済通貨，第三国為替銀行間の取引を仲立ちする為替媒介通貨として一段と広範囲に利用されるようになったのである．米ドルが国際通貨として流通する根拠をいわゆるネットワーク外部性に求める説の背景には，以上のような戦後の「米ドル体制」の特質が控えている[9]．

　さて，現代の国際通貨金融システムおいて一国の「国際通貨」化を考える場合，こうした「米ドル本位制」との関わりの中で考える必要がある．上記の通り，一国の国民通貨が「国際化」する限りでは，貿易・経常取引から国際的金融資本取引に至るまで総ての為替取引が自由化され，変動相場制下の各国金融資本市場には米ドル建国際短期資本移動が自由に流出入することになる．そしてアメリカが自由変動金利である以上，為替・金利との関りから，当該国の金利も自由変動金利とならざるをえない．要するに，金融の「自由化」であり，人民元が「国際化」した場合にも同じである．その結果，中国の金融システムはグローバル金融資本主義と直接接続することになる．

　**図表 2-1** を参照されたい．今日中国は管理フロート制をとり，中央銀行たる人民銀行が為替市場に政策裁量的に介入している．このことは，為替市場介入によって人民元為替相場の変動が政策的に管理されつつ，為替相場の急激な変動から中国の国内金融システムが隔離されていることを意味する．こうして中国は今日まで事実上の規制金利下，各種の金融取引規制が加わった金融システムを維持してきた．

　しかし，中国は人民元「国際化」を世界経済戦略に掲げている．そうであれば，中国の現在の金融システムを保持することは難しかろうし，そのことは中

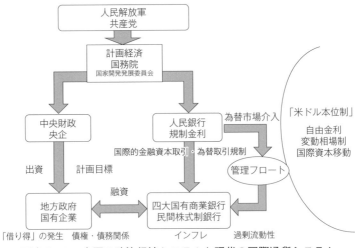

**図表 2-1 中国の政治経済システムと現代の国際通貨システム**

[出所] 筆者作成.

国の政治経済社会体制にとってどのような意義を有することになるのか. 本書の関心は正にここにある.

## 第4節 現代の国際通貨システムに対する中国の認識と 国際通貨戦略

では,中国は現代の国際通貨システムである「米ドル本位制」をそもそもどのように認識し,そうした現代のシステムにおいて人民元「国際化」戦略をいかに位置付けているのであろうか. そこでここでは,中国人民大学経済学部財政学院が併設する国際貨幣研究所に投稿された王芳・張晋源「人民元国際化とトリフィンの『流動性のジレンマ』の弁証法的再検討（人民币国际化与特里芬难题的辩证反思）」という論文を手掛かりに考えてみよう.

まずは王・張の現代の国際通貨システムに関する認識であるが,最早多言を要しまい. 彼らの論拠はトリフィンの「流動性のジレンマ」にある. 少し長くなるが,引用してみよう.

「米ドルの国際準備通貨としての地位は，ブレトンウッズ体制の『二つの
アンカー（双挂钩）』制度をもって確立した．とはいえ，一国の信用貨幣制
度と国際金為替本位制度とは両立し得ない．長期的にみると，米ドルの金
との交換性要求は充足されず，アメリカの国際収支政策は行き詰まり，や
がて立ち往生してしまった．米ドルの準備通貨としての地位を維持するに
は，対外的に国際決済手段を充足しなければならない．だが，米ドルの純
流出はアメリカ保有の金準備を減少させ，米ドルの価値を維持する点では
マイナスに作用する．米ドルの金との交換性を保証するには，金流出の勢
いを止めなければならない．かくて日々増大する国際決済手段の需要を満
たすことはできず，米ドルの国際準備の地位を維持することは難しくなっ
た──これが有名なトリフィンのジレンマである．

　トリフィンのジレンマは，20世紀50年代に関心を呼んだ．重要なこと
は，ドイツや日本といった新興の貿易大国がアメリカの輸出シェアの一部
を奪い始めていたものの，米ドルは依然として主要な貿易通貨及び準備通
貨であったことである．その後，新興の貿易大国は引き続き米ドルを準備
として蓄積していき，アメリカは資本流出から資本流入へ，貿易黒字から
貿易赤字へと転換していった．貿易赤字を通じ，全世界には米ドルの流動
性が供給され，米ドルと金とがリンクしていた状況においては，当然考え
られないものであった．こうしてアメリカの巨大パワーは促進され，実際
に動き始めたのは，ブレトンウッズ体制が解体してから，したがって米ド
ルが金の約定を葬り，アメリカが二度とトリフィンのジレンマに拘束され
ることがなくなってからであった[11]．」

　周知の通り，ブレトンウッズ体制においては，アメリカ以外の周辺諸国中央
銀行・通貨当局は，自国通貨の対米ドル固定相場を維持すべく為替市場介入を
行う義務を負っていた．こうした為替市場介入の結果として保持することに
なった米ドル建外貨準備について，周辺諸国中央銀行・通貨当局は，金1オン
ス（約30グラム）＝35ドルで米財務省に対して金交換請求することが認められ
ていた．こうして，ブレトンウッズ体制下の国際決済にあっては，公的次元に
限ってではあるが，世界貨幣＝金による最終決済ルートが残されてもいた．だ

が，かかる国際決済システムにあっては，一つの矛盾が存在していた．なぜなら，世界経済の発展には国際流動性としての米ドルの潤沢な供給が必要とされる一方で，国際通貨国＝アメリカ以外の残余世界中央銀行・通貨当局が米ドルを保有し，これを米財務省に金交換請求するとすれば，供給される米ドル建国際流動性と米ドル価値の安定性との両立は困難となるからである．これが有名なトリフィンの「流動性のジレンマ」論である．

　王と張が「流動性のジレンマ」を戦後の国際通貨システムに内在する矛盾とし，そうした矛盾から外れた時，アメリカの金融パワーが全開することになったとした点に異論はない．そして彼らは続いて次のように記している．

　　「国際準備通貨を過度に米ドルに依存してきたことが，世界経済の均衡を失わせることになった．それが特に鋭く表れているのは，アメリカの膨大な経常収支赤字と中国等新興貿易大国の累増する米ドル建準備が併存している点である．周縁的発展にある国家が先進国のためにファイナンスを行い，これがいわゆるグローバル金融の恐怖の均衡である．『恐怖の均衡』というのは，前世紀70年代以降，アメリカが債権国から債務国へと徐々に転じたことによるものであり，アメリカ以外の米ドル資産保有者の『安全感』を得ることはできないまま，巨額の米ドル準備資産を有する諸国は，『ドルの罠（美元陥阱）』の混乱に対応せざるを得なかった．[12]」

　アメリカの経常収支赤字の裏側は残余世界の対米経常収支黒字であり，その黒字を国際的金融資本取引でアメリカに還流せざるをえない．ここに「グローバル金融の恐怖の均衡」は存在し，均衡が続く限りにおいて，アメリカのいわゆる「負債決済」も可能ということになる．これを許す裏面の事態が，アメリカ以外の残余世界にとっては，Prasadのいう「ドルの罠（Dollar Trap）」に他ならない．王と張，ここでも現代の国際通貨システムが抱える問題を正確に認識しているといわねばならないだろう．続いて彼らは次のように記している．

　　「国際準備資産を米ドルに過度に依存していることで，アメリカでは資産バブルが容易に発生し，ひいてはグローバル金融のシステミック・リスクをも醸成する．巨額の経常収支赤字をアメリカが長期に亘って続けること

は，一方において国内の実体経済に打撃を与え，製造業の海外移転を促し，雇用の足を引っ張る．他方において，非居住者の米ドル建準備をアメリカの金融市場に還流させることで，アメリカ国内で流動性が充満し，アメリカの資産バブルが形成される土壌が作られてきた．米ドルの独占的地位によって，アメリカの金融市場とマクロ経済が全世界に与える影響は強まるばかりであった．こうして，アメリカのサブプライム危機は，直ちにグローバルな金融危機に転じることとなっただけでなく，世界経済の成長に対し深刻なマイナスの影響を与えたのである．これだけではない．アメリカが自国経済を救済し拡張的な金融政策が打ち出されたところで，変動相場制との関わりでやはり必ずや発生するマイナスの効果のために，米ドル建準備を有する世界の保有者を通じ，そのコストがシェアされた．更に悪いことは，代替可能な準備通貨が登場する以前の段階において，こうした利用で決定的なことは，国際通貨の地位がその他諸国の経済的利益を'不公正に'利用しているということであり，それが今後も長期に及ぶ可能性があるということである．……（中略）……外貨準備を累増させてきた国家は『ドルの罠』——これについては，『新トリフィンのジレンマ』といってもよいかもしれない——に嵌り込んでしまった.[13]」

　一国の国民通貨である米ドルが国際通貨として機能することの矛盾が，ブレトンウッズ体制下の「流動性のジレンマ」であったが，アメリカはこれを無視し長期構造的経常収支赤字を計上し続け，収支ファイナンスを世界の余剰貯蓄の動員による国際資本移動の流入に依存してきた．かくて世界経済は「グローバル金融の恐怖の均衡」の上に置かれる一方で，アメリカでは過剰流動性が溢れ，それが資産バブルそして遂にはサブプライム危機を呼び込み世界金融危機に至ったという認識である．ここにあるのは，国際決済の在り方における国際通貨国アメリカとそれ以外残余世界の諸国との間にある「非対称性」である．この点では，現代の国際通貨金融システムに関する王・張の認識と筆者との間に，ほとんど違いはないといってよい．認識上の分岐点は次のところにある．

　「中国は，経済発展する国家の中でも最大であり，国際経済及び貿易活動において一定の影響力を備えている．特に地域貿易及び二国間貿易におい

ては，多国間交渉に代替することが主流の流れとなって以降，地域の経済大国そして貿易大国としての影響力が相対的に高くなった．主要国際通貨の伝統的支配的地位による圧力が明らかに低下しているところから，ここに一定程度人民元の国際化プロセスを推し進める余地がある．国家の貿易額が増大するにしたがい，最も発展の著しい国の通貨が，国際通貨のクラブ入りを果たすことは，時代を表す目印ともなるべき事件である．

　人民元の台頭は，中国の金融が台頭することのメルクマールである．人民元が主要な国際通貨の一つとなることで，先ずは中国の経済と貿易に相応しい通貨面での地位を実現することが可能となる．このことによって，通貨面での地位が低下し，『ドルの罠』と経済的利益において受けてきた不利な立場から我が国が脱することが可能となり，我が国の核心的国家としての地位を確立することができるようになる．

　経済発展を続ける他の諸国家についていえば，人民元が主たる国際通貨のステイタスに登ることで，代替的準備通貨の一つを供給することになる以上，人民元は同時に国際通貨システムにおいて，一つの重要な安定要素となる．要するに，少数の限られた国際通貨間の競争によって，相互に牽制し合い，準備を有する者に『安全な』国際準備権力の選択権を授けることになるし，『良貨が悪貨を駆逐する』という体制を通じ，主要な国際通貨発行国の政策行為を拘束する．かくて，発展途上国の経済的利益を侵害し，その財政金融面での安全を脅かすという現代の国際通貨システムの弊害を改革するのである．[14]」

　「国際通貨体制の大局からみれば，国際経済の新局面をベースしてのみ国際通貨システムを立て直すべきであり，国際貿易，投資活動を過度な米ドル依存から徐々に脱すべきである．国際準備資産はその主要債権諸国に対する支払応力に帰し且つ保持されるべきであり，『新トリフィンのジレンマ』を打開する展望が開けることになる．人民元の興隆によって，多元的相互制約的な国際通貨間の競争体制を形成することが可能となり，これが国際経済・貿易新局面に対応する方向での国際通貨システムの立て直しなのであって，失速する世界経済と恐怖の均衡にあるグローバル金融の難

局を打開し，併せてグローバル金融のシステミック・リスクの圧力を低下させる上で有効なのである[15]．」

　人民元の国際通貨としての台頭それ自体は，それが現実に可能かどうかという問題とは別に，一国の国民通貨に等しく認められた権利であるかもしれない．しかし，米ドルと同じく一国の国民通貨に過ぎない人民元が国際通貨に転じた場合，中国が「流動性のジレンマ」として批判した同じ問題を引き起こすことになりはしないか．ひいては，「ドルの罠」は「人民元の罠」となって世界経済の不均衡を改めて招くことになるのではないか．世界貨幣＝金に基礎をもつ国際金本位制に戻ることもできず，「米ドル本位制」の制度疲労も最早明確となっている現代において，恐らく残された選択は，SDR の如き，人口通貨を国際決済手段とした対称的国際決済システムの構築である．それが王・張が学んだ Triffin の所説の結論であったのではないか．だからこそ，この点にまで言及した人民銀行周総裁の 2009 年提案は正当であったし，一時ではあったにせよ，国際通貨システム改革論議を世界的に復活させるだけの影響力があったのである[16]．

　しかし，2016 年 10 月，人民元は念願の SDR バスケット通貨入りを果たしものの，国内の金融経済はバブルとその崩壊に苛まれ，肝心要の人民元「国際化」も現状ほぼ挫折したといってよいのが現在の状況である．これについては特に第 6 章以降の諸章において論じることになるが，まずはそれに至るまでの中国経済の歩みについて振り返っておこう．


注
1)　1986 年「東京オフショア市場」の開設を契機に，円の「国際化」，「国際通貨」化がマスコミ・学会に大きく取り上げられた．これについては，かつて拙稿（1994）で批判的に検討した．そして拙稿で予告した通り，円の「国際化」はその後事実上行き詰まることになった．基本的となる理論的観点は，国際金融取引は為替取引によって国際決済されねばならないということである．この為替による決済を外した金融概念の一人歩きは，金融肥大化・金融の膨張といったバブル経済の歴史的経済現象の分析を誤ることになる．人民元「国際化」を巡る議論も多分に同種の理論的問題を抱えているといわざるを得ず，この点後続の諸章で明らかになる．
2)　これら諸通貨は，SWIFT が毎月公表している RMB Tracker, Monthly reporting and

statistics on renminbi (RMB) progress towards becoming an international currency. 或いは BIS が 3 年に一度 4 月に実施している Triennial Central Bank Survey of Foreign Exchange and Derivatives Market Activity のランキングに登場する通貨となる.

3) 「基軸通貨」が第三国間貿易・経常取引に使われるためには,第三国に対外支払いを要する国が「基軸通貨」国に対し対外貿易・経常収支が黒字であることが条件である.その黒字が「基軸通貨」国所在商業銀行の預金残高としてあるが故に,第三国への支払い決済が可能となる.この場合,「基軸通貨」国の貿易・経常収支は残余世界に対し恒常的赤字を計上することになり,その収支ファイナンスのために資本収支の流入＝対外負債超過も構造化されていく.

4) 外国為替と国際通貨については,長年に亘って理論的論争がある.拙稿（2010b, c）を参照されたい.

5) Gao and Yu (2012), pp. 12-13 を参照.

6) 日本のアカデミズムでは一般に「ドル本位制」が使われている.だが,東アジア地域では香港,台湾,シンガポール,オーストラリア等も通貨単位にドルが付いている.そのため区別するために「米ドル」と敢えて記している.

7) この点を厳しく衝いたのが平（2001）であった.

8) 近年 Eichengreen（2010）によって改めて着目された用語であるが,そもそもは 1960 年代当時のフランス大統領 de Gaulle が,中央銀行の債務である米ドルが貿易収支の支払いに使われ,しかもそれが米商業銀行の預金口座の振替としてアメリカに還流――ブーメラン通貨（Rueff, J.）――している事態を批判して述べたことに始まる.本件に係わる学説史については,拙稿（2010d）.

9) 鳥谷・松浦（2013）を参照.

10) 中国人民大学国際貨幣研究所副所長・向松祚の所説も含め,拙稿［2018］を参照のこと.

11) 王・张（2016）2 頁.

12) 王・张（2016）2 頁.

13) 王・张（2016）2-3 頁.

14) 王・张（2016）3-4 頁.

15) 王・张（2016）4 頁.

16) 最近の国際通貨制度改革論については,拙稿（2010）,（2015）を参照されたい.

# 補論 1 1997 年東アジア危機と「国際金融のトリレンマ命題」
## ——中国にとっての重たい教訓——

　1997 年 7 月，タイ・バーツの対米ドル固定相場制から変動相場制への移行を契機に，東アジア危機が勃発した．第 3 章第 3 節 (3) でみる通り，中国の場合，1994 年の為替相場制度改革の際，人民元の為替レートを既に大きく切り下げていたことから，バーツに始まる東南アジア諸国各国の為替切り下げが，中国の輸出競争力に大きな影響を与えることはなかった．また，当時中国は国際的金融資本取引及びこれに係る為替取引に厳格な規制を課していたから，IMF をして「21 世紀型国際金融危機」といわしめた国際短期資金の流出による金融経済システムの危機，いわゆるシステミック・リスクに見舞われることはなかった．

　もっとも 1997 年東アジア危機は，中国にとり非常に重たい教訓となったはずである．なぜなら，金融経済システムの危機が，一国の政治社会体制を揺るがしかねないものに転じる可能性を目撃したからである．危機を契機に，世界では「最適為替相場制度論争」が沸き起こったが，いわゆるワシントン・コンセンサスに通じる大方の共通理解は，「固定相場制と自由な国際資本移動，そして独立した金融政策は鼎立しない」といういわゆる「国際金融のトリレンマ命題（Impossible Trinity）」であった（**図表補 1-1** 参照）．この「命題」を前提にすれば，'独立した金融政策' を堅持するには，'為替相場の安定性' か '自由な国際資本移動' のいずれかを切り捨てねばならないことになる．当時の中国にとっての選択肢は，'自由な国際資本移動' を規制し，'為替相場の安定性' を擁護しつつ，固定相場制下，'独立した金融政策' を堅持することは自明のことであったろう．

　しかし，後に記す人民元「国際化」を実現するためには，'自由な国際資本移動'，すなわち金融資本市場の対外開放に踏み切らねばならない．そうなれば，'為替相場の安定性' か '独立した金融政策' のいずれかを放棄せざるをえない．一国の通貨金融主権に係わる '独立した金融政策' を堅持するとすれば，'固定相場制は放棄されて，変動相場制へと移行することになろう．しか

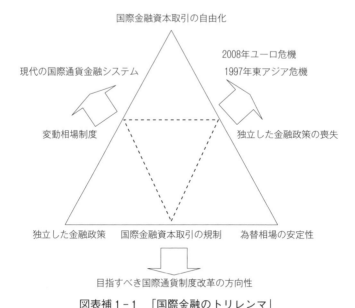

国際金融資本取引の自由化

2008年ユーロ危機
1997年東アジア危機

現代の国際通貨金融システム

変動相場制度

独立した金融政策の喪失

独立した金融政策　国際金融資本取引の規制　為替相場の安定性

目指すべき国際通貨制度改革の方向性

**図表補1-1　「国際金融のトリレンマ」**

［出所］筆者作成.

し，金融資本市場を対外開放して変動相場制に移行すれば，一国金融市場の規制金利は自由金利へと転換せざるをえない．要するに，金利の「自由化」である．かくて，人民元「国際化」は金利の「自由化」の引き金となり，中国の為替相場制度と金融資本市場は，自由変動相場制と自由金利へと転換することになる．

　だが，2015年の株式市場崩壊で明らかになった通り，累々と積み上がる企業債務を前に，中国にそうした転換への用意はあるであろうか．実は，ここにこそ人民元「国際化」と金融「自由化」の問題の核心は存在するのであり，この点では中国もまた「フロート制への恐怖（Fear of Float）」[1]から，変動相場制に踏み切れないまま立ち往生しているのが現状である[2]．

　注
1)　Carvo & Reinheart（2000）参照.
2)　本補論については，拙稿（2006），（2010e），（2019）を併せて参照されたい.

# 第 II 部

## 中国経済の歴史的経過

# 第3章 現代中国建国から 2001 年 WTO 加盟まで
## ——激変する政治経済体制——

近代中国の父・孫文が樹立した中華民国は，孫文死後，共産党と国民党とに分かれ，抗日を目的とした二度の国共合作と二度の内戦を経ることになった．そして 1949 年，毛沢東率いる中国共産党は遂に中華人民共和国を成立させた．しかし，中国における「革命後の社会（P. M. スウィージー）」は，容易ならざる変遷を経てきたといわざるをえない．

そこで本章では，以下の諸章の前提として，1949 年の現代中国の統一から 2001 年 WTO（世界貿易機関）加盟前後に至るまでの政治経済史について簡単に取りまとめておくことにしたい．

## 第1節 重化学工業化から大混乱期へ
### —— 1950 年代〜1970 年代まで——

改めていうまでもなく，新中国の実権を掌握した共産党が掲げる政治理念は ʻ社会主義ʼ である．したがって，革命後共産党政権が着手した施策が，旧政府の腐敗した官僚の処罰，旧地主からの土地没収，半ば植民地状態にあって外国政府・資本に通じた民族資本＝買弁ブルジョワジーが設立した銀行・企業の閉鎖等であったことは当然である．

ところで，第1章第2節で記した通り，19 世紀半ば K. マルクス＝ F. エンゲルスが提唱した ʻ社会主義ʼ は，近代技術を駆使した機械製大工業を前提としていた．すなわち，産業革命を経て大量生産が実現した資本主義社会において周期的に襲来するようになった金融経済恐慌下，失業に喘ぐ労働者と一般大衆の貧困を打開するには，機械制大工業を支配・指揮する資本制所有制度を廃絶し，社会的公的所有制度に移行する必要があると提唱したのである．

ところが，中華人民共和国を樹立した毛沢東以下，ʻ革命第一世代ʼ が直面

した現実は，マルクス＝エンゲルスが前提とした工業生産力それ自体の構築で
あった．そのためには資源配分の浪費を避けるべく，土地はもとより一切の生
産手段を国有化し，計画的に工業生産力を構築していく必要があった．この課
題に取り組むべく，早くも 1953 年には国家計画委員会が――今日では国務院
直轄下の国家発展改革委員会――第一次五カ年計画を策定した．

　中国の計画経済では原材料・機械等生産財を「物資」と規定し，「物資」は
「中央統一配分物資」（第一類物資……国民経済の根幹をなす生産財及び基礎的消費財），
「主管部門配分物資」（第二類物資……特定用途向けの生産財），「地方配分物資」（第
三類物資）の三つに区分された．「中央統一配分物資」と「主管部門配分物資」
は共にその生産と配分が計画経済に基づき政府の関係主管部門により行われ，
価格も政府により決定される統制物資（計画配分物資）――例えば，石炭，木材，
セメント，鋼材，非鉄金属，化学材料等のエネルギー・原材料や金属切削機械，
電動機，ガソリン機関，ディーゼル機関などの産業機械――であった．それら
以外の物資（非計画配分物資）の生産，配分及び価格決定は地方または企業によ
り行われた．第一次五カ年計画期において統制物資は 1953 年の 227 品目（第
一類物資 112 品目，第二類物資 115 品目）から 1957 年の 532 品目（第一類物資 231 品
目，第二類物資 301 品目）へと拡大した．[1]

　もっとも，工業化のためには蓄積ファンドが必要であり，これを食料生産面
で支えたのが地域社会の組織としての人民公社――共産社会 commune の中国
語訳――であった．革命後の中国では，旧地主から没収された土地は農民によ
る集団所有とされ，農業生産は集団化された．こうして「一級所有制・三級管
理（公社所有，公社・大隊・小隊ごとの管理）」の下，人民公社は農業生産共同組合
である「合作社」と農業・工業・商業・学校・医療・民兵の各組織更には地方
行政機関を一体化させた機関となった．[2]

　1953 年 11 月，農産物の「統購統販」が開始された．すなわち，人民公社下
で生産された農産物は政府指定の買付け部門へ売り渡され，売り渡された農産
物は政府管轄下の工場で加工され国営商店を通じ消費者へ販売（配給）される
ようになった．もっとも，工業化のための蓄積ファンドを形成すべく，「統購
統販」の下，政府指定の買い付け部門に売り渡す農産物価格は著しく低く設定
された．そのため，農民の生活水準は困窮化していくことになった．[3]

　しかも，第一次計画経済の末期，1958 年 10 月に毛沢東が音頭を取った「大躍進政策（Great Leap Forward）」は，惨憺たる結果に終わった．例えば，煉瓦製溶鉱炉という土法炉を用いた鉄鋼の大増産策では，煉瓦調達を目的に全国の寺院・仏塔・城郭が破壊された一方で，原料となる鉄鉱石の代わりに，農民に鋤・鍬・鎌の供出が命じられた．そのため，粗悪な鉄製品が産出されただけでなく，農業用の耕作・収穫の手段が奪われ且つ農民自身が各種運動に動員されたことから，農業生産力は大きく落ち込み，数千万人に及ぶ餓死者を生んだともいわれている．

　ところで，都市の場合，土地は原則国有である．しかも，1960 年代当時，「三線建設」[4]のスローガンの下，重慶・成都・武漢・長安等，内陸部の都市に相次いで国営企業が設立されていった．こうして，都市部には重化学工業を担う国営企業が立地し，そこで働く都市労働者は，計画経済の下，国営企業が提供する住宅や社会保障制度の恩恵に浴するだけでなく，国・省が設置する教育機関のサービスを受けることができた．都市部の国有制度に対する農村部の集団所有制度，今日戸籍制度に鋭く表れている「都市と農村との対立」は，こうしたことにも由来している．

　対外関係をみると，冷戦下，革命直後の一時期こそ蜜月関係にあった中国とソ連であったが，1956 年のソ連共産党大会におけるフルシチョフの「スターリン批判」を契機に，両者の関係は急速に悪化していった．極論すれば，核戦力をアメリカと共に独占するソ連の世界戦略── 1970 年代のデタント（Détente，緊張緩和）という国際政治力学もここから出てくる──に対し，当時未だ核戦力を有していなかった中国は，アメリカ帝国主義に対する世界的階級闘争を堅持すべきという強硬路線を主張した．

　その後も中ソ論争は深刻化し，1960 年代に入るとソ連は中国から技術者を引き上げ，対中債権の一括返済を中国に求めた．中国の対外関係が大きく軋む中，「大躍進政策」の失敗の責任を取って政治の中枢から降りていた毛沢東が，1966 年対右派・走資派──その中には，毛沢東の後継で第二代国家主席となった劉少奇や 1990 年代の「改革・開放」政策の立役者である鄧小平も含まれた──の一掃・社会主義体制の堅持をスローガンに，「プロレタリア文化大革命（略して，文革）」の政治運動を引き起こした．毛沢東は民衆を扇動して造

反派を組織し，全国の高校・大学には紅衛兵が結成された．彼らは，『毛沢東語録』をかざし，「造反有理」・「革命無罪」を叫びつつ，全国の行政機関・工場職場・学校等で実権を握っていた共産党員を攻撃していった．こうして，ソ連経由で欧米の科学技術や文化思想に通じていた行政職員・大学教員及びインテリ層は職を追われ，大学で学ぶ学生は地方の寒村に「下放青年」として追いやられ強制労働を強いられた．かくて西側先進諸国が高度経済成長を謳歌した1960年代，中国の経済発展は決定的に立ち遅れることになった．

　このように，大混乱に陥った文革期1960年代から1970年代末まで，中国は今日いう輸入代替工業化戦略の下，西側先進諸国はいうまでもなく，ソ連から輸入していた工業製品までも国産化することで，工業化と経済発展を進めようとしたのである．当時の「自力更生路線」といったスローガンは，こうした事態を象徴している．

　しかし，中国もようやくそうした路線から決別する時が来た．1976年毛沢東が没し，文革路線を主張する「四人組」問題への政治的処理が一段落したことを契機に，中国は「改革・開放」へと大きく舵を切っていった．

　以上，1949年の新生中国誕生から1978年の「改革・開放」への転換までの政治経済史について，簡単ではあるが敢えて記してきた．なぜならこの時期の社会主義中国の在り方が，以下の諸章で論じる現代中国の経済社会に大きな影響を与えているからである．

## 第2節　社会主義計画経済下の金融システム

　中国における近代的銀行業の萌芽は，中国共産党創設期とほぼ同時期の1920年代初期にまで遡ることができる．1937年日中戦争が勃発して以降，抗日戦争そして第二次世界大戦後のいわゆる第二次国共内戦を経る中，中国共産党は，全国統一後の貨幣・通貨制度の確立，生産活動・物流の回復を目指して，全国的な金融制度の発足に着手した．実際，今日中国の中央銀行として君臨する中国人民銀行は，1949年統一中国建国のおよそ一年前，1948年12月1日に正式に発足したのである．広大な領土を抱え且つ戦乱によって荒れ果てた国土を抱えた中国において，全国の金融経済を一元的に統轄する中国人民銀行の設

立は，正に歴史的記念碑的事業というものであった．

　さて，1949 年統一中国の建国を契機に，社会主義経済を標榜する中国共産党は，金融面でもその一元的管理を目指して様々な政策に着手した．例えば，国共内戦以降にも残存していた銀行の併合，国民党統治下腐敗した官僚資本によって設立された銀行の没収・改造，在中国外資系銀行の特権の制限，個人銀行の私営金融機関への改造，農村信用金庫の統一的組織への再編などである．

　こうして内戦による統一がもたらした混乱が一応の落ち着きを示した 1951 年，中国人民銀行は中央銀行としての業務を本格的に開始し，人民元の独占的発券，金銀及び外貨の私的金融流通の取り締まり，旧来の官僚資本銀行の接収管理，私営金融業者の整理，外資系銀行が有していた特権の剥奪等強力な措置を通じ，インフレ終息に努めた．

　ところで，中央銀行としての中国人民銀行の地位は，発展した市場経済諸国のそれではない．なぜなら，社会主義下の計画経済では，国家経済の長期的な発展目標と方向を定め，生産力の配分・配置が計画・実施されたからである．この点で，資金・原材料・労働力等限られた資源を経済の近代化・工業化のために重点的に配分する上では，一定程度有効ではある[5]．これを中国において金融面で支えた制度が「単一銀行制度」であり，中国人民銀行による金融制度の一元的管理であった．したがって，中国人民銀行に付与された強大な金融権限とは，中国共産党の指揮命令に完全に服しつつ，全国に支店網を張り巡らし，国有企業や各種政府機関，一般国民を対象とした預金・貸出の商業銀行業務をも併せもつものであった．

　だが，中国人民銀行本店より地方の支店に直接指令されてくる貸出命令は，地域の産業構造・所得構造・消費構造からかけ離れ，そのため経済効率性を損なう場合も少なくはなかった．つまり中国人民銀行は，「銀行」という名称を冠しながらも，業務の実態としては，計画経済下の政府・国有企業・各種政府機関の出納簿的役割でしかなかったというべきである．こうした経済体制にあっては，西側先進諸国の銀行・金融機関が担う「金融の仲介機能」，すなわち変動する市場金利を指標としつつ資金余剰主体と資金不足主体とを銀行・金融機関が仲介することで，資金の効率的利用と資源配分の最適化を図っていくことなど全く期待することはできないであろう[6]．

　だが 1983 年,「改革・開放」政策への転換と共に, そうした「単一銀行制
度」の金融システムも一大改革を迎えることになった.

## 第3節　「改革・開放」政策への転換と社会主義市場経済の確立
### ――1980 年代――

### (1)　「改革・開放」への転換

　1978 年, 中国は, 農業, 工業, 国防, 科学技術の「四つの近代化」を実現
すべく, 改革開放路線への転換を打ち出し, 外資導入・輸出指向工業化路線へ
と大きく舵を切った. そして 1979 年には, 深圳・珠海・仙頭・厦門 (1984 年海
南省) が経済特区に指定された.

　「改革・開放」に向けて大きく舵が切られた当時, 革命第一世代で八大老の
一人陳運のいう「鳥籠理論」――経済特区や資本主義は, いわば鳥籠の中の鳥
のように, 計画経済全体の中でコントロールされなければならない――による
批判も広がってはいた. しかし, 市場経済の導入を決した中国は, この後マ
ネーの魔力に洗われていくことになることは, 第 4 章以下でみる通りであるが,
その前にここでは 1980 年代の「改革・開放」政策の内, 農業・国有企業・金
融制度・財政制度の改革について, 簡単にみておこう.

### ⅰ.　農業改革

　人民公社時代の農業といえば,「一大二公 (第一に規模が大きく, 第二に所有制が
公有制である)」を特徴とし, 農業労働者の生活は「大鍋飯 (仕事ぶりや能力に関係
なくすべての人の待遇が一律であること)」といわれていた通り, 正に悪平等ともい
うべきものであった. こうした農村生活を一変させるようになったのが, 1978
年に導入された生産請負制であった. すなわち, 農民は政府から生産を請負う
が, 一定量の農作物を国家に上納すれば, 余剰農作物については自由に処分で
きるようになったのである. こうして農業は, 人民公社下の集団体制から, 各
農家単位による生産・分配・経営の管理体制に変化していった.

　さて, 生産請負制の下, 余剰農産物の処分が各農家に委ねられたことで, 余
剰分を処分するための自由流通市場が各地に族生することになった. そうした

中，大都市近郊には農産物の生産・販売で巨利を得た「万元戸」といわれる豊かな農家が次々と生まれていった．こうしてかつては農村地域の行政機能をも担っていた人民公社の役割も転機を迎え，1980年代も中盤となると，郷鎮政府が各地で独立に行政機能を担うようになって，人民公社は解体されていった．その一方で，人民公社で働いていた農業労働者は集団的企業として郷鎮企業を設立し，農業・工業・交通運輸業・建築業など多方面において政府の指令や庇護から外れた自由経済を支えていった[7]．

　もっとも，1996年の「郷鎮企業法」によれば，郷鎮企業は必ずしも集団的所有制に拠らずとも，地域農業の発展のために資金拠出をすれば，個人出資の企業も設立可能であった．これを背景に，地域農業に生産請負制が浸透するに従い，各地には郷鎮企業が族生した．だが，2000年代以降一段と進んだ工業化に小規模零細な郷鎮企業のキャッチ・アップは追いつかず，「蘇南モデル」或いは「温州モデル」に象徴される幾つかの稀なケースを除けば，多くの郷鎮企業はその後没落の運命を余儀なくされた．その一方で，経済特区に指定された地域或いは外資導入策の時流に乗って成功した郷鎮企業は，2000年代以降民間株式会社へと変身していくことになった．

### ⅱ．国営企業改革

　「改革・開放」政策への転換を契機に，国営企業改革も早速着手された．それまでの国営企業は，指令経済・計画経済の下，経営の自主権はなく，資産は「全人民所有」とされた．企業長は政府から任命されるだけでなく，経営現場には必ず共産党書記が配置されていた．いうなれば，国営企業は共産党指導下の末端行政機関であり（「党委書記単独責任制」），行政と企業の区別がない「政企不分」の企業統治にあった．しかも国営企業は，学校・病院・消費物資の小売り・各種の生活サービス業そして福祉・年金に至るまでをも管理・運営する組織であり，正に「揺りかごから墓場まで」の共同体であった．だが，こうした企業経営の在り方においては，生産性の上昇のための技術革新や自主的な組織改革への意識は乏しいし，またそのような必要性も求められてはいなかった．かくて過剰設備・過剰人員を抱えた不採算企業が淘汰されることもなく，国営企業全体が「親方日の丸」ならぬ「親方五星紅旗」意識に包まれていたといっ

てよい.

こうした国営企業の在り方に改革のメスを入れたのが放権譲利, すなわち企業の自主的経営権限を拡大し, 利潤の一部を企業に留保して, 生産性向上に取り組むインセンティブを与えようという政策であった. 具体的には 1981 年の「工業生産経済責任制」——国営企業が生産する製品・価格・雇用の決定権について制限付きながらも経営者＝工場長に委譲し, 従来全額上納されていた利潤の一部を企業留保することを認めた——, そして 1983 年の「利改税」——「利潤上納制」(企業が利潤を上げれば国家に納入し, 逆に損失を出せば国家が企業に補填する) から「利潤納税制」(企業の利潤に課税し, 税引き後の利益は企業が自由に処分できる) に転換——の導入であった.

もっとも, これら諸政策が導入されはしたものの, 政府・行政機関は企業の所有者として国営企業を管理・指揮下におき, 様々な干渉を加え続けた. こうした関係に楔を打ち込んだのが 1984 年の「経済体制改革に関する決定」であり, 「所有権と経営権の分離 (両権分離) の原則」が謳われた. 翌 1985 年には「拨改貸」——拨はここでは財政の意味——政策が導入され, 従前財政を通じた国有企業への所要資金無償交付方式を改め, 国有銀行を通じた有償借り入れに転換する改革が実施されることになった.[8] また 1986 年国務院は「多種類の経営請負責任制を推進し, 経営者に十分な経営自主権を与える」とし, 「経営請負責任制」が国営企業に広がっていった.

1990 年代に入ると, 改革の流れには一段と弾みがつくようになった. すなわち, 1992 年 7 月「全人民所有制工業企業経営メカニズム転換条例」が公布され, 企業に生産・販売・投資・価格決定・雇用等 14 項目に亘る自主権を与えることで, 計画経済から市場経済を条件とした企業経営への転換が促された. そして「所有と経営の分離」原則の下, 従前の国営企業は国有企業 (全人民所有制企業) と称されることになり, 翌 1993 年末には「公司法 (会社法)」が成立 (1994 年 7 月施行) して, 国有企業の株式会社への転換, 「現代企業定立」路線が設定されることになった.[9] また 1995 年第 14 期五中全会において「抓大放小 (大を捉えて, 小を放す)」政策が発せられ, 1997 年 9 月第 15 期共産党代表会議の「国有企業の戦略的調整」を経て, 政府保有株の売却による中小国営企業の民営化, 戦略的に選ばれた少数の大型国有企業のみ政府の直属に配置する政策

が取られるに至った<sup>10)</sup>．こうして全国に数十万社とあった国営企業は，国務院国有資産監督管理委員会直属の「中央企業（央企）」約120社と地方政府出資の国有企業等とに分かれていくことになったのである．

　当時15年に及ぶ交渉を経て，中国のWTO加盟がタイム・テーブルに載る時代であった．だが，国有企業改革こそは，今日でも依然として中国経済の核心的課題であることは，後の諸章が示す通りである．

### ⅲ．金融制度改革

　1978年10月には金融制度改革も着手された．「単一銀行制度」の下，中国人民銀行に集中した強大な金融権限は，後に四大国有商業銀行と呼ばれるようになる中国銀行，中国建設銀行，中国農業銀行（いずれも1979年設立），中国工商銀行（1984年設立）に一部移転されることになった．その過程において，1983年9月国務院は「中国人民銀行は中央銀行としてもっぱら機能を行使する」との決定を下し，人民銀行の役割・地位を中央銀行に限定して確立し，これまで同行が担ってきた預金・貸出の商業銀行業務は，これら四大国有商業銀行を担わせることを明文化した．こうして，いわゆる中央銀行と商業銀行が分離した「中央銀行制度」が確立するに至った<sup>11)</sup>．もっとも，人民銀行は今日もなお国務院の傘下にあることには留意せねばならない．

　1984年，人民銀行は金融政策として預金準備率政策を導入した．また1985年には，国全体の通貨供給をコントロールする信用創造計画が財政部から切り離されて，国家計画委員会，財政部，人民銀行の三者協議で決定されるようになった．とはいえ，中国の金融システムにおいて，人民銀行と四大国有商業銀行とが，切っても切れないいわば‘親子関係’にあることは，大いに留意されるべきであろう．

　ともかくも，「中央銀行制度」の確立を契機に，全国各地には雨後の筍のように銀行・金融機関が設置されていった．実際1980年代には，20の銀行，<sup>12)</sup>745の信託投資銀行，345の証券会社，180の質屋等担保金融会社が誕生した．地方政府は，これら銀行・金融機関を地方経済開発・経済成長のための打ち出の小槌の如き梃子として使っていくことになった．こうした流れは世紀を超えても続き，1987年株式制商業銀行として交通銀行が設立されて以来，民間の

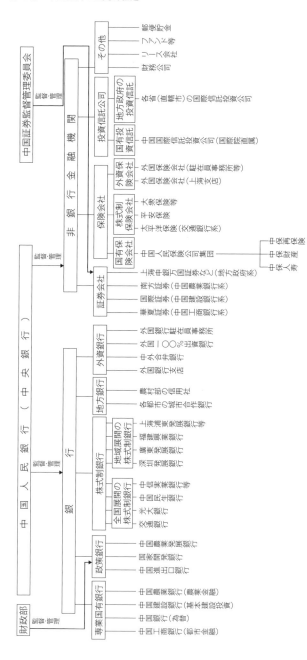

図表 3-1　中国の金融システム

[注] 2018年4月、従来別組織であった中国銀行業監督管理委員会と中国保険監督管理委員会とが統合され、中国銀行保険監督管理委員会が発足した。これにより監督体制は、国務院下の金融安定発展委員会、中国人民銀行。銀保監会・証券監会から構成（「一会・一行・二会」）されることになった。

[出所] 梵・岡 (1998) 5頁。

株式制商業銀行も 2005 年 6 月末までに 12 行設立された．そうした中で経済開発特区に指定され観光ブームに乗って設立された海南の不動産ブーム＆バーストがあり，これに関係して 1998 年には広東信託投資公司（Guangdong International Trust & Investment Corporation, GITIC）が破綻した．[13]

　尚，1990 年代末段階で成立した中国の金融システムについては，**図表 3-1** の通りである．以下の各所において参考にされたい．[14]

## iv.　財政制度改革

　社会主義計画経済の時代，中国の財政制度は，「統一収支・統一支出（統収統支）」原則の下，地方に財政権限を与えることなく，財政収入と支出を中央政府に集中させる税・財政制度であった．「改革・開放」はこうした財政制度にも変更を迫るものであった．

　1979 年日本の消費税に相当する増値税（value-added tax）が導入され，1980 年には「財政請負制」へと転換した．すなわち，中央政府と地方政府の間，地方の上級政府と下級政府の間で，税の上納額を請負額として事前に契約を結び，請負額を達成すれば余剰分は各地方政府に留保されるとする制度であり，地方政府の徴税インセンティブと財政の自立性を高めようという施策であった．

　だが「財政請負制」の導入によって，中央政府の税収は大きく減少し，1984 年時点で全国家財政収入の 40.5％を占めていた中央政府の財政収入は，1993 年には 22.0％にまでほぼ半減した．しかも，経済特区に指定された上海や福建省・広東省と内陸地域との経済格差は拡大するも，これを均すべき中央政府から地方政府への財政移転機能も大きく低下すること——諸侯経済化——になった．

　事態を重くみた国務院副総理・朱鎔基（当時）は，1992 年に地方政府の赤字予算と地方債発行を禁じると共に，1994 年分税制を導入して中央政府の税収率を高め，地方政府の放漫財政体質——当時人民銀行地方支店は地方政府のコントロール下にあって，財政資金の調達が容易であった——にメスを入れた．すなわち，中央政府と地方政府の税配分率を増値税では 75％と 25％，企業所得税と個人所得税は 60％と 40％とした．

　但し，この時併せて営業税——個々のサービスの提供，無形資産の譲渡，不

動産販売を対象とし，基本税率は3％もしくは5％（娯楽産業の税率は5％，10％，20％）——が導入されたことに注意したい．なぜなら，営業税の税収は100％地方政府の取り分であったからである．

　さて，「改革・開放」への舵を切った以上，工業化と市場経済化は必ずや都市化を促すことになるし，これに対応すべく地方政府の行財政経費も増嵩せざるをえない．「分税制」において，地方政府に残された税源には，上の営業税以外には，都市土地使用税，不動産税，土地増値税，国有土地有償使用収入等，土地・不動産関連の税源と地方企業上納利潤が残されていた[15]．そこで地方政府が考案したのが，別途地方企業を設立して土地を貸し出し借地料を得ることであった．事業に必要な資金は，設立した企業に地方政府の債務保証を付けて証券を発行させ，証券は四大国有商業銀行の現地支店等の窓口を通じて販売すればよい．「上 有 政 策 下 有 対 策（上に政策あれば下に対策有り）」といわれる中国らしい中央−地方の政府間関係であるし，そのため「透明性はなく，資金も民間金融機関からではなくすべて国有銀行からということなので，市場に規律というものがもたらされることはついぞなかった」[16]．国有化或いは公有化された土地が，財政改革の経緯の中で行政府の地代収入源となった訳であり，ここに第6章第2節（1）社会融資規模と不動産バブルの項でみる地方政府の不動産開発と「地方融資平台」の問題の温床があるといってよい[17]．

## (2)　1992年「南巡講話」と社会主義的市場経済への移行

　だが，1980年代の「改革・開放」への転換は，1989年6月4日，西側先進諸国並みの言論・文化・政治の自由化を急進的に求めた学生・市民たちの「天安門事件」という惨劇を引き起こしてしまった．これを契機に，中国と西側先進諸国との外交関係が急速に冷え込み，対中輸入制限と対中投資抑制策といった西側の経済制裁措置によって，中国の経済成長に急ブレーキがかかることになった．

　政治的社会的安定を最優先とした中国ではあったが，だからといって旧体制に戻ることはなかった．そうした中国が，再び西側世界経済との接点を求めて大きく旋回することになったのが1992年であった．二つの主要な政策展開がみられた．

　第一は，「天安門事件」後，共産党中央委員会委員をも辞し，政治の第一線から退いていた鄧小平が，同年 1 月〜2 月武漢・深圳・珠海・上海を視察し，「改革・開放」の堅持と経済成長の加速化を呼びかけたことである．いわゆる「南巡講話」である．「天安門事件」の余燼が燻る当時，「中国は一体全体資本主義なのか社会主義なのか」を問うた「姓資姓社」論争が起きていた．そこで鄧小平は，各地を歴訪しつつ「改革・開放」に反対する保守派の主張を牽制し，「改革・開放」政策の一層の発展を鼓舞したのである．講話の中には，「白い猫でも黒い猫でも鼠を捕るのはいい猫だ」という「白猫黒猫論」[18]，「富める条件の地域から先に富むべし」という「先富論」等，今日でも語り継がれる有名な話もある．こうして中国経済の「改革・開放」に改めて大号令が発せられることになったのである．

　第二に，同年 10 月の中国共産党第 14 期 3 中全会——第 14 期全国代表大会（14 大）で選出された中央委員（及びその候補）による第 3 回目の全体会議——における『社会主義経済体制建設の若干の問題に関する中共中央の決定』によって，「社会主義的市場経済」路線が打ち出された．つまり中国は「社会主義」の理念を掲げつつも，市場経済をベースとした経済発展の在り方への転換を宣言したのである．だが，こうした中国の経済戦略の一大方針転換は，「移行経済諸国」として，旧来の社会主義体制下の国家主導型経済から市場経済への転換において様々な問題を噴出させることは必至であった[19]．だからこそ，そうした諸問題が政治社会的に表面化することを回避すべく，中国は高度経済成長を疾駆せねばならなかったのである[20]．

　こうして 1992 年を境に，中国は「改革・開放」政策の新たなステージにもう一段上がり，'市場と技術を引き換えに'世界市場との再接続を求めていった．そうした政策の一環として，1994 年に四大商業銀行から政策金融部門を切り離し，国家開発銀行，中国農業発展銀行，中国輸出入銀行の三つの政策銀行——これらは預金取扱金融機関ではなく，資金調達は債券発行に拠っている——が設立された．それと共に，国有商業銀行は本来の商業銀行業務に特化できるようになった．ちなみに，国家開発銀行は産業インフラ整備，基幹産業・中核産業育成を目指したプロジェクト・ファイナンスを主たる業務とし，農業発展銀行は，国が定めた農業分野の政策・制度金融業務，財政資金を資金源と

した農業支援資金の交付業務に特化している．輸出入銀行は輸出入金融とその
他金融サービス提供を専業としている．

### (3)　1994 年二重為替レート制の廃止

　ところで，第二次世界大戦後，西側先進諸国が世界経済の基本ルールとした
のは，貿易取引とこれに関わる為替取引の自由化であり，これこそが
GATT・IMF 体制の根幹である．したがって，中国が世界経済のステージに
上がるためには，貿易及び為替取引の自由化という条件を満たさねばならない．
　社会主義経済の時代，貿易は「計画貿易」の下，政府設立の国営貿易会社を
通じて一元的に行われており，資本取引は原則全面規制，外貨は政府による集
中管理下にあった．為替レートは，外貨獲得と輸入代金節約のために，外国旅
行者の両替や国営貿易会社の会計などに使われる「公定レート」が存在してい
た．そのため，この時代に中国に旅行した外国人は，著しく割高に設定された
「公定レート」で人民元（外貨兌換券）を手に入れねばならなかった．逆に，人
民元を外貨に換えて持ち出すことには厳しい規制が掛けられていた．したがっ
て，外国企業が自由に商品を中国に輸入して，販売代金を外貨に換えて自由に
持ち出すこともできなかった――為替面での輸入規制策であり，輸入代替工業
化戦略と整合的である――し，一旦持ち込んだ外貨を人民元に換えたとなれば，
人民元を外貨に換えて出国することは困難であり，もし敢えて外貨と交換しよ
うとすれば，非公式のブラック・マーケットで「公定レート」に対し，法外に
不利な為替レートで交換するしかなかった．
　だが，「改革・開放」路線の下，市場経済への転換が徐々に進むにつれ，「計
画貿易」は縮小し，「自主貿易」が拡大して行った．これに伴い，為替相場制
度の改革も必要となった．政府は 1981 年に，計画貿易に適用される「公定
レート」とは別に，「自主貿易」などに適用される内部決済レート（後に外貨調
整センター・レートに変更）を新設し，二重為替レート制を導入した．内部決済
レートはしばしば「市場レート」と呼ばれたが，実際は政府のコントロール下，
「公定レート」に連動しつつ，これをやや下回る水準で推移していた．
　ところで，二重為替レート制下では，輸出には「市場レート」が適用されて
輸出競争力を支えるだけでなく，海外華僑から送金された外貨を国内人民元に

交換する場合にも適用された．その一方で，輸入取引には「公定レート」が適用されたから，例えば原油輸入の決済に取り組む企業にとり，割高に設定された為替レートは輸入補助金としての役割を果たした．極論すれば，二重為替レート下，輸出企業が稼ぎ出した1ドルは8.7元で買い取られる一方で，重化学工業部門の国有企業が原材料輸入代金の支払いを行うにあたっては，1.5元で1ドルが売り渡されたということである．完全な逆ザヤである．したがって，輸入における外貨割当制等，外貨利用については厳しい制限が加えられていた．

　その後の二重為替レート制下の為替レートの動きをみると，人民元の「公定レート」は対ドル（対日本円）で82.6%（92.1%）と大幅に切り下げられ――「市場レート」は「公定レート」に連動――て，1980年1ドル＝1.5元が1994年に8.7元（対日本円は1元＝151円→12円）となった．そして1994年，「公定レート」が「市場レート」に収斂する水準になった段階で，二重為替レート制は廃止され，単一為替レートが採用された．その結果，1980年代後半ともなると，国内にはインフレが吹き荒れる一方，割高水準に設定された「公定レート」の下命脈を保っていた夥しい数の国有企業の経営が次々と行き詰まり，1990年代それが今度は四大国有商業銀行の不良債権問題となって噴出するに至った．こうした経過を辿って後，中国は1996年にIMF8条国に移行した．

## 第4節　国有企業改革と証券市場

### (1)　国有企業改革と国有銀行の不良債権問題

　上にも記した通り，1980年代の「放権譲利」に始まる国営企業改革であった．1985年「拨改貸」，1987年「経営請負制」の導入，そして1990年上海・深圳には証券取引所が開設された．続く1993年「現代企業定立」路線への転換が発せられ，国営企業は株式上場を開始し，株式所有制企業への脱皮が始まった．だがこの段階で噴出したのが，国有銀行の不良債権問題であった．なぜなら，一連の改革を通じ，資金繰りに窮した国有企業は企業間信用で当面の資金繰りを凌ぎつつも，企業間債権債務の信用連鎖が破綻――いわゆる「三角債（chain debt）」問題――に瀕するや，四大国有商業銀行は国有企業への融資に駆り出されたからである．[21]　したがって，WTO加盟を控え，競争力を向上さ

せるべく国有企業の生産性を引き上げること，併せて国有商業銀行の不良債権
問題を打開していくことは，当時の喫緊の政策課題となったのである．そして
この課題を解決すべく利用されたのが株式市場であった．だが，ここで大きな
問題が立ちはだかった．それが国有企業の「非流通株」問題であった．

「非流通株」とは，政府部門が株式会社に衣替えした国有企業に出資して取
得した「国家株」と国有企業等が他の株式会社に出資して取得した「国有法人
株」のことをいい，当時の発行済み株式の約2/3を占めた．これに対し「流通
株」とは，国有企業が証券市場に上場して株式発行を行い，市場取引の対象と
なる株式のことである．つまり，国有企業の株式会社化において，証券市場で
の売買対象となる「流通株」と株式会社に対する経営支配権を握るべく政府部
門等が保有したままの「非流通株」の二つが存在することになったのである．
これを「株式分置問題」という[22]．

政府は1999年と2001年に「非流通株」の市場売却を試みたが，受け皿とな
るべき証券市場はまだ十分に育っておらず，いずれも失敗に終わった．かくて
国有企業改革問題は，次に証券市場改革へと連動し，政府は2010年までに株
式上場を果たした国有企業の「非流通株」売却を目標に掲げた．これが2004
年～2007年にかけて株価高騰を促す大きな背景であった．

このように，1980年代の「放権譲利」に始まり，1990年代の「現代企業定
立」路線そして「抓大放小」といった一連の国有企業改革において重要な役割
を担うのが証券市場であった．そして証券市場のこうした位置付けは，2020
年代を迎えた今日においてさえ，中国経済のカギを握っていることは，後にみ
る通りである．そこでここでは，少し時間軸を巻き戻しつつも，中国の株式市
場・債券市場の沿革を振り返ると共に，取引・制度の特徴について説明してお
こう．

### (2)　株式市場の沿革と取引・制度の特徴

第二次世界大戦前，上海・天津・大連・ハルビン等に商品・有価証券を兼業
する取引所がいくつか存在していたが，これらは1949年の社会主義中国の建
国により消滅した．それから40年以上の歳月が経過した1990年，上海と深圳
に相次いで証券取引所が開設され，それはソ連型の旧社会主義システムからの

絶縁を意味した[23].　両市場では，国有企業による巨額の株式発行が行われ，株式取引も全国的に拡大していった．また早々に証券投資基金（投資信託）も出現し，証券会社・仲介機構も急速に発展した．もっとも，上海と深圳とでは，証券取引の基盤も大きく異なっている．

　改めていうまでもなく，上海は旧体制時代中国最大の経済都市として繁栄を遂げていた．それ故，「改革・開放」後の中国において，上海が中国経済と世界経済を架け繋ぐ世界有数の貿易港となることが期待された．1980年代中期，上海市市長・江沢民は，上海証券取引所に，中国を代表する国有企業の株式を上場させ，上海が国際金融都市として将来反映する夢をこの頃から描いていた．

　他方深圳は，1980年経済特区に指定された当時，人口僅かに3万人程度の寒村でしかなかった．もっとも，中国華南・珠江地域を後背地に控え，また世界有数の貿易・国際金融都市である香港に隣接しているところから，深圳には中国の新たな対外開放拠点になることが期待された．その際，経済特区としての深圳を企業の経営形態という観点からみると，中国における新たな展開のための実験所であったことを忘れる訳にはいかない．というのも，経済特区に指定された深圳には，既存の国有企業がほとんど存在せず，したがって今日もみられる国有企業の旧弊ともいうべき経営手法が残存しているということはほとんどなかったからである．むしろ，経済特区・深圳に新設された企業には，最初から最先端の技術導入が図られ，資本主義企業型の経営及び人事管理システム等が実施された．そして重要なことは，特区の新設国有企業では，計画経済下の国家財政或いは国有商業銀行からの政策融資という資本調達・企業金融の在り方から外れて，株式制が導入されたことであった．この点では，株式会社が普及している香港や澳門と隣接しているため，深圳を含む広東省全域において株式制への抵抗が少なかったことも影響している．

　ところで，1990年に相次いで設立された証券市場であったが，統制経済の色彩が色濃く残った当初，何よりも最大の問題は投資家が不在であったことである．そこで1992年，政府は外資活用を目的に上海・深圳取引所内に，外貨建で外国人のみに取引が限定される市場を設立した．これがB株市場である．これを契機に，中国の証券市場にはA株（人民幣普通股票）市場とB株（人民幣特殊股票）市場との二本立てとなったのである．

　Ａ株とＢ株は，本土企業が発行する全く同一の権利，同一額面の株式では
あるが，取引対象となる投資家の違い（国内もしくは海外）によって区別されて
いる。Ａ株とは，中国国内で上場され，中国Ａ株市場で取引される株式のこと
をいい，取引通貨建は人民元建で中国の国内投資家専用の市場である[24)]．他方，
Ｂ株とは，中国国内で上場されるものの，上海Ｂ株は米ドル建，深圳Ｂ株は
香港ドル建で行われ，共に海外投資家向けの市場と位置づけられ，Ａ株市場
とは区別されて運用されてきた．

　その後，1993 年 6 月に中国政府と香港聯合交易所が備忘録を交わして[25)]，（Ｂ
株と区別して）Ｈ株（香港ドル建）方式が開始された．これにより，中国本土に登
記する企業が，香港ドル建の香港証券取引所に株式を上場し発行──第 1 号は
青島ビール──することができるようになった．

　カレンシー・ボード制下，国際的金融資本取引が自由化された香港の証券取
引所である．したがって，Ｈ株には香港そしてグローバル資本も取引に参加
できる．こうして中国本土企業は，香港Ｈ株市場を米ドル建のグローバル・
マネーを呼び込む格好の「導管（conduit）」として利活用することになるので
あるが，この点は第 10 章で再論する[26)]．

　証券取引のルールについて目を向ければ，1990 年代，紆余曲折した経過を
みることができる．1990 年の上海・深圳両取引所の開設に合わせて，「中華人
民共和国会社法」，「株券発行・取引暫定条例」など証券関連の法律も施行され
る一方で，国務院証券委員会・証券監督管理委員会・地方証券監督管理部門な
どの監督機関も設置されていった．

　しかし，市場の急速な発展と拡大の一方で，その裏面では由々しき問題も発
生していた．というのも，証券市場の管理監督は，中国人民銀行の証券会社審
査と証券監督管理委員会の業務監督管理の双方によって行われただけでなく，
国務院その他の経済管理部門も関与し，地方政府の証券監督管理部門が関与す
る場合もあった．正に二重行政，度を過ぎた行政介入である．そのため，証券
市場の監視・監督行政の責任主体が不明確なまま，それでいて証券不祥事が発
生すれば責任の‘たらい回し’が横行した[27)]．

　こうした錯綜した証券監督行政は，インサイダー取引，価格操作・企業によ
る虚偽の財務報告等々，金融犯罪・経済犯罪の温床となり，時として中央政

府・地方政府の関係機関を巻き込んだ巨額の金融スキャンダルともなった．そこで証券監督体制の一元化——上海・深圳の各市の関係当局から猛烈に反対されたといわれている——を図るべく，1998年末第9期全国人民代表大会常務委員会において「中華人民共和国証券法」が制定された．

　当時，折からの1997年東アジア通貨金融危機の影響もあって，株価は伸び悩みを示すようになっていた．そこで1999年5月，朱副首相（当時）の指揮を受けた証券監督管理委員会は「証券市場活性化策」を打ち出した．具体的には，印紙税の引き下げ，上場事前審査制度の廃止，金利引き下げに加え，オープンエンド型投資ファンドによる株式投資，国有企業による株式購入，証券会社の自己売買，銀行の証券会社向け証券担保融資，保険基金による投資認可と活性化策等であった．こうして，2000年には上海・深圳両市場の株式時価総額も，各々2兆6930億元（1995年時価総額の約10倍），2兆1160億元（同約21倍）にまで膨れ上がった．

　だが，このように大きく活況を呈し始めた株式市場であったが，先に記した「非流通株」放出が始まるや，深圳市場は2000年，上海市場は2001年に再びピーク・アウトして低迷期に入った．特にB株市場については，香港H株市場のみならず，シンガポールやニューヨークといった海外株式市場での国有企業の上場が相次いだことから，市場の活況は失われつつあった．そのため，同じ国有企業の株式でありながら，B株市場の株価はA株市場のそれの1/5～1/6にまで低迷することになった．

　そこで2001年2月19日，証券監督管理委員会は，B株市場梃入れ策として，従来外国投資家に限定されていた上海B株・深圳B株購入資格を国内投資家にも開放する措置を講じた．[28] すなわち，政府は「国内居住者，B株投資規定・細則」で「B株購入に使用可能な外貨（米ドル，香港ドル）は，銀行の外貨口座に預金された合法的外貨のみ」と規定し，B株市場の透明性を高めると同時に，個人所有の外貨に用途拡大の機会をもたらした．これは，現実には市場参加者の8～9割が国内個人投資家で，国内資金がいわばグレーゾーンを通じて流入するようになり市場の実態が不透明になっていた事態に対して，B株市場に流出入する資金ルートを表陽化させるという意義をも併せ持っていた．

　しかし，これを契機に国内投資家がB株市場に殺到する一方で，従前B株

に投資していた海外投資家は早々に売り抜けていった．Ｂ株市場は改めて勢い
を失い，これ以降Ｂ株市場に敢えて株式上場を図る企業もみられなかった[29]．
実際，証券監督管理委員会が1998年以降Ｂ株市場での新規公開を許可した企
業は，数社程度に留まった[30]．こうして中国の証券市場，特に株式市場を検討す
る場合，何よりも着目すべきは国有企業が数多く上場するＡ株市場というこ
とになった．

　そして，2001年末WTO加盟を果たした中国は，2006年末までに国内に進
出してきた外資系銀行に対して人民元建の預貸業務を解禁し，内国民待遇を与
えることを国際公約とした．そのため，国有企業改革問題絡みで巨額融資を行
い不良債権が堆積している四大国有商業銀行は，外資系銀行・金融機関と厳し
い競争に直面することが予想された．こうして国有商業銀行には，経営の近代
化・合理化はいうに及ばず，上記の不良債権の償却・処理のための資本増強策
を講じる必要がでてきたのである．そこで四大国有商業銀行は，新規株式発行
（IPO: Initial Public Offering）による資本強化を図ろうとしたが，上記の通り，国
内の株式市場である上海・深圳両市場に，当時これに十分応えうるだけの市場
環境が整備されているかというと，必ずしもそうではなかった．

　とはいえ，この時期以降，四大国有商業銀行に留まらず，国有企業全般の改
革に証券市場の発展が大きく係ることになった．併せて中国は，この段階で早
くも国際資本取引面での対外開放に舵を切った．すなわち，2002年12月
QFII（Qualified Foreign Institutional Investor, 適格海外機関投資家）制度が導入され，
海外の資産運用会社・証券会社等の機関投資家は，投資信託設定の許可を証券
監督管理委員会から，また投資信託のファンド枠について国家外汇管理局から
認可を得ることで，上海Ａ株市場への投資が可能となった[31]．その後2006年に
は，QDII（Qualified Domestic Institutional Investor, 適格国内機関投資家）制度も設定
されて，国内機関投資家経由での海外証券投資が可能となった．尚，QFII，
QDIIについては，第7章第2節（4）も参照されたい．

　こうして「改革・開放」から凡そ四半世紀を経て，中国は「世界の工場」へ
と飛翔する戸口に立った．しかし，その道は社会主義と市場経済とのせめぎ合
い，国有企業－国有商業銀行との関係の下，累積する不良債権処理との闘いで
あったといっても過言ではない．

### (3)　債券市場の生成と展開

　計画経済下の中国で債券といえば，自ずとそれは国債を意味していた．1949年の建国後，国債発行は 1950 年代と 1980 年代以降の二つの時期に分けられる．

　1950 年代には，① 財政赤字の補填，② インフレの抑制，③ 国家の建設資金の調達などを主な目的として計 6 回の国債発行があった．もっとも，1968 年までには発行国債の全額が償還された．

　国債発行が再開したのは 1981 年であった．1978 年の「改革・開放」への転換を契機に，産業資本整備のための財政資金を確保すべく，約 20 年ぶりに国債が発行された．発行額は 49 億元であった．その後も国債の発行が続き，1987 年の発行額は 117 億元に上り，年末残高は 392 億元となった．

　1990 年代まで発行された国債の償還期限は最短 2 年，最長 9 年で，「行政的割当方式」で主に国有企業，四大国有商業銀行等への割当発行であった．個人の国債購入も可能であったが，職場での「割り当て」や「申し込み」を通じた購入に限定された．確かに，当初 8％であった金利は後に 15％に引き上げられたものの，一旦購入した国債の転売は認められていなかった．だが，インフレが蔓延する中で流動性が低いとなれば，魅力的な金融商品とはいえない．

　しかし，こうした事態にも少しずつ変化がみられるようになった．というのも，1988 年 4 月一部大都市を皮切りに，商業銀行での国債の店頭取引が始まったからである．1991 年にはほとんどの大都市で店頭取引が可能となった．これに伴い，国債の購入需要も大きく膨らんでいった．こうして国債発行額は，1988 年の 189 億元から 1993 年には 385 億元に約 2 倍に増加，年末発行残高も1541 億（1981 年当時の 31 倍）に達した．

　1994 年，政府は財政資金調達先を中国人民銀行からの借り入れから国債発行に完全に切り替え，1997 年 6 月には国債を手段とする銀行間の資金需給調整を可能とする銀行間債券市場が開設された．こうして国債年発行額は 1997年約 2412 億元，2002 年 6000 億元台まで増大し，同年末の国債発行残高は 1兆 9336 億元となって，1981 年当時の約 395 倍に相当するまでとなった．[32]このように 1990 年代半ば以降，国債発行が増え，その流動化市場も徐々に発展していった．

　他方，社債についていえば，1987 年の「企業再建の管理についての暫定条

例」(1993 年「企業債券監理条例」に改定) によって，発行基準等が規定され発行
が始まった．しかし，多くの企業は，国務院直轄の央企や地方政府下の国有企
業であったから，社債発行にあたっては国家発展改革委員会或いは地方政府の
同委員会より発行許可を得る必要があった．社債発行が拡大するのは，2006
年 1 月に「新公司法 (新会社法)」，2007 年 8 月に「会社債券発行試験弁法」が
制定され，会社法に規定する株式会社や有限会社の社債発行が，国家発展改革
委員会の許可制を外れ，証券監督管理委員会の認可に変更されてからであった．
つまり社債発行の許可が，計画経済の企画・執行機関から企業側の資金調達需
要を考慮にいれた証券取引のサーベランス機関に移ったことになる．

　尚，債券発行の現況については，第 4 章第 2 節で記すことにする．

　以上，本章は現代中国経済に繋がる歴史的序曲として 1949 年以降の中国経
済の歴史について振り返ってみた．現代中国経済の核心的問題が国有企業改革
にあること，そのための金融資本市場であることが理解頂ければ，本章の目的
は達せられたことになる．

注
1)　滕 (2016)，52 ページ参照．
2)　1964 年に提唱されたスローガンは「農業は大寨に学べ，工業は大慶に学べ」であっ
　　た．大寨は山西省の村であり，人民公社発祥の地である．大慶は黒竜江省の地方都市で
　　あり，石油の産出地である．
3)　滕 (2016)，51 ページ及び 53 ページを参照．農工間の分業関係が，均衡ある国民経
　　済発展の要であることは，第 1 章第 8 節で記した通りである．
4)　一線は戦争の危険度が高い沿海部・東北部，三線とは戦争の危険度の低い内陸部，そ
　　の中間が二線であり，全面的核戦争に突入した場合でも，内陸部で抗戦が可能なように
　　軍需工場を建設するという国土計画である．
5)　ここで想起されるべきは，Brus (1975)，[訳] 62-63 ページの「国権主義モデル」で
　　ある．「生産手段所有者の機能が直接に国家自体によって果たされる……国権主義モデ
　　ルの社会主義でのもとでは……，国家は社会の政治機構でありながら同時に，経済機関
　　の役割を担うことになる．この機関は事実上，企業内の諸関係ばかりでなく企業と家計
　　の地位を規定する外的諸要因の全体をも規制するのである．……全余剰は事実上，国家
　　の手に集中される．」
6)　ここに今日中国経済のボトルネックともいえる問題，すなわち中国経済を動かすのは
　　「財政か金融か」という問題が存在しているといえよう．
7)　1990 年代，中央政府は全国の郷，鎮，村といった農業地域の農民に対し「郷鎮提留

統籌款」として税外費用を徴収した．「三提五統」ともいわれ，鎮や村の行政経費（幹部役人の賃金補助を含む）の三つの目的ごとに農民の収入から徴収する「提留」，公共支出予算の五つの目的ごとに農民から徴収する「籌款」から成り立っていた．

8)　国有企業の国民経済における意義について，程暁農（2003b），134-135 ページは次のように厳しい指摘を行っている．「国有部門は競争のなかでますます市場シェアを失っていったが，国有の独占的な金融機関をとおして金融資源の分配を操り，みすから占有する金融資源の割合が減らないようにした．この現象を国有部門による国民経済の資源の『汲みあげ』と呼んでよいだろう」．この「汲みあげ」効果は，都市化と外資導入のプラス面もあったが，「市場メカニズムの資源配置の能力を大いに殺ぎ，国民経済の効率を下げたことである．同時にそれは国有部門の負債を増やし，倒産の危機に追いこんだのである．……金融資源の『汲みあげ』によって国有部門従業員の高所得高福祉を維持し，目下のところ経済と社会の安定を達成しているのである」．後年に指摘される「国進民退」にも繋がる見解である．

9)　「同路線」の下では，国有企業が株式市場に上場すること以外にも，株式会社に転換した後の株式持ち分の全部もしくは支配的部分を政府から権限を付託された持ち株会社が所有し，「○×集団公司」の傘下に収まるということもみられた．いうなれば政府主導の企業関係の再編である．

10)　同じ 1997 年の 11 月と 12 月に開催された全国金融工作会議と中央経済工作会議において，朱鎔基副総理（当時）は国有企業改革・金融改革・政府機構改革を「2000 年までに実現すべき三大改革」と位置づけた．この時期，朱副総理は国有企業に蔓延る腐敗一掃と改革とを結びつけて，「腐敗退治には，百個の棺桶を準備せよ．そのうちの一つは，私の分だ．汚職犯人と連れ立って地獄へ行き，それと引き替えに国家を繁栄させ，庶民の支持を獲得するのだ．」という有名な言葉を残している．

11)　1990 年代まで，人民銀行の地方支店は地方政府の共産党委員会の指導下にあった（Walter & Fraser（2011）pp. 31-33）．

12)　1980 年代半ば以降，非国有の株式制商業銀行が相次いで設立されてきた．例えば，1984 年招商銀行（国務院招商局出資），1987 年交通銀行（中央財政出資），中国実業銀行（中国国際信託投資公司グループ出資），深圳発展銀行（深圳市政府出資），1988 年広東発展銀行（広東省政府出資），福建興業銀行（福建省政府），1992 年中国光大銀行（国務院系企業グループ・光大集団），華夏銀行（国有企業・首鋼総公司出資），1993 年上海浦東発展銀行（上海市政府出資），である．とはいえ，括弧内に記している出資関係・設立母体を考えれば，これら株式制商業銀行群が，国務院－地方政府－国有企業という政治的関係から外れているとはいい難い．

13)　Walter & Fraser（2011）pp. 34-35.

14)　樊・岡（1998）は，「改革・開放」に転じて確立した中国の金融システムを知る上で最も有益である．しかも 1997 年東アジア危機の直後に出版されたこともあり，補論 1 で記した問題意識も極めて豊富である．但し，人民元「国際化」については，今となってはやや楽観的に過ぎたと評価すべきであろうか．

15)　内藤（2015）参照．尚，「営業税」は 2016 年 5 月「営改増」として増値税に総て切

り替わった.

16)　Sanderson & Forsythe（2013）［訳］25 ページ及び 70 ページ参照.

17)　1990 年代の財政改革の流れについては梶谷（2011）を参照した.

18)　そもそもの発端は 1960 年代の人民公社の在り方を巡る毛沢東との論争に遡る.

19)　Krober（2016）p. 26.

20)　中国では,経済成長率 7%はその年に新たに増えた労働人口の大部分を就業分野に送り込める水準,経済社会が正常に成長するための「下限」の水準であると指摘されている（程（2003a）44-45 ページ）.2010 年以降も 6%以上の成長率が続いていた背景にも,同じ事情があるだろう.もっとも,成長率 6%は中国にとっては実態的にはマイナス成長ということになる.

21)　この時期の国有銀行の不良債権問題については,例えば韓（2005）参照.

22)　国有企業の株式には,「国家株」（国有の固定及び流動の資産を再評価した国の持分）,「発起人株」（国有企業の内部留保から換算された企業自身の持分）,「募集法人株」（株式公開時に応募した非国有企業保有の株式）,「外資系法人株」（合弁会社の外資持分）,「従業員株」（公開前の割当或いは公開時に一定限度で優先的に応募した従業員の持分）がある.

23)　Walter & Fraser（2011）p. 30.

24)　もっとも,中国株式市場の問題の一つとして,楊は次のように指摘している.「政府が（株式市場への）上場資源を統制し,行政分配方式によって国有企業に過度に傾斜するかたちで上場を認可していることである.このため効率のよくない多くの国有企業が上場を果たし,国内株式市場で庶民の資金を「取り込む」ことを通じて過度の金融資源を占有している.国家が独占し,目下の収益がかなり大きい一部の国有資産（例えば電力,石油など）にいたっては,政府が海外にもちだして上場し,外国人はその株式を売却している.この結果,国内株式市場に上場する企業の中で,質のいい企業はかなり制限されている.そして,国内上場企業の効率が劣り,往々にして配当もできないが,株式市場の投機性が過度に大きいため,効率のよくない上場企業の株価が高騰を続けた結果,国有企業の収益が低ければ低いほど PER（株価収益率……引用者）が高くなるという「奇観」が生じている.」（楊（2003）87-88 ページ参照）

25)　そもそも香港聯合交易所（証券取引所）は,1980 年に香港證券交易所（1947 年設立）,遠東證券交易所（1969 年設立）,金銀證券交易所（1971 年日）,九龍證券交易所（1972 年設立）が合併して設立された.その後 2003 年に「香港期貨交易所」（先物取引所）,「香港中央結算有限公司」と改めて合併し,2006 年に自ら株式を発行して上場している.2012 年にはロンドン金属取引所を買収している.今日では香港交易所（Hong Kong Exchange）という名称で香港島 Central,国際金融中心Ⅱ——同ビルの 55 階に HKMA がある——に隣接して位置する.

26)　2016 年,香港証券取引所は新規上場による資金調達額が世界第 1 位となり世界有数の証券市場に成長した.同取引所には大型優良企業向けのメインボード（Main Board）市場と中小規模企業向けの GEM 市場という二種類のマーケットが存在する.メインボードはプライマリー上場（通常の新規上場）とセカンダリー上場（第 2 市場としての

上場）の両方が可能だが，GEM（Growth Enterprise Market，成長企業市場）はプライマリー上場のみに限られている．2014 年 3 月には日本のファーストリテイリングが香港にセカンダリー上場した他にも，日本の工作メーカー等も上場している．

27)　楊（2003），95-96 ページは，株式市場の発展の背後において，'権力の資本化（レント・シーキング活動）' が横行し，社会的公正が大きく歪められたと指摘している．

28)　ほぼ同時期の 2001 年 2 月 22 日，「赤字上場企業株式の一時取引停止と上場廃止実施便法」が定められた．

29)　2001 年 2 月の措置を契機に，低迷する B 株市場の A 株市場との統合という流言が飛ぶようになり，この時期 B 株市場は幾度となく投機の波が渦巻くこととなった．

30)　2006 年 9 月時点で上海 B 株市場に上場している企業数は 54 社で，深圳 B 株市場が55 社である．これに対し上海と深圳の A 株市場は各々 826 社と 530 社であり，両 B 株市場への上場企業数は格段に少ない．その理由は，B 株市場が外資に開放されているため，A 株市場に上場している企業の中でも，収益力や財務基盤などを考査して特に選ばれた企業しか B 株市場に上場できないためであるという指摘もある（田代尚機「中国株の歴史——上海 B 株バブルの系譜——」(http://allabout.co.jp/finance/chinastock/closeup/CU20060529B/index2.htm ← 2020 年 1 月 20 日閲覧）を参照した．

31)　当初総額 20 億ドルの枠で始まった QFII は，各ファンドに 8 億ドルの上限を設定していたが，2009 年に 10 億ドルに引き上げられ，2015 年 3 月にはこの枠も撤廃された．ちなみに，QFII の英語の読み方は cue-fees という．Prasad（2017）pp. 48-50 も参照のこと．

32)　劉（2004）2 ページ参照．

# 第4章 2001年WTO加盟と2005年為替相場制度改革

## 第1節　高度経済成長を疾駆する中国経済

### (1)　2001年末WTO加盟と貿易・経常収支大幅黒字化
#### ──米中貿易摩擦の始まり──

　2001年末WTOに加盟した中国は，2000年代以降，毎年巨額の貿易収支黒字を実現していった．ここではまず中国の貿易・経常収支について**図表4-1**からみておこう．

　1995年当時180億ドル程度であった中国の貿易収支黒字は，2005年に1301億ドル，リーマン・ショックが発生した2008年には3598億ドルにまで増大した．その後，欧米経済が世界金融危機に巻き込まれる中で急速に外需が減少したため，貿易収支黒字も2011年には2287億ドルにまで減少した．ところが，2012年になると，貿易収支黒字額は再び増大を始め，2013年には3115億ドル，2015年には最大の5761億ドルを計上するに至った．

　貿易収支黒字の増大に伴い，経常収支黒字も2000年わずかに205億ドルであったが，2005年1323億ドル，2008年4205億ドルにまで増大した．こうして，1978年の「改革・開放」政策への大転換から凡そ四半世紀を経て，中国はようやく輸出指向工業化戦略の波に乗り，グローバリゼーションの戸口に立つことになった．しかし，それは同時に米中貿易摩擦の始まりでもあった．

　2005年3月，FRB議長B.バーナンキ（当時）はセントルイスで'The Global Saving Glut and the U.S. Current Account Deficit'と題したスピーチを行った．すなわち，経常収支黒字国の貯蓄比率が投資比率を上回り過少消費に陥っている事態（Global Savings Glut）が，アメリカ経常収支赤字，'世界経済の不均衡（Global Imbalance）'の原因と言ってのけたのである．中国は，スーパー301

図表 4 - 1 　中

| | 1995 年 | 2000 年 | 2005 年 | 2007 年 | 2008 年 | 2009 年 |
|---|---|---|---|---|---|---|
| 経常収支 | 1,618 | 20,518 | 132,379 | 353,183 | 420,569 | 243,257 |
| 貿易・サービス収支 | 11,958 | 28,874 | 124,627 | 308,036 | 348,833 | 220,130 |
| 貿易収支 | 18,050 | -13,566 | 130,129 | 311,715 | 359,886 | 243,546 |
| 輸出 | 128,110 | 111,332 | 694,870 | 1,131,606 | 1,349,974 | 1,127,160 |
| 輸入 | 110,060 | 124,897 | 564,742 | 819,891 | 990,088 | 883,614 |
| サービス収支 | -6,093 | 42,439 | -5,502 | -3,679 | -11,054 | -23,416 |
| 第一次所得収支 | -11,774 | -14,666 | -16,114 | 8,044 | 28,580 | -8,533 |
| 第二次所得収支 | 1,435 | 6,311 | 25,986 | 37,102 | 43,156 | 31,659 |
| 資本移転等収支 | 0 | 0 | 4,102 | 3,099 | 3,051 | 3,939 |
| 金融収支 | -38,674 | -1,958 | -91,247 | -91,132 | -37,075 | -194,494 |
| 直接投資 | -33,849 | -37,483 | -90,379 | -139,095 | -114,792 | -87,167 |
| 資産 | 2,000 | 4,612 | 13,730 | 17,155 | 56,742 | 43,890 |
| 負債 | 35,849 | 42,095 | 104,109 | 156,249 | 171,535 | 131,057 |
| 証券投資 | -789 | 3,991 | 4,710 | -16,443 | -34,852 | -27,087 |
| 資産 | -79 | 11,307 | 26,157 | 4,522 | -25,198 | 2,526 |
| 負債 | 710 | 7,317 | 21,447 | 20,965 | 9,654 | 29,613 |
| 金融派生商品 | … | … | … | … | … | … |
| その他投資 | -4,035 | 31,535 | -5,578 | 64,405 | 112,570 | -80,239 |
| 資産 | 1,081 | 43,864 | 44,660 | 154,769 | 97,578 | -18,414 |
| 負債 | 5,116 | 12,329 | 50,238 | 90,364 | -14,992 | 61,825 |
| 国際準備資産 | 22,469 | 10,693 | 250,975 | 460,651 | 479,553 | 400,508 |
| 外為等その他準備資産 | 21,977 | 10,898 | 252,573 | 460,865 | 478,342 | 382,051 |
| 誤差脱漏 | -17,823 | -11,783 | 23,247 | 13,237 | 18,859 | -41,181 |

[注] ここでは IMF の原資料にしたがい，国際準備資産を金融収支の外側に置いている．経常収支＋資本移転
[出所] IMF, *Balance of Payments Analytic Presentation* 資料より作成.

## 国の国際収支

（100 万ドル）

| 2010 年 | 2011 年 | 2012 年 | 2013 年 | 2014 年 | 2015 年 | 2016 年 | 2017 年 |
|---|---|---|---|---|---|---|---|
| 237,810 | 136,097 | 215,392 | 148,204 | 236,047 | 304,164 | 202,203 | 164,887 |
| 223,024 | 181,904 | 231,845 | 235,380 | 221,299 | 357,871 | 255,737 | 210,728 |
| 246,426 | 228,701 | 311,570 | 358,981 | 435,042 | 576,191 | 488,883 | 476,146 |
| 1,486,412 | 1,807,805 | 1,973,516 | 2,148,589 | 2,243,761 | 2,142,753 | 1,989,519 | 2,216,458 |
| 1,239,986 | 1,579,105 | 1,661,947 | 1,789,608 | 1,808,720 | 1,566,562 | 1,500,636 | 1,740,312 |
| −23,402 | −46,797 | −79,725 | −123,602 | −213,742 | −218,320 | −233,146 | −265,417 |
| −25,899 | −70,318 | −19,887 | −78,442 | 13,301 | −41,057 | −44,013 | −34,444 |
| 40,686 | 24,511 | 3,434 | −8,733 | 1,446 | −12,649 | −9,520 | −11,398 |
| 4,630 | 5,446 | 4,272 | 3,052 | −33 | 316 | −344 | −94 |
| −282,234 | −260,024 | 36,038 | −343,048 | 51,361 | 434,462 | 416,070 | −148,612 |
| −185,750 | −231,652 | −176,250 | −217,958 | −144,968 | −68,099 | 41,675 | −66,309 |
| 57,954 | 48,421 | 64,963 | 72,971 | 123,130 | 174,391 | 216,424 | 101,914 |
| 243,703 | 280,072 | 241,214 | 290,928 | 268,097 | 242,489 | 174,750 | 168,224 |
| −24,038 | −19,639 | −47,779 | −52,891 | −82,429 | 66,470 | 52,271 | −7,431 |
| 7,643 | −6,248 | 6,391 | 5,353 | 10,815 | 73,209 | 102,770 | 109,387 |
| 31,681 | 13,391 | 54,170 | 58,244 | 93,244 | 6,739 | 50,499 | 116,818 |
| … | … | … | … | … | 2,087 | 5,384 | −471 |
| −72,446 | −8,733 | 260,068 | −72,200 | 278,758 | 434,004 | 316,741 | −74,400 |
| 116,262 | 183,604 | 231,680 | 141,962 | 328,909 | 82,465 | 349,906 | 76,904 |
| 188,708 | 192,338 | −28,388 | 214,162 | 50,151 | −351,538 | 33,165 | 151,304 |
| 467,866 | 391,727 | 96,555 | 431,382 | 117,784 | −342,941 | −443,625 | 91,526 |
| 469,556 | 384,818 | 98,673 | 432,696 | 118,818 | −342,316 | −448,681 | 92,967 |
| −56,809 | −9,840 | −87,071 | −62,922 | −66,869 | −212,959 | −229,414 | −221,879 |

収支＝金融収支＋国際準備資産−誤差脱漏となる.

条等保護貿易措置を対抗措置に掲げるアメリカ議会の強硬姿勢をかわすべく，2005 年 7 月人民元為替相場制度をそれまでの対米ドル固定為替相場制度（1 ドル＝8.27 元）から，バスケット通貨制度（後述）を参照とした管理フロート制に為替相場制度を変更した[1]．その後 2008 年 12 月 4 日には，北京の釣魚台迎賓館で中国副首相の王岐山と米財務長官のヘンリー・ポールソンが共同議長を務める米中戦略経済対話が始まり，2016 年までに 8 回が開催されるに至った．

### （2）　中国の高度経済成長と「貯蓄－投資バランス」
#### ――金融ユーフォリアの醸成――

　次に**図表 4-2** をみよう．同図は，2000 年以降の世界経済の GDP 総額と中国，日本及びアメリカの GDP が占めるシェアを示したものである．2000 年から 2017 年の間に世界の GDP は 33 兆ドルから 80 兆ドルへと 2.4 倍増大した．同期間に日本の GDP は 4.8 兆ドル水準のまま変わらず[2]，アメリカの GDP は 10 兆ドルから 19 兆ドルへと増大した．しかし，この間中国の GDP は 1.2 兆ドルから 9.2 兆ドルへと 7.6 倍へと爆発的に増大した．その結果，世界の GDP に占める日本のシェアは 14.4％→ 6.5％，アメリカのシェアは 31.3％→ 22.3％となる一方で，中国のシェアは 3.6％→ 12.2％となった．

　同図によれば，中国の GDP が日本のそれを上回ったのは 2010 年である．こうなると，中国の GDP がアメリカのそれをいつ凌駕することになるのかといったことに世界の注目は集まることになるが，中国経済が大きな転換点を迎えつつある現在，こうした将来予測への言及は措いておくことにしよう．ここでは，中国経済の世界経済に占めるウェイトの大きさを確認しておけばよい[3]．

　もっとも，「外資導入・輸出指向工業化戦略」が最も功を奏したのは，2007 年といってもいいかもしれない．**図表 4-3** によれば，同年に経常収支黒字の対 GDP 比率は最高の 9.8％に達した．その翌年の 2008 年にはアメリカ発世界金融恐慌が勃発し，同図に示される通り，これを契機に中国経済も外需依存型から投資と消費に支えられた内需依存型経済構造へと一大転換を遂げたことが分かる．少し数字を拾えば，経常収支黒字の対 GDP 比率は 2009 年 4.7％，2011 年 1.8％にまで落ち込み，2015 年 2.9％まで回復するも，IMF 推計では 2021 年 0.7％にまで低下することになっている．この外需の落ち込みに代わって

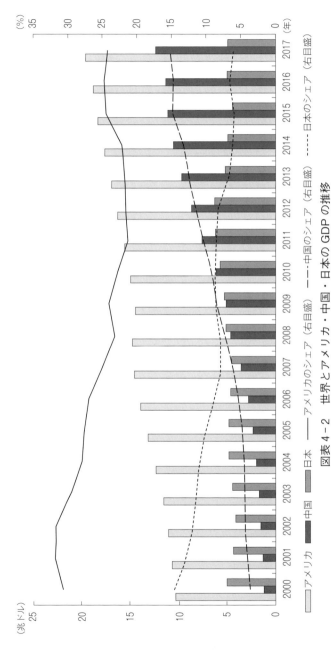

図表 4-2　世界とアメリカ・中国・日本の GDP の推移

[出所] UN ESCAP 資料より作成.

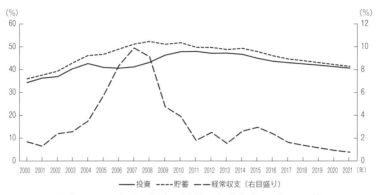

**図表 4 - 3　中国の投資・貯蓄・経常収支の対 GDP 比**

［出所］IMF, *World Economic Outlook*, Database より作成.

GDP 成長を牽引してきたのが投資であり，総投資額の対 GDP 比率は，2007
年に 41.2%，2011 年 48.0%，2015 年 44.9%——日本の高度経済成長時でも
30％台——であった．そしてこうした経済構造の転換を政策的に大々的に打ち
出したのが「四兆元（約 60 兆円）」に及ぶ公共事業策——この点第 6 章第 1 節
に記す——であった．

　だが，こうした投資主導の内需依存型経済成長が可能であったのは，中国が
貿易・経常収支黒字を計上し続けてきたからに他ならない．その一方で「貯蓄
＝投資論」をベースにしたマクロ経済診断が，経常収支黒字国＝貯蓄超過国に
胡坐をかいたユーフォリアを醸成し，放漫財政と安易な金融ブームを生み出し
てしまったことには十分留意する必要がある．実際，今日中国の金融経済の苦
境もここに由来する．

## 第 2 節　人民元為替相場制度改革と過剰流動性問題
### ——‘ドルの罠’とバブル経済への道——

### (1)　人民銀行の為替市場介入と過剰流動性の蔓延

　上記の通り，2005 年 7 月中国は人民元為替相場制度をそれまでの対米ドル
固定為替相場制度から管理フロート制に為替相場制度を変更した．固定為替相

場制度を維持する場合にはもとより，変動相場制＝フロート制とはいえ，管理フロート制の場合には，その時々の為替相場に対し中央銀行・通貨当局は政策裁量的に為替市場介入を行っていく．そのため，管理フロート制の場合には，為替相場決定の透明性は著しく低いものとならざるをえない．

中国のインター・バンク（銀行間）外国為替取引は，上海にある人民銀行傘下の外貨取引センター（CFETS, China Foreign Exchange Trade System, 中国外汇交易中心）で行われている．中央銀行たる人民銀行の為替市場介入はこの CFETS を通じて行われるが，2015 年段階での変動幅は，米ドルの場合には仲値の上下 2％以内，その他通貨に対しては仲値の上下 3％以内と設定されていた．[4),5)]

さて，**図表 4-4** は，人民元の対米ドル為替相場の動きと人民銀行保有の外国為替残高及びマネタリー・ベースの推移を示したものである．

先に記した通り，2005 年 7 月管理フロート制に移行するまで，人民元の対米ドル為替相場は 8.27 元で固定されてきた．当時，折からの米中貿易摩擦を考慮して，その後人民元の為替相場は少しずつ上昇を続け，2014 年 1 月には最高値の 6.10 元となった．約 19％の切り上げであり，その間人民銀行は為替相場の急激な上昇を抑えるべく，裁量的に為替市場に介入してきた．その結果，人民銀行の外為保有額は大きく積み上がることになった．少し数字を拾えば，2005 年 7 月 5 兆 6346 億元，2009 年 1 月 15 兆 784 億元となり，最高額は 2014 年 5 月 27 兆 2998 億元で，その後は 2015 年 8 月 26 兆 885 億元，2016 年 9 月 22 兆 9108 億元であった．[6)]

このように，人民銀行の為替市場介入によって外為残高（中央銀行資産）は年々増大していった．だが，人民銀行の CFETS を通じた人民売・米ドル買の為替市場介入の裏側は，取引の相手方たる四大国有商業銀行等へのマネタリー・ベース（中央銀行負債）の供給である．その額は，2005 年 7 月 5 兆 8271 億元，2009 年 1 月 12 兆 9653 億元となり，外為保有が最高水準に達した 2014 年 5 月には 27 兆 3929 億元であったが，ここで最も留意すべきは，この段階まで人民銀行のマネタリー・ベース供給残高が外為保有額にほぼ相当する額であったことである．

このように巨額のマネタリー・ベース供給の担保が外国為替，その実態からして米ドルであるとすれば，人民銀行を頂点とする中国の通貨金融体制とは事

図表 4 - 4　人民銀行の外為保有とマネタリー・ベース，人民元の対ドル為替相場

[出所] 中国人民銀行資料より作成．

実上「米ドル為替本位制」であったといわねばならない．極論すれば中国の金融経済は米ドルの「貨幣属国」であったともいえる．こうした事態を指して，Prasad は中国もまた「ドルの罠（Dollar Trap）」にはまり込んだとしているが，第 7 章以降で詳しくみていく通り，そうした「罠」から脱却すための対抗策が人民元「国際化」なのである．

## (2)　インフレ下の規制金利体制の矛盾
### ——中国版‘金融のディスインターミディエーション’——

　上記の通り，マネタリー・ベースが激増したとなれば，当然ながらマネー・ストックも大きく増えることになる．**図表 4-5** の通り，M2（M1 + 準通貨）でみたマネー・ストックは，2005 年約 29.9 兆元，2008 年約 47.5 兆元，2012 年約 97.4 兆元，2013 年 110.6 兆，2015 年 139.2 兆元と増大した．このため，マーシャルの k（M2/GDP）は，2005 年 1.59，2012 年 1.81，2015 年 2.03 へと上昇した．

　さて，マーシャルの k が 1 を遥かに超える水準にあることは，それだけ財・サービスを産出する付加価値生産とは関係しないマネーが市中に溢れていることを意味している．蔓延する過剰流動性の問題がこれである．溢れかえったマネーは，企業物価・消費者物価を上昇させてインフレを引き起こすか，株式・土地不動産等の資産価格上昇といったいわゆるバブル経済の温床となる．ここでは企業物価と消費者物価について確認しておくことにし，上海証券取引所総合株価指数については次の項で記すことにする．

　**図表 4-6** をみると，工業生産者購買価格指数・消費者物価指数共に，危機の年である 2008 年まで対前年比 5％〜10％の水準で物価上昇が続いてきたことが分かる．要するに過剰流動性下のインフレである．そして 2008 年の危機以降，2009 年には指数基準値 100 を大きく下回り，2009 年から 2010 年にかけて再度上昇しつつも，2011 年以降再度下落している．特に 2012 年となれば，工業生産者購買価格指数の落ち込みが顕著であった．

　他方，預貸金利の規制についていえば，確かに，2004 年 10 月預金金利の下限規制と貸出金利の上限規制とが事実上撤廃されたことを契機に，いわゆる金融「自由化」も進んではきた．それでも**図表 4-7** にある通り，商業銀行には預

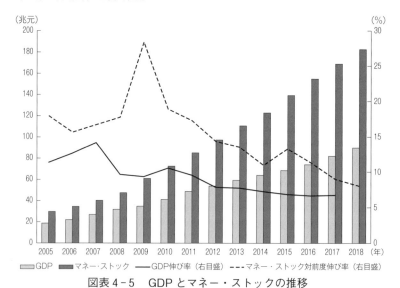

**図表 4-5　GDP とマネー・ストックの推移**

［出所］中国国家統計局及び中国人民銀行の統計資料より作成.

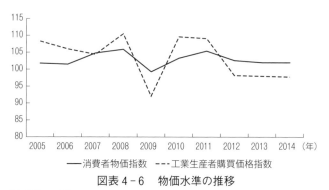

**図表 4-6　物価水準の推移**

［注1］各年の物価指数は，前年＝100.
［注2］2011 年以降，原材料・燃料・動力購買者価格指数は，工場生産者購買価格指数に改められた.
［出所］中国国家統計局資料より作成.

金と貸出の基準金利が設定された上で，一定の預貸金利差収入が保証されてき
たのである[8)]．こうした預貸金利幅が規制金利によって維持される限り，四大国
有商業銀行は既存の大手国有企業への融資に安住するだけで，巨額の利鞘収入

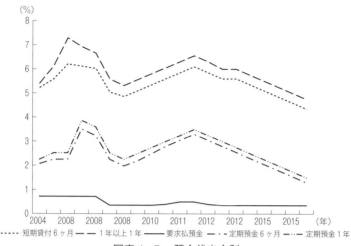

図表 4 - 7　預金貸出金利

[注] 横軸は，金利変更のイベント年毎に表示されている．
[出所] 中国人銀行資料より作成．

が転がり込むことになった．

　だが，逆にこのことから分かることは，一朝預貸金利規制の撤廃，ひいては金融「自由化」が進行するや，いわば‘護送船団方式’の銀行中心の間接金融体制は一大変容を迫られることである．なぜなら，預金金利の上限規制と貸出金利の下限規制が撤廃されるとなれば，銀行は高金利での預金獲得と低金利での貸出に走り，金融機関全体を巻き込んだ熾烈な生存競争に突入することになるからである．したがって，金融の「自由化」は銀行・金融機関の経営環境を激変させることになるのである．

　それはともかくも，上記のような規制金利体制下，蔓延する過剰流動性の下インフレが進行することで，中国の金融経済には，次の二点において由々しき問題を発生させてきた．

　第一に，そもそもインフレーションとは，商品に対する通貨価値の低下，現在の通貨価値に対する将来の通貨価値の低下である．そのため過去に対する現在，現在に対する将来において，借入元本の実質価値は減価していくことになり，資金の借り手にとっては‘借り得’なる事態を発生せしめることになる．

かくて規制金利に安定的収益源を求めてきた四大国有商業銀行とその融資先でありインフレによる借り得の利益を享受し得る国有企業との間には，'win-win の関係' が存在してきたことになる[9]．その反面，四大国有商業銀行の融資対象から外れる非国有企業の資金環境は必ずしも恵まれず，国有企業以外の民間企業の発展は著しく殺がれることになる．これが第 1 章に記したいわゆる「金融抑圧（financial repression）[10]」といわれる事態であり，その長期化は一国の国民経済において，国有部門が優先される一方で，民間部門が劣後してしまうという資源配分の歪みが構造化されるという結果をもたらす[11]．

　第二に，上記の通り，インフレーションが商品に対する通貨価値の低下である以上，その慢性的長期化は，人々を '貨幣錯覚（monetary illusion）' から目覚めさせることにもなる．自由金利市場であれば，インフレ率に応じて名目金利は上昇する．例えば物価上昇率 5％であれば，金利も 5％アップするといった具合である．こうした状況下であれば，人々は当然ながら，物価上昇率を上回る高金利金融商品に求めていくことになる．かくて，インフレの進行により名目金利に対する実質金利は低下して，銀行預金者にはインフレによる預貯金資産の目減りというリスクに直面する．そこに銀行預金以外の変動金利型の証券化商品が出現するようになれば，家計等資金余剰主体は，インフレ・ヘッジの手段として，これら証券化商品を選好するようになる．この点を示したのが**図表 4-8** である．1 カ月物及び 3 カ月物の預金金利よりも，後に記す不動産バブルで有名になった理財商品の利回りが明らかに高い水準にあった[12]．

　こうして資金余剰主体と資金不足主体とを結ぶ銀行の資金仲介機能は低下し，ここに中国版 '金融のディスインターミディエーション（financial disintermediation）' の根本問題がある．つまるところ，過剰流動性の蔓延は銀行中心の間接金融の在り方に風穴を開け，証券を中心とした直接金融に資金仲介機能をシフトさせる潜在的流れを形成したのである．もっとも，後にみる通り，そうした直接金融による利益をいち早く且つ最大に享受したのも，国有企業群であることには留意する必要がある．なぜなら，変動金利型の証券等金融商品を求めて応募者が殺到すれば，証券額面金額を売り出し価格が上回り，金融商品の発行者にとっては，いわば時価発行増資にみられる財務効果が得られるからである[13]．

　だが，こうした事態は中国の金融経済に深刻な亀裂をもたらすことになった

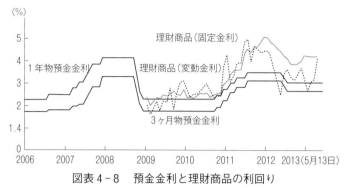

図表 4 - 8　預金金利と理財商品の利回り

［出所］ IMF, *People's Republic of China, 2013 Article IV Consulatation*, IMF Country Report No.13/211, July 2013, p.11.

といわざるを得ない．なぜなら，規制金利下のインフレーションによって，国有銀行と国有企業との間に win-win の蜜月関係が構造化される一方で，工業生産力の上昇と都市化に伴う生活関連の新規サービス産業企業や消費産業企業等，非国有企業部門の資金需要は旺盛であるにもかかわらず，そうした資金需要に向かい合う金融仲介機関の発展は立ち遅れてしまったからである．かくて，国有企業－国有銀行を優先した中国版「金融抑圧」の下，中国の金融経済は二重構造化し，資金需要が旺盛な非国有の企業群は，その資金調達を地下金融（informal finance）——いわゆる peer-to-peer（P2P）等ネット金融もこれに該当する——に頼るか，高利回りを掲げた私募の出資証券や債券発行に訴えざるを得なくなったのである．他方，公的社会年金制度が十分に備わっていない中国において，資金余剰主体たる家計部門も，インフレに晒された低金利銀行預金から高利回りの理財商品等ハイリスク・ハイリターンの証券化商品に群がっていった．ここに中国版「シャドウ・バンキング（影の銀行）」が興隆してきた一つの背景——もう一つは第 3 章第 3 節（1）でみた中央政府と地方政府の税・財政関係——がある．

　これまでみてきた通り，2001 年末の WTO 加盟を契機に，中国は巨額の貿易・経常収支の大幅黒字を計上する一方で，管理フロート制下，中国国内には過剰流動性が蔓延していった．かくて 2000 年代前半以降，中国の金融環境は大きく変わり，株式市場を取り巻く環境も徐々に変わっていった．こうした状

況において，2010 年を目途とした国有企業改革が進められたのである．

## 第3節 国有企業改革と不良債権処理

### (1) 国有銀行の不良債権問題

1999 年末，中国銀行監督管理委員会が発表した四大国有商業銀行の不良債権率は 30％に及んだ．こうして，第3章第3節 (3) で記した通り，国有企業改革と四大国有商業銀行の不良債権処理が解決すべき喫緊の政策課題として浮上してきた．

2001 年，政府は四大国有商業銀行ごとに不良債債権を買い取り，資産管理を行う全額政府出資の機関（Asset Management Company, AMC）を設立した．すなわち，中国銀行－「東方」，中国建設銀行－「長城」，中国農業銀行－「華融」，中国工商銀行－「信達」である．これを契機に，国有銀行の AMC への不良債権売却が始まった．四大 AMC は，後に買い取った不良債権に対し 4050 億元（買い取り債権総額の 29％），540 社に及ぶ「債転株（債转股，Debt Equity Swap, DES）」を発行し，或いは不良債権の担保資産の売却を実施した．

もっとも，国有銀行の不良債権総てが AMC に買い取られた訳ではない．そのため国有商業銀行の貸借対照表において，残された不良債権と自己資本とを比較した場合，過小資本に陥る可能性もあった．そこで政府は二段階にわたって，資本強化策に乗り出した．

第一段階……AMC に不良債権を移管する前の 1998 年に，政府は総額 2700 億元（約 4 兆円）の特別国債を発行して，これを国有商業銀行が買い取り，手取り金は国有商業銀行の資本に注入された．

国有商業銀行の国債購入には，人民銀行に寄託されていた預金準備金の一部が当てられたが，そのための資金作りとして人民銀行は従前 13％だった必要預金準備率を 8％へ引き下げた．そして政府が特別国債の売却資金で国有商業銀行に出資を行うと，国有商業銀行はその資金を使って，中国人民銀行からの既往の借入金を減少させ，自己資本比率を高めた．

一連の取引を人民銀行のバランス・シートでみると，国有商業銀行の預金準備が減少すると共に，国有商業銀行の人民銀行借入金が同額だけ返済されたこ

とになる．結局，国有商業銀行の対人民銀行借り入れが，政府発行の特別国債の買い入れを通じ，資本金増強に置き代わった訳であり，ここでも DES が実施されたことになる．

第二段階……しかし，これだけの資本強化策では依然として不十分であった．そこで政府は，潤沢な外貨準備を使って，中国農業銀行以外の国有商業銀行3行の資本強化策を実施した．

中国の外貨準備は，中国人民銀行のバランス・シート上の資産として計上されているが，中国人民銀行が外貨準備の一部を取り崩して，新たに設立した投資会社＝中央汇金投資有限公司（略称，中央汇金）に対する出資金に充て，この投資会社が国有商業銀行3行に出資する形をとってた．この措置によって，中国銀行と中国建設銀行の資本金はそれぞれ1862億元，中国工商銀行の資本金は1240億元増加した．またこれら3行のバランス・シートの資産側では，それまで外貨準備として計上されていた外貨資産（米国証券など）が同額だけ増加した．外貨準備を使った資本注入により，3行の過小資本状態はようやく解消されたのである．

外貨準備投入により，中国銀行と中国建設銀行の従来の資本金は不良債権処理のため全額使われ，投資会社が両行の資本金の100%を保有することとなった．中国工商銀行の場合は，財務省と中央汇金がほぼ50%ずつ資本金を保有する構造となった．さらにその後3行は，劣後債を発行して一層の資本充実を図った（劣後債は補完的資本として自己資本比率に算入される[16]）．

だが，これだけではない．中国政府は，「戦略的投資家」としての有力外国金融機関の出資，香港市場・上海市場での株式上場に伴う一般投資家による出資を募り，一段の資本増強策を講じた．

「戦略投資家」は，① 株式保有期間は3年以上，② 原則として取締役を送り，また上級の専門職員を派遣して経営管理技術を直接伝達することが奨励される，③ 1国内銀行について「戦略投資家」1社の株式保有比率は，原則5%以上で最大20%まで，「戦略投資家」合計の株式保有比率は最大25%まで，などの条件の下で認可された．

2003年末の政策変更を受け，2004年8月香港上海銀行 HSBC は，株式制民間銀行最大手の交通銀行の株式19.9%を取得した．翌2005年には，バンク・

オブ・アメリカとシンガポールのソブリン・ファンドであるテマセク
（Temasek）が中国建設銀行の株式 9.0％と 5.1％を各々取得した．2006 年には，
ロイヤル・バンク・オブ・スコットランド（RBS），UBS（Union Bank of Switzer-
land），ゴールドマンサックス，アリアンツ，アメリカン・エクスプレスが計
37 億 8000 万ドルを投じ，中国工商銀行の株式の 8.45％を取得することになっ
た[17]．

　その後，2005 年 6 月交通銀行は香港市場に上場した．中国建設銀行も同年
10 月に香港市場にまずは上場し，2007 年 9 月には上海 A 株市場に上場した．
中国銀行は，2006 年 6 月と 7 月に香港と上海の市場に相次いで上場した．中
国工商銀行も 2006 年 10 月に香港と上海に同時上場した[18]．また，経済特区の深
圳を本拠とする招商銀行も，2006 年 9 月香港で上場した．上場に際しては，
李嘉誠率いる長江グループ，Henderson Land（恒基兆業地産），Sun Hung Kai
Properties（新鴻基地産発展）の香港三大財閥が出資し，150 億元に達した．

　こうして，四大国有商業銀行の内，農業銀行を除く 3 行の不良債権は，2005
年を過ぎた辺りで，ようやく打開の道筋がついたのである．しかし，それがこ
の時期，何故可能であったのか．この点は，次の国有企業改革問題と併せて検
討する．

## (2)　国有企業改革と「株式分置問題」
### ——'解消'した「非流通株」問題——

　このように四大国有商業銀行の不良債権問題が着々と処理される中で，次に
解決すべき問題が，国有企業の「株式分置問題」であった[19]．同じ企業が発行す
る二つの株式，「流通株」と「非流通株」の問題であり，「一物一価」ならぬ
「一株二価」が証券市場の内と外とで併存していたのである．

　「株式分置問題」の核心は，次の二つにある．① 発行された株式が「流通
株」と「非流通株」に分かれていた場合，株式市場の価格形成が大きく歪めら
れるということである．例えば，株式総発行数が多くても，市場に出回ってい
る「流通株」が少なければ，市況次第で株価は直ぐに高騰し投機の渦に巻き込
まれていくであろう．そうした段階で政府部門等が「非流通株」を放出すれば，
株価は崩落する．「流通株」購入者は高値買いを掴まされ，既存の保有者も評

価損を被るかもしれない．その一方で投資家の資金は，従前「非流通株」で
あった株式を「流通株」として売却した国有企業に流れ込むことになる．つま
りは，カネは政府部門の懐に収まる．② コーポレイト・ガバナンスの問題で
ある．「非流通株」が発行済み株式の大多数を占める場合，国有企業の経営実
権は相変わらず政府部門もしくは親会社の大手国有企業＝央企の支配下にあっ
て，「流通株」を保有する民間株主の経営に関する意見など耳に入らないであ
ろう．ましてや，中国の場合には，行政機関・教育機関・国有企業，ありとあ
らゆるところに共産党組織が「書記」として配置されている．合理的企業経営
を通じた経済の資源配分は，いかにも不透明である．企業資産の私物化，株式
のインサイダー取引等，およそ考えられる限りの経済犯罪の温床となろう．

　2004 年 2 月，国務院は「資本市場の『改革・開放』と安定的発展の推進に
関する若干の意見」を発表した．その 9 条には，資本市場は公開・公平・公正
を原則とし，法制度の整備・監督・管理の強化，業界自主規制や業務規範を通
じて，「株式分置問題」を解決していくとした．翌 2005 年 4 月，証券監督管理
委員会は「上場企業の株式分置改革に関する問題の通達」を発表し，最終解決
に向けてのガイド・ラインを提示した．それによれば，「株式分置問題」は，
① 株主間の協議によって改革案を決めること，②「流通株」保有者の権利に配
慮すること，③ 売却制限期間を設けて移行期の市場ショックを緩和すること，
④「非流通株」保有者は，「流通株」保有者に対価を払って流通権を獲得する
こと，といったものであった．

　これに対し，「株式分置問題」の一方の当事者である「流通株主」に対する
補償として，①「非流通株」保有者が保有株式を「流通株」保有者に一定比率
で無償譲渡する，② 現金支給，③ 上場企業の内部留保金を資本金に振り替え
るかたちで新株を発行し，これを一旦は全株主に配分した後に「非流通株主」
から「流通株主」に無償譲渡する，④「非流通株」のロックアップ期間の設定
（株式公開前の株主が，公開後の一定期間，市場で持株を売却することができないよう事前
に契約を交わす制度），⑤ 市場での売却解禁後も「非流通株」の最低売却価格の
設定等，以上のような方策が講じられた．これらの内，① 株式の無償譲渡の方
式が「非流通株」保有者には最も受入れられたといわれている．

　こうして，「株式分置問題」は最終的打開の道を歩みだした．試行期間を経

た 2005 年 8 月本格実施となり，2007 年 1 月の段階で 1374 社，対象企業の
97％に達した．

　問題は，「非流通株」売却がいかに実現されたかである．規制金利下，過剰
流動性が溢れ，インフレは蔓延し，投機の波は豚肉・大蒜にまで及ぶ社会であ
る．**図表 4-9** をみられたい．上海 A 株市場は 2005 年夏に底入れをし，以降株
価は徐々に上昇し始め，人々は放出され始めた「流通株」へと群がった．「一
株二価」の証券市場，「株式分置問題」の二つの核心問題がまだ解決された訳
ではなかったにもかかわらずである．こうして中国経済の「金融化（Finan-
cialization）」の第一段が始まった．

　2007 年 7 月 16 日，上海 A 株市場株価指数は最高値の 6396 ポイントまで高
騰した．だが，この日を境に株価は暴落に転じ，リーマン・ショックが発生し
た 2008 年 9 月以降ともなれば，株価指数は 2500 を割り込むまでになった．大
暴落である．

　**図表 4-9** では，そうした株価高騰の期間中でも，株価上昇の勢いを得る形で，
国有企業の IPO が急増していることが分かる．そして株価が大暴落して後は，
親会社である大手国有企業＝央企等向けの第三者割当増資が勢いを得ていた．
次に記す 4 兆元の公共事業策が打ち出され，全国土で槌音が響き渡る中，引き
続き過剰流動性は蔓延していた時代，2008 年の北京オリンピックに続き，
2010 年には上海万博を迎え，人々はユーフォリアに酔いしれていた時代であ
る．大暴落を来した株価は，2010 年前後には再び上昇の波に乗り，同年 7 月
には再び株価指数は 3600 を突破した．

　では，増資を引き受けた親会社が期待する財務効果は何か．株価が高騰すれ
ば，株式の第三者割当を受けた親企業の財務には，取得価格と時価との差であ
るいわゆる「含み益」が発生することになる．勿論，ロックアップ期間が既に
終了している国有企業であれば，取得済み株式を売却して，創業者利得を得る
こともできよう．そうした親企業が大手国有企業＝央企であれば，カネは再び
政府部門に流れ込むことになる．こうした親企業の財務健全化効果を支えたの
が，今日 8000 万人ともいわれる個人投資家であり，「全民炒股」という言葉が
いわれ出したのも「株式分置問題」を契機に株式バブルが最高潮に達した
2007 年であった．要するに，‘政府部門’のための国有企業‘改革’であり，

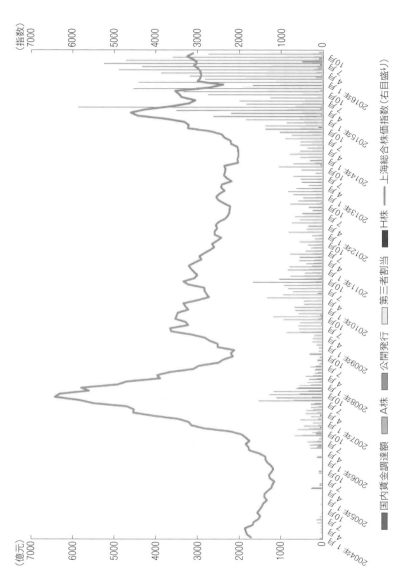

**図表 4-9　上海 A 株市場の推移**

■ 国内資金調達額　■ A 株　■ 公開発行　□ 第三者割当　■ H 株　── 上海総合株価指数（右目盛り）

[注] 上海 A 株市場株価指数は、1990 年 12 月 19 日＝ 100 である。A 株は IPO（新規株式発行）である。公開発行及び第三者割当分は増資である。国内資金調達額と A 株発行等との残差は、債券発行である。2017 年以降は統計資料掲載の方法と内容に変更があったため、記載していない。

[出所] 中国証券監督管理委員会資料より作成。

証券市場である．株式高騰は管制相場の疑惑で一杯といっても過言ではあるまい．「株式分置問題」，‘解消’した「非流通株」の実態がこれであった[20]．


注
1） 人民元為替相場制度に係わる当時のアメリカでの論争については，拙稿（2010g）を参照されたい．
2） 2008 年から 2013 年の期間，相対的に円高であったため，ドル換算ベースでは 6 兆ドルを超えていた．
3） こうして世界経済に占める中国経済のウェイトが大きくなるつれ，米中関係がアジア・太平洋経済，ひいては世界経済の大きなカギを握るようになっていった．それと共に，1970 年代以降，対米貿易摩擦の矢面に立たされてきた日本は，政治・経済分野等様々な外交交渉において，bashing（たたき）の対象から passing（素通り）される地位に甘んじざるを得ない局面が多々見られるようになった．
4） 2014 年 7 月以降 CFETS は各営業日午前 9 時 15 分に，米ドル，ユーロ，日本円，香港ドル，英ポンド，マレーシア・リンギット，ロシア・ルーブル，オーストラリア・ドル，カナダ・ドル，ニュージーランド・ドル，シンガポール・ドルの対人民元為替レートの仲値を発表している．
5） 2012 年 6 月人民元と日本円，2014 年 9 月末人民元とユーロとの直接取引が始まった．その後も香港ドル，オーストラリア・ドル，ニュージーランド・ドル，英ポンド，ロシア・ルーブル，マレーシア・リンギット，韓国ウォンとの直接取引が始まった．こうした流れを受け，2015 年 12 月人民銀行は人民元為替レート変動の新基準として，対米ドル・レートに代わり通貨バスケット方式の人民元指数の運用を開始した．指数算定は当初上記の諸通貨にスイス・フラン，タイ・バーツを加えた 13 カ国通貨であったが，2016 年 12 月末，これらに南アフリカ・ランド，韓国・ワオン等新たに 11 カ国通貨を加え，計 24 カ国通貨で算出が行われるようになった．確かに，CFETS は中国国内銀行及び外資系銀行をマーケット・メーカーとして対象国通貨と人民元との直接取引を仲介しているが，実際の中国の対外取引の通貨建は，そのほとんどが米ドル建である．したがって，上のバスケット通貨を参照とした為替レートの算定とはいっても，バスケット通貨なるものが国際取引の決済通貨として現実に存在する訳ではない．そうした意味で，バスケット通貨とは正に「机上の通貨（Desk Money）」というべき代物である．拙稿（2010g）を参照．
6） これを国家外汇管理局のドル・ベースの外貨準備でみれば，2005 年 7 月 7327 億ドル，2009 年 1 月 1 兆 9135 億ドル，2014 年 5 月 3 兆 9839 億ドル，2015 年 8 月 3 兆 5255 億ドル，2016 年 9 月 3 兆 1664 億ドルである．人民銀行保有の外為高と国家外汇管理局の外貨準備高は共に 2014 年 5 月に最高水準に達した後，2016 年 9 月までに各々 16.0%，20.5%の減少をみている．
7） Prasad（2014）pp. 120-122.
8） 2015 年段階で期間 1 年の定期預金金利の上限は 1.5%，同貸出金利の下限は 4.2% と

設定され，預金金利の上限は基準金利の 1.1 倍，貸出金利の下限は基準金利の 0.7 倍までとされてきた．こうして例えば 2015 年 12 月段階で，1 年物定期預金金利は 1.50%，貸出期間 1 年の金利は 4.75% で，年率 3.25% の利鞘が保証されていた．

9)　インフレは名目の預貸金利差にもマイナスの影響を与えることになるが，このことで銀行側にはよりロットの大きい貸出案件を優先させるインセンティブが働こう．

10)　開発経済学の「マッキノン＝ショウ仮説（McKinnon-Shaw Hypothesis）」ともいわれる有名な考え方である［McKinnon（1973），Shaw（1973）］．彼らは，人為的低金利政策や競争制限的規制等，金融仲介に対する政府・中央銀行の介入は，金融部門の成長を抑圧し（Financial Repression）し，経済成長を阻害すると主張した．なぜなら，低金利政策は貯蓄インセンティブを低下させ，競争制限的規制は金融仲介を非効率化するからである．そこで彼らは，金融「自由化」こそが経済成長の必要条件であると主張したのである．

11)　Subacchi（2017）pp. 60-61, pp. 161-164.

12)　Lardy（2014）は，2004 年 – 2013 年の平均実質預金金利は，1997 年 – 2003 年のそれよりも 300 ベーシス・ポイント低かったと指摘している（pp. 129-130）．

13)　童（2013）も金融のディスインターメディエーションの観点から，金利の「自由化」の意義について記している．但し，金利の「自由化」を行ったとしても，根本的に市場経済による資源配分もまた完全ではないというのが，本書の見解である．この点，第 1 章注 10）参照．

14)　この間隙を埋めたのが大衆消費財を生産する多国籍企業であり，例えば Nike, Benetton, Giordano, McDonald, Kentacky, Coca-Cola, Adidas, Bosch といった企業群である［Subacchi（2017）pp. 36-37 参照］．

15)　もとより従来型の質屋もあるし，今日では他にも E-commerce 企業の Alibaba, インターネット・プラットフォームの Tencent（騰訊）も金融業に参入している［Subacchi（2017）pp. 64-65 参照］．

16)　谷内・増井（2007），44-45 ページ．

17)　同上論文，46 ページ．

18)　同上論文，48 ページ．

19)　以下では神宮・李（2007），谷内・増井（2007），53-59 ページ，劉（2004）を参照した．

20)　ここでの問題については，第 3 章注 23）を再度参照されたい．

# 補論 2 中国のモバイル決済と P2P

　近年中国から日本へのインバウント観光客の激増を契機に，中国のクレジット・カードである銀聯カード（Union Pay）の受け入れが日本の小売業界でも広がり，それと共にスマートフォンによる中国の手数料無料のモバイル決済が注目されるようになった．その代表格がアリペイ（支付宝）と WeChat Pay（微信支付）である．特にアリペイは，日本の携帯事業会社であるソフトバンクが主力株主となっているアリババ──その総帥は引退した馬雲──ということもあり，大いに注目された．加えて，アリババ傘下の E コマース会社である天猫（Tmall）が 2009 年 11 月 11 日に開始した「独身の日（W11，双十一）」販促イベントは，大衆消費社会の到来と結びつき爆発的な売り上げをみせて，社会的注目を浴びるようになった．2019 年のイベント日の一日の売り上げは 2684 億元（約 4.16 兆円）で──日本の大手スーパーの半年分の売り上げにほぼ匹敵──であった．こうして日本の小売業界も中国越境 E コマースに突進する一方で，国内でも様々なスマホ決済サービスが展開されるに至った．

　問題は，スマホ決済口座に積み上がる現金残高である．銀行に一定の残高が積み上がれば，定期預金或いはその他金融投資で資金運用を図るであろうが，これは公的な信用秩序下の投融資である．しかし，スマホ残高間でこの種の投融資が行われた場合，最早公的な管理は効かない．匿名のスマホ残高保有者が，匿名ブローカーを通じ匿名の資金需要者のスマホ口座に振り込まれて投融資が行われかねない．正にシャドウ・バンキングである．これに対し銀行監督管理委員会は，2016 年 8 月 P2P 金融（网贷，peer to peer 或いは person to person）への本格規制に乗り出し，仲介業務は公的許可を受けた機関，銀行が貸借金の管理を行うことになった．上海の「网贷之家」によれば，2016 年時点で 6000 億元を超えていた P2P 残高は，2019 年末 4916 億元（2018 年末比 9.1％減）にまで減少した．

　尚，中国のキャッシュレス社会の現状については，西村（2019），神宮（2019）を参照．

## 第5章 「世界の工場」を支えた人口移動と不動産バブルの断面

### 第1節　社会的・自然的人口動態と'ルイス転換点'の到来

#### (1) 工業化・都市化と人口の社会的・自然的動態

　前章において，WTO加盟後高度経済成長を疾駆する中国経済についてみてきた．この時代，いまにして思えば，人民中国が希望を胸にできた時代，中国にとり'我が世の春'であったかもしれない．

　しかし，第二次世界大戦後，1950年代，60年代の日本経済の歩みがそうであったように，高度経済成長は農村から都市への社会的人口移動を必然化する．これを模式化したのが**図表1-1**であった．要するに，工業化のために輸出によって外貨を稼ぎつつ，これを先端技術の導入や工業機械輸入の資金に充て，工業生産性を高めていく．生産性の上昇は，一方で輸出競争力を高めつつも，工業化の成果は農業等第一次産業の機械化にも充当され，農業等第一次産業の生産力も上昇する．そのことは，農村等地域から余剰労働力を押し出す'プッシュ要因'となる．都市部に流入した労働者は，第二次産業の製造業や電力・ガスといったエネルギー産業だけでなく，これを支える道路・港湾・鉄道等の産業基盤事業，住宅・都市交通・上下水道といった生活基盤事業，第三次産業である物流や流通商業，教育サービス・行政機関でも雇用の機会を得ることになる．これが農村等地方から都市への人口移動の'プル要因'である．つまり，工業部門の発展は農業等一次産業とのバランスが維持され，また社会的分業の広範な展開の上に成り立っていると考えるべきである．もっとも現実は，中国農村部の労働力が都市部に大挙として移動し，その高度経済成長を支えてきた「農民工」の哀史であり，それは正に「血に染まり火と燃える文字で」[1]記された中国の本源的蓄積の現代史そのものである．

　第3章で記した通り，日本の侵略を受け，冷戦下 1949 年に誕生した新生中国は，その工業化を内陸部諸都市から着手した．しかし，1978 年の「改革・開放」を契機に，上海・広州・天津・大連そして深圳といった沿海地域に輸出目的の経済特区が設定され，これら特区に外資＝多国籍企業（MNE, Multinational Enterprise）が進出し，単独の法人（＝独資）或いは中国国有企業との合弁企業が相次いで設置された．欧米諸国等西側先進諸国向け輸出を目的に進出してきた外資が着目したのは中国の低賃金であった．これに応えたのが内陸部農民の出稼ぎ労働であった．1980 年代から底流において続いていた農村部から都市部への盲目的な人口移動は，当初「盲流」といわれていた．それが 1990 年代以降ともなると，「農民工」の一大奔流となって都市部への人口移動が続き，2002 年の全国人民代表大会で「三農問題（農村，農民，農業）」が重要課題として位置付けられるにいたった[2]．

　2011 年，中国政府は，都市人口が農村人口を超えたとの発表を行った．『中国統計年鑑』をベースに作成した**図表5-1** によれば，農村部人口の減少と都市部人口の増加に一段の弾みがついたのは 1994 年前後で，2014 年の総人口は 13 億 6782 万人，その内の 54.77％が都市部，45.23％が農村部に住居していた．

　だが，中国には，もう一つ深刻な人口問題が内在している．『同年鑑』によれば，2014 年の総人口における男女比率は，7 億 79 万人（51.23%）対 6 億 6703 万人（48.77%）であり，その差 3376 万人である．1978 年に始まった「一人っ子政策（计划生育政策）」は，男子優先の伝統社会という歪を通じ，今日男女人口比の深刻な不均衡を生み出してもいる[3]．

　ところで，2008 年世界金融危機を契機に，都市部と農村部の所得推移に若干の変化が現れるようになった．国家統計局の資料によれば，2005 年都市部と農村部の一人当たり平均可処分所得は各々の 1 万 493 元と 3255 元，2010 年には各々 1 万 9109 元と 5919 元で，都市部と農村部との所得格差は相変わらず拡大する方向にはある．その一方で，都市部と農村部の一人当たり平均可処分所得の伸び率という点では，2009 年以降，農村部の方が都市部のそれを上回るようになった．例えば，同年の都市部と農村部各々の平均可処分所得の伸び率は 8.8％と 14.9％，2012 年には 12.6％と 13.5％であり，農村部の一人当たり平均可処分所得の伸び率は，同年以降，GDP 成長率をも上回るようになっていた．

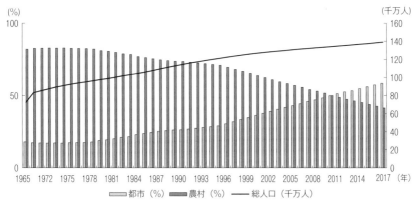

**図表 5−1 中国人口の社会動態**

[出所] 中国国家統計局資料より作成.

## (2) ルイス転換点の到来か

こうして，農村部での所得水準の伸び率が上昇する一方で，都市部所得水準の伸び率が鈍化したことで，農村から都市部への労働力移動の‘プッシュ要因’と‘プル要因’の効果は次第に低下してきている．したがって，もしこれまで通り，農村から都市への労働力移動を促すとすれば，都市部工場労働者の賃金を上昇させること，或いは農村戸籍と都市戸籍の区別基準を緩和・撤廃し，都市に住居するいわゆる「農民工」の社会的諸権利の保障とそれによる社会的生活費用の実質的軽減化を図るしかない．2007年「農民工」の一方的な解雇を禁じた「労働契約法」が成立し，これ以降沿海地域都市部から順に労働者の最低賃金が漸次引き上げられてきたのも，社会のこうした構造的変化が控えていることに留意すべきであり，これをもって2010年を前後していわゆる「ルイス転換点（Lewisian Turning Point）」の到来が指摘されてきた[4]．

だが，都市部における賃金上昇圧力が貿易財部門の労働者賃金に繋がるとなれば，それは国際競争力の低下となりかねない．これを回避するには，労働集約的生産構造から資本集約的なそれへと転換し，引き続き生産性を向上させるしかない．かくて，「ルイス転換点」の到来と共に，相対的に労働集約的な技術体系と低賃金労働力とを組み合せて成り立ってきたガーシェンクロン・モデルのいう「後発性利益」も徐々に失われてきたといえよう[5]．

　ところで関志雄は，今日の中国経済を，「ルイス転換点」到来による「余剰労働力」の枯渇と「後発性利益」消失による「中所得の罠」，そして「体制移行の罠」の両面において特徴づけている[6]．後者は，計画経済下に設立された国有企業が，経済システムとしては市場経済に移行しつつも民営化されないまま残存し，効率性の低下と資源分配に歪みを生じさせていることによる「罠」である．

　こうした事態を回避するには，基礎から応用までの先端技術開発に自ら着手し，資本集約的技術体系に相応しい経済社会を形成せねばならない．しかし，そのこと自体，もう一段巨額な固定資本投資を要する一方で，労働節約的・資本集約的産業技術の投入は，都市部に滞留する「農民工」の賃金引き下げ圧力に中長期的には転化していく要因となろう[7]．逆にいえば，生産性上昇利益を所得分配として広く国民に均霑させ，大量生産に相応しい大量消費の有効需要を確保する社会経済政策──「和諧社会」の政策実行──が必要なのである．

　以上，高度経済成長を疾駆してきた中国の経済社会の'光と影'についてみてきた．高度経済成長は，人口動態・所得分配において農村と都市との間に深い構造的亀裂を生み出してきたといってよい．実際，国家統計局馬建堂局長が2014年年初に行った記者会見で明らかにした数字では[8]，2013年のジニ係数は0.473であった．ちなみに同係数が0.5を超えると社会は不安定化し，警戒を要するといわれている．

　2008年アメリカ発世界金融危機を契機に，中国経済は外需依存型経済から内需依存型経済へとソフト・ランディングし，「和諧社会」という目標に向かうとみられていた．だが現実は，重厚長大産業型国有企業が得意とする固定資本投資偏重型の経済構造を作り出し，いまそれが大きな負債となって財政金融システムに重圧を加えていることは，次の第6章でみる通りである．本章ではこの問題に移る前に，高度経済成長下，農村から都市への人口移動を背景に，都市部不動産価格の高騰が家計債務といかに結びついているのかについてみておこう．

## 第2節　高騰する不動産価格と家計負債

### (1)　高騰する不動産価格

　最初に企業監査・コンサルティング会社であるデロイト－トーマツ（Deloitte. 徳勤）の『中国房地産行業投資促進報告（中国不動産業投資促進報告）』を参考にしよう.

　**図表 5-2** は，都市部新築住宅価格（対前月比）の推移を示したものである. 2013 年前半に一度高騰した新築住宅価格は，政府の不動産価格抑制策もあって一旦は落ち着いたが，2015 年以降再び高騰が続いている. 図表は対前四半期比の値動きであり，一四半期に3％の上昇となれば，単純計算で年率にして12％の上昇率となる. 第8章で記す通り，2015 年夏場以降株式市場が崩落するも，依然として過剰流動性が溢れる中国経済において，新築住宅価格の上昇率は人々の投機熱と射幸心を煽るに十分である.

　こうした事態に対し，政府当局は二軒目以降の住宅購入に対し規制を加えたり，市外住居者による都市部新築住宅の購入に制限を加えたりした. 或いは新築住宅購入にあたっての頭金比率を引き上げたりもした. しかし，ここでも「上に政策あれば下に対策あり」というマインドが発揮されたというべきか，住宅投資ブームは中古住宅市場にまで及んでいった. なぜなら，新築ではなく中古であれば購入規制から外れるからである. これを示したのが**図表 5-3** である. 2015 年以降，一級都市の中古住宅価格は対前四半期比で3％，4％と上昇し，2016 年ともなると中古住宅への投資ブームは二級・三級都市にまで広がっていった.[9]

### (2)　広がる世帯所得の不平等と家計の資産・負債

　だがこうした投資ブームをもっぱら支える家計の資産・負債事情には驚くしかない. 以下では，入手できる資料の制約から，若干古い数値とならざるをえないが，西南財経大学・中国家庭金融調査与研究中心の『中国家庭金融調査報告精選　2012 年』から不動産ブームを支える世帯の収入及び資産・負債状況について確認しておこう.「中国家庭金融調査（China Household Finance Survey,

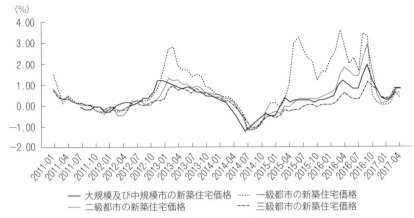

**図表 5-2 都市部新築住宅価格の推移**（対前四半期比）

［原資料］Wind.
［出所］Deloitte 徳勤（2018）6 ページ.

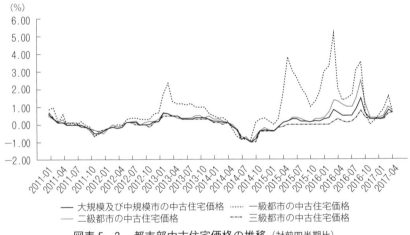

**図表 5-3 都市部中古住宅価格の推移**（対前四半期比）

［出所］図表 5-2 と同じ.

CHFS）」は，2011 年に実施されたサンプリングの訪問調査であり，国家統計局の同年総人口約 13.47 億人に対し 2 万 9324 人に対し実施したものである.[10]

まず個人所得である．2011 年の一人当たり平均所得は 1 万 4934 元（国家統計局数値 1 万 4586 元）で，都市部 2 万 2196 元（同 2 万 1819 元），農村部 7045（同

6877元）であった．この上で世帯収入をみると，都市部世帯収入の平均値は7万1546元，中位値は2万7200元，農村部世帯収入では各々2万7606元，1万元であった．

　いうまでもなく，これら数字は重大な問題を示唆している．第一に，一人当たり平均所得そして世帯収入共に，都市部と農村部との間に大きな所得格差が存在することである．第二に，さらに深刻な問題は，世帯収入でみた平均値と中位値との所得格差が余りにも大きいことである．いうまでもなく，平均値は単純平均であるが，中位値はジニ係数の計量方法が示す通り，サンプル対象者総数の中間者の所得である．平均値/中位値は都市部世帯収入において2.63，農村部において2.70，であった．中位置の所得に対し平均値の所得が2倍以上であることは，サンプル対象者総数の残り上位半数の所得がそれだけ高いことを意味する．これを都市部平均値/農村部中位値でみると7.15である．実に大きな所得格差である．そして報告書は，所得分位の上位10パーセント・タイルの最高水準位の家庭が世帯収入全体の56.96％を占めていたと記している[11]．

　こうした世帯所得の不平等は，貯蓄分布の著しい偏りとしても表れている．すなわち，全体としての貯蓄率は，国民経済計算で示されるそれよりも低い19.5％であるが，サンプル対象者の55％が貯蓄ゼロもしくゼロに近かった．また所得分位の上位10パーセント・タイルの家庭貯蓄率は60.6％で貯蓄総額の74.9％を占め，上位5パーセント・タイルの家庭貯蓄率は69.02％で貯蓄総額の61.6％を占めていた．マクロ経済学の観点から，中国の高い貯蓄率が往々にして指摘されるが，現実は中国国民の多くは十分な所得を得ていないことが分かる[12]．

### (3)　住宅用不動産バブルと家計の投資行動

　上記のような世帯所得の不平等がある中で，全国7566戸の内，89.68％が自宅住居を有していた（都市部3412戸の内，85.39％，農村部4112戸の内，92.60％）[13]．その上で最も驚くべきことは，これら自宅住居保有者の多くが複数の住宅不動産を有していることである．都市部において住宅1軒，2軒，3軒以上を有している比率は69.05％，15.44％，3.63％であり，農村部においては順に80.42％，12.20％，2.10％であった．地域別では東部−71.31％，15.08％，

4.12%，中部 −80.27%，14.03%，1.06%，西部 −84.27%，8.03%，0.80%
となっており，天津，上海及び長江デルタ，福建省といった東南部地域におい
て住宅不動産ブームが一段と過熱していたと指摘されている．実際，これら1
軒目，2軒目，3軒目の不動産の時価/購入時（倍率）は，都市部で順に 84.10
万元/19.10万元（4.4倍），95.67万元/39.33万元（2.43倍），122.01万元
/62.03万元（1.97倍），農村部で 18.34万元/6.28万元（2.92倍），31.68万元
/16.39万元（1.93倍），40.34万元/22.75万元（1.77倍）で，都市部の1軒目に
購入した住宅不動産の値上がり率が最も高かった．そうであればこそ，自家用
不動産価格の上昇による含み益を経験した家計は，投機目的で2軒目，3軒目
の住宅不動産購入に走ることにもなろう[14]．

　もっとも，そうした住宅不動産を支える資金についてみれば，都市部ではサ
ンプル対象の 13.94%が銀行借入に頼り，非農業戸籍の 7.88%が銀行借入以外
のルートから資金を調達していた．非農業世帯の住宅ローン借入額は平均
28.39万元で，一世帯の債務総額の 47%を占めた．農業世帯の場合には各々
12.22万元，32%であった．つまり家計負債の3割以上が住宅ローンというこ
とである．

　では，こうした住宅ローンと世帯収入との関係はどうなっているのか．これ
を示したのが**図表 5-4** である．それによれば，住宅ローン借入額の対世帯収入
比率は，子育て世代の 30歳〜40歳で 11.59倍に上るも，借入期間は僅かに 13
年である．「一人っ子政策」の世代であり，婚姻に当たっては男性側が事前に
住宅を用意することが条件といわれる社会である．男性側の両親はもとより，
場合によっては両親の二組の祖父母まで加え，計三世帯からの経済的支援を受
けて男性側は婚姻のための新居を用意するといわれている．新婚世代の 20歳
〜30歳の世代では，住宅ローン借入額の対世帯収入比率は 6.53倍であるが，
借入期間は 17年に及んでいる．背後に控える経済的支援の事情は様々であろ
うが，いずれであれ世帯収入の5倍，6倍，8倍ともなれば，住宅ローンが家
計に与える影響は甚大である．実際，同図表下段にある所得分布における下層
25%の場合，住宅ローン借入額の対世帯収入比率は 32.39倍，次の 25%
〜50%でも 13.53倍となっており，これを指して「住奴（住宅奴隷）」とも指摘
されている[15]．

図表5-4　住宅ローン借入額/家計収入比及び住宅ローン借入期間

| 年　齢 | 住宅ローン借入額/家計収入比 | 住宅ローン借入期間（年） |
|---|---|---|
| 18－30歳 | 6.53 | 17 |
| 30－40歳 | 11.59 | 13 |
| 40－50歳 | 5.88 | 10 |
| 50－60歳 | 8.31 | 8 |
| 60歳以上 | 2.96 | 4 |
| 収　入 | | |
| 25%以下 | 32.39 | 9 |
| 25%－50% | 13.53 | 9 |
| 50%－75% | 3.6 | 11 |
| 75%以上 | 3.24 | 15 |

［注］収入の欄は，所得分布のパーセント・タイルである.
［出所］西南財経大学・中国家庭金融調査与研究中心（2012）7頁.

## 第3節　不動産バブルの崩壊とシステミック・リスクへの懸念

　さて，以上紹介した西南財経大学『中国家庭金融調査報告精選　2012年』からほぼ10年近くが経過した今日，この間進んできた不動産バブルに状況を踏まえれば，不動産購入に走った家計の財務状況は一段と厳しくなってきていると考えるのが穏当であろう.『中国家庭金融調査報告精選　2019年』によれば，2018年の一人当たり平均所得は1.3万元で，2011年調査時よりも減少していた. その一方で，前掲**図表5-2**及び**5-3**が示す通り，この間不動産価格は大きく上昇してきた.『同報告2019』によれば，2018年の世帯資産平均額は20万8883元で，2017年の19万4332元比7.49%の増──一人当たりGDP成長率は6.1%──で，都市部及び農村部の世帯純資産の内各々71.35%と52.28%が不動産が占め，93.03%が一軒目の住宅不動産であった. また都市部と農村部の世帯平均資産額は各々29万2920元と8万7744元で，3.34倍の格差があった.[16)]

　もっとも，資産の背後には負債が控える．2018 年時点で，世帯債務の対
GDP 比率は 42.9％であった[17]．しかも，2018 年に世帯債務に占める住宅ローン
比率は 55.6％に達し，その内二軒以上の住宅購入のためのローン比率は，
2017 年から 2018 年に 62.9％から 65.9％に上昇する一方で，賃貸住宅の
47.1％が空室であるという[18]．驚くべき状況である．

　こうした状況を反映して，「房住不炒，一城一策（住宅は住むためのものであり，
投資に使うためではない，一都市につき一策が求められる）」という中央政府の号令の
下，2018 年以降，不動産投機抑制策が全国各都市で講じられてもきた．こう
して，最近ではそれまで上昇一辺倒であった不動産価格も曲がり角に差し掛か
り，不動産企業は今日相次ぐ破綻に直面している．実際，中国人民法院資料に
よると，2019 年 12 月 4 日現在 471 件の不動産企業の破産が宣せられている[19]．
しかしそれにもかかわらずというべきか，深圳・上海・北京等一線都市のマン
ション等不動産価格は，依然高騰を続けている．

　だが，不動産高騰にピリオドが打たれた時，中国の金融経済はハード・ラン
ディングに直面すると懸念されている[20]．これをこれまで回避できた条件は次の
二つである．

　第一に，貿易・経常収支黒字……「貯蓄−投資バランス論」が示唆する通り，
貿易・経常収支黒字である限り，国内債務は外資に影響を受けることはない．
もとより，貿易・経常収支黒字とは，中国の「外資導入・輸出指向工業化戦
略」のいわば戦利品である．したがって，「同戦略」に陰りがみえた段階で，
この条件の成立が危ぶまれることになる．

　第二に，朱がいう通り[21]，これまで最終的には中央政府が保証を行ってきた．
しかし，政府保証の裏側は租税収入であり，税収の源泉は国民所得である．し
たがって，そうした税収の確保とこれを担保する国民所得が成長軌道に確実に
復帰するまでの間，中国は中央銀行たる人民銀行の潤沢な流動性供給に期待し
つつ，各種債務証券を金融市場で流動化させる以外にはない．問題は債務証券
の流動化，換言すれば支払い決済の先送りがいつまで可能かということである．

　確かに，国務院の「国家人口発展計画（2016-2030）」によれば，2030 年まで
に中国の都市化率は 70％に達することになっている．だが 2035 年以降ともな
れば，低賃金労働により高度経済成長を支えた'人口ボーナス'は消失し，少

子高齢化と人口減少，‘人口オーナス’の時代を迎える[22]．この段階で上の二つの条件が崩れた時，「ミンスキー・モメント（極度の信用膨張後の資産価格崩落）」が到来することは必至である[23]．

注
1)　Marx（1867）［訳］935 ページ．
2)　第 3 章注 8)で，国有部門による国民経済の資源の「汲みあげ」という事態について記したが，農業部門においても，例えば農産物等食料品価格を低位に据え置くことで都市住民の実質所得水準引き上げ策を講じることができるし，都市部・工業地域で生産される農業機械・農薬等の価格を引き上げることで，農業所得が都市部に還流することになる［程（2003b）142-144 ページ］．また農村部において貸出先を見出せない信用公社等は，国有商業銀行や株式制商業銀行への貸出を通じ，地方の余剰資金を都市部に還流させることになり，都市と農村の経済社会格差は一段と拡大していくことになった［厳（2002）を参照］．
3)　2020 年に男性の退職年齢 60 歳を迎える世代の生年は 1960 年であり，彼らが 20 歳となって労働力人口と結婚適齢世代に加わったのが 1980 年である．彼らの世代から今日までの凡そ 40 年間「一人っ子政策」が実施され，その結果少子高齢化が急速に進むことは自明のことであった．かくて，旧弊を脱し得ない中国の伝統社会の上に，過去およそ 30 年の高度経済成長と「一人っ子政策」によって，農地を父母から引き継いだ男性は農村部に残って「剰男」に転じ，教育を受けた女性は都市部に滞留し「剰女」を形成するに至った．その結果，いわゆる合計特殊出生率は，都市部において「1」を大きく下回り，2020 年以降，中国は猛烈な少子高齢化を迎えると予想されている．
4)　「ルイス転換点」とは，イギリスの開発経済学者 A. ルイスが提唱した概念である．工業化以前の段階では農業部門に余剰労働力が存在したが，工業化が始動すると農業部門から都市部工業部門・サービス部門へ余剰労働力の移転が起こり（「二重経済モデル」），経済社会は高成長の軌道に乗る．だが，工業化が進展するにつれ，農業部門の余剰労働力は底をつき，工業部門への労働力供給が限界に達することになる．この段階が「ルイス転換点」である．
5)　したがって発展途上国・新興経済諸国は，「後発性利益」が徐々に失われていく中，次の一段と高次な生産技術体系に移行しなければならないが，そこに立ちはだかるのが先進諸国の技術独占とこれを保護する国際特許である．このことを金（1988）は，1980 年代の韓国をはじめとするアジア NIES の経済発展における制約要因として早々に喝破していた．こうした生産技術体系に係わる紛争は，今日中国・华为（Huawei）に代表される次世代通信技術 5G を巡る米中間の厳しい対立としても表れている．
6)　関（2013）参照．
7)　都市部の登録失業者数（失業率）は，2005 年 839 万人（4.2%），2008 年 886 万人（4.2%），2009 年 921 万人（4.3%），2012 年 917 万人（4.1%）となっており，公式数

字だけをみる限り，全就業者数約 7 億 7000 万人の極めて一部にしか過ぎず，先進諸国の水準からいえば，ほぼ完全雇用状態である（数字は中国国家統計局より）．

8) 「国家統計局局长马建堂就 2013 年全年国民经济运行情况答记者问」，2014 年 1 月 20 日．

9) 2015 年末，中国の四大国有商業銀行に上海の交通銀行を加えた五大商業銀行の不動産向け融資は 12.4 兆元（貸出総額の 28％），対前年比 11％増で，製造業・運輸向け貸出をも上回っていた（Sumeet Chatterjee and Patturaja Murugaboopathy, 'Property loans, the glass chin of China banks', *Reuters*, May 24 2016）．

10) 国家統計局の都市と農村の人口区分にしたがえば，各々 6.91 億人と 6.56 億人（都市人口比率 0.513）に対し，CHFS は 1 万 5073 人と 1 万 4251 人（同率 0.514）であった．家庭規模では，国家統計局の場合，都市部 2.89 人，農村部 3.98 人に対し，CHFS の場合には，各々 3.03 人と 3.76 人であり，家庭規模という点では後者の方がやや人数が多いことになろうか．もっとも，平均年齢（男性比）では，国家統計局 36.87 歳（0.514）と 38.09 歳（0.507）で，単純平均の一人当たり収入は国家統計局の 1 万 4586 元，CHFS 1 万 4934 元で，ほぼ同額であった［西南財経大学（2012）4 頁］．

11) 収入カテゴリー別では，経営収入 76.85％，投資収入の 67.21％，賃金収入 55.57％，移転収入 43.15％，農業収入 31.95％であった［西南財経大学（2012）5 頁］．

12) 西南財経大学（2012）5 頁．

13) 西南財経大学（2012）5 頁．ちなみに，世界平均の持ち家率は 63％，アメリカ 65％，日本 60％で，中国は世界で最も持ち家率が高いと報告書は記している．

14) 西南財経大学（2012）7 頁．

15) 西南財経大学（2012）7 頁．尚，家計にとっては住宅に次ぐ資産である自家用車は，都市部で 22.89％，農村部で 11.92％の普及率であった（8 頁）．

16) 「《中国家庭财富调查报告 2019》发布——房产占比居高不下 投资预期有待转变——」『经济日报』，2019 年 10 月 30 日．

17) 西南財経大学『中国家庭金融調査報告精選 2012 年』を報じた web ニュースによると，中国の世帯債務の対 GDP 比率 42.9％，家計世帯の消費ローン比率は 13.7％であることについて，アメリカの各々数値 77.1％，75％より低いことから懸念するに及ばないと報告書は記している（「一份研究报告显示中国家庭债务风险可控 近六成集中于房贷，结构性问题值得关注」『中国金融新闻』，2019 年 10 月 28 日），ということである．

18) 「中国家庭金融调查专题——中国居民杠杆率和家庭消费信贷问题研究——」『中文互联网数据资讯网』2019 年 10 月 17 日．尚，ここでは商業用不動産に係る投資については一切省略している．

19) 破産件数は中国人民法院 web サイトより知ることができる．（https://rmfygg.court. gov.cn/web/rmfyportal/noticeinfo）．破産の地域別内訳は，広東省，浙江省，江蘇省の順と指摘されている（「太惨了！446 家房企宣布破产 "80％开发商死掉" 真的要来？」『观察者』，2019 年 11 月 24 日）．

20) ゴールドマン・サックスは今後 6～9 カ月後に不動産開発はピークを迎えると予測していた（「高盛：中国房地产或在六至九个月后迎来拐点」，财新网，2016 年 6 月 14 日）．

21) Zhu（2016）参照．尚，2010 年代に中国でみられた不動産バブル，シャドウ・バンキング，ゴースト・シティ（鬼城），ゾンビ企業の不透明な企業活動等については，WSJ の記者でもあった McMahon（2018）が秀逸である．

22) 黄剣輝和其他（2019）10 頁参照．

23) Enda Curran, 'China Faces a Debt Crisis. Or Does it?', *Bloomberg*, April 7, 2016, 'The coming debt bust, It is a question of when, not if, real trouble will hit in China', *The Economist*, May 7 2016.

# 第 Ⅲ 部

## 中国・金融の「自由化」と
## 人民元「国際化」の政治経済学

# 第6章 四兆元公共事業と国家資本主義の金融経済構造

## 第1節 四兆元公共事業と国有企業・国有銀行中心の経済構造

### (1) 重厚長大産業刺激策としての四兆元公共事業

2008年秋のリーマン・ショックを受けて，11月中国政府は4兆元（約60兆円）の財政出動を発表した．その規模は同年のGDP約30兆元の13%に相当した．こうして中国全土で槌音が響き渡り，中国経済は再び二桁台の高度経済成長に復帰した．

だがここから，中国の金融経済構造には次の二つの問題が深刻化していく．

第一は，よく知られている通り，この時の景気対策が公共事業中心であったことである．その取りまとめに当たった国家開発発展委員会の張平主任の記者会見記事によれば，景気対策の中身は，鉄道・道路・空港・送電網整備等の重要インフラ整備1.8兆元（45%），四川地震の復旧対策費等の災害復興1兆元（25%），農村インフラ建設3700億元（9%），環境・省エネ等対策3500億元（8.75%），住宅供給2800億元（7%），民生事業400億元（1%），産業構造改革1600億元（4%），であった[1]．

我が国でも新幹線の技術が密かに盗用されたと大いに書き立てられた中国の高速鉄道＝「高鉄」，一線級主要都市で開通・延伸が相次いでいる地下鉄，空港・港湾整備，不動産バブルの象徴である住宅建設，建設された住宅に供給される電力・ガス・上下水道の施設等々，総ては正に重厚長大産業総動員の産業プロジェクトである．しかも，こうした重厚長大産業こそは，石炭・石油・天然ガス・電力・鉄鋼・セメント・造船・機械等，かつてレーニンが指摘した「経済の管制高地」であり，その中核に大型国有企業——そのウェイトについては次に記す——が座り，政府の公共事業による投資主導型景気刺激策の受け

皿となってきたのである．その結果，政府が公共事業中心の景気刺激策を進めれば進めるほど，いわゆる「国退民進」は逆転し，「国進民退」が進むことになった．[2]

　第二に，事業規模である4兆元は，中央政府が1.18兆元（全体の30%）を負担し，地方政府が1.25兆元（31%），銀行や企業が1.57兆元（39%）を負担することになっていた．だが，第3章第3節で記した通り，1994年の「分税制」による税制改革により，省・自治区・市・県・郷鎮レベルの地方政府は財源の多くを中央政府に移譲したため，慢性的な財源不足に陥ってきた．そこで地方政府が1.25兆元規模の景気対策を行うには，別途資金調達が必要となったが，当時地方政府には地方債の発行も禁止されていた．そこで登場してきたのが，地方政府が別働隊として設立した「地方融資平台（LGFV, Local Government Financing Vehicle）」であり，[3] その資金調達手段たる城投債は商業銀行の窓口で販売される理財商品や信託会社経由の格好の運用対象であった．第4章第3節で記した2008年の株式崩落後，次のインフレ・リスクヘッジ商品がこれら金融商品であった．調達された資金は不動産開発をはじめ，上記の公共事業に向けられていったが，この点については，次の第2節で詳しく記すことにする．

　かくて2008年アメリカ発世界金融危機を契機に，中国の金融経済構造には改めて国有企業改革問題と地方政府の別働隊として不動産建設に従事したLGFVの債務問題が深く刻まれることになったのである．

## （2）　国有企業中心の産業構造と国有商業銀行のプレゼンス

　**図表6-1**は，各製造業種において，国有企業がどれだけのウェイトを占めているのか，資産評価の観点からみたものである．国有企業の比率は，全産業平均で40%を下回るようになっている．平均値より高い国有企業比率を示しているのは，上位から石油・天然ガス採掘，電力，石炭，製鉄，自動車・鉄道・船舶・航空機製造企業であった．これに対し，国有企業比率が平均より低いのは，化学，電子・通信機器製造，電気機器であった．後者は，いわゆる外資比率が高い製造業種ではあるが，日産及びホンダとの合弁会社を傘下に置く東風汽車，トヨタやフォルクスワーゲンとの合弁企業を傘下に置く中国第一汽車というように，自動車・鉄道・船舶・航空機製造企業には，外資系企業との合弁

図表 6-1　各産業部門資産に占める国有企業資産のシェア

(%)

| | 2005 年 | 2010 年 | 2015 年 | 2018 年 |
|---|---|---|---|---|
| 石　炭 | 88.33 | 73.17 | 73.99 | 75.90 |
| 石油・天然ガス採掘 | 95.31 | 96.61 | 94.46 | 95.37 |
| 化　学 | 43.17 | 31.45 | 27.8 | 29.19 |
| 製　鉄 | 61.48 | 56.85 | 53.02 | 52.89 |
| 非鉄金属 | 49.9 | 43.17 | 35.97 | 38.51 |
| 自動車・鉄道・船舶・航空機製造 | 60.47 | 54.08 | 49.4 | 46.24 |
| 電気機器 | 17.59 | 13.99 | 13.81 | 13.69 |
| 電子・通信機器 | 21.99 | 16.47 | 17.51 | 17.19 |
| 電　力 | 87.27 | 88.66 | 89.4 | 86.38 |
| 全産業 | 48.05 | 41.79 | 38.83 | 38.78 |

［注］国有企業資産/各産業総資産× 100（%）で算出.
［出所］中国国家統計局『中国統計年鑑』各号より作成.

会社もグループ企業に擁する「央企」——国務院直轄の国営企業——も存在す
る[4].
　だが，これら国有企業の利益率をみれば，惨憺たる状況である．まず**図表
6-2** をみてみよう．民間企業及び外資系企業の利潤率が，各々 6～12%，
6～10%の水準にあったのに対し，いわば稼ぎ頭の石油・天然ガス採掘企業を
含めた場合の国有企業の利潤率で 6%以下，同企業群を外した場合の国有企業
平均の利潤率は一段と低い水準にある．いずれにせよ，民間企業及び外資系企
業に比して，国有企業の利潤率の低さは一目瞭然である[5].
　次に**図表 6-3** は，国有企業の利潤率を製造業種別にみたものであるが，かな
り衝撃的である．全産業分野の国有企業の利潤率で 6%以下であることに変わ
りはないが，2015 年には，石炭，製鉄・非鉄金属の利潤率はマイナス，電気
機器，電子・通信機器，電力でも 3～4%，過剰設備を抱えた国有企業の経営
状態がほぼ総崩れの状態であることが推察できる[6].これに対し 2018 年におい
ても辛うじて利益を弾き出しているのが，石油・天然ガス採掘と自動車・鉄
道・船舶・航空機製造で，共に 7%前後であった．前者には「央企」である中

図表6-2　中国・製造業の企業形態別利潤率

(%)

|  | 2005 年 | 2010 年 | 2015 年 | 2018 年 |
|---|---|---|---|---|
| 全産業 | 6.05 | 8.95 | 6.47 | 5.85 |
| 国有企業 | 5.54 | 5.95 | 2.88 | 4.22 |
| 国有企業＊ | 3.4 | 5.11 | 2.91 | 4.09 |
| 民間企業 | 6.99 | 12.92 | 10.59 | 7.16 |
| 外資系企業 | 6.44 | 10.11 | 7.9 | 7.48 |

[注] 利潤率＝利益／総資産× 100 (%) で算出.
　　　国有企業＊は石油・天然ガス採掘産業を除いた数値.
[出所] 中国国家統計局『中国統計年鑑』各号より作成.

図表6-3　中国・国有企業の利潤率（製造業種別）

(%)

|  | 2005 年 | 2010 年 | 2015 年 | 2017 年 |
|---|---|---|---|---|
| 石　炭 | 4.63 | 8.99 | -0.70 | 4.53 |
| 石油・天然ガス採掘 | 42.64 | 17.96 | 2.45 | 7.35 |
| 化　学 | 4.04 | 3.69 | 1.06 | 5.25 |
| 製　鉄 | 5.82 | 1.92 | -2.53 | 4.04 |
| 非鉄金属 | 6.90 | 4.65 | -0.51 | 1.40 |
| 自動車・鉄道・船舶・航空機製造 | 3.10 | 8.71 | 8.30 | 7.24 |
| 電気機器 | 3.64 | 5.23 | 3.98 | 3.67 |
| 電子・通信機器 | 0.96 | 5.25 | 2.69 | 2.15 |
| 電　力 | 2.87 | 2.52 | 3.89 | 2.05 |
| 全産業 | 5.54 | 5.95 | 2.88 | 4.22 |

[注] 利潤率＝利益／総資産× 100 (%) で算出.
[出所] 中国国家統計局『中国統計年鑑』各号より作成.

国石油化工集団公司（Sinopec, China Petrochemical Corporation, シノペック），中国石油天然気集団公司（CNPC, China National Petroleum Corporation, ペトロチャイナ），中国海洋石油総公司（CNOOC, China National Offshore Oil Corporation, シヌーク）が含まれる．後者には高速鉄道製造会社・中国北車と南車——2015 年 4 月両社は合併し，世界最大の鉄道車両製造企業，中国中車股份有限公司（CRRC, China Railway Rolling Stock Corporation）となる——が含まれ，比較的高い利潤率を弾き

出すこれら国有企業の優等生が，国有企業全体のいわば命綱にもなっていると
いえよう．もっとも，かつては稼ぎ頭であった両産業の利潤率も近年下落して
いることには注意したい．そして留意すべきは，これら国有企業は政府から各
種の補助金を受け入れていることであり，その上での財務状況ということであ
る[7]．

　しかし，そうした国有企業群も，不動産バブルが弾け，次には株式バブルが
弾けたとなれば，厳しい内需の落ち込みに直面することは最早避けられない．
実際，上海及び深圳の株式市場に上場している 2800 社の 2015 年上半期中間決
算を精査した報道によれば，純利益は 1 兆 4175 億元であるが，その内赤字企
業は全体の 16％で，鉄鋼・石炭等の地方国有企業が大半を占めたという[8]．こ
うした国有企業の経営状況を考えれば，この間相次いで打ち出された公共事業
による「内需」は，正に命綱であったことは，容易に推察がつこう[9]．

　さて，こうした国有企業と融資を通じて深い関係にあるのが四大国有商業銀
行等である．中国銀行監督管理委員会が発行する『中国銀行監督管理委員会年
報』によれば，中国の銀行貸出総資産に占める上位 4 位の業態別シェアは次の
通りであった．

　　2008 年……銀行部門総資産額 63.1 兆元の内，政策性銀行及び国家開発銀
　　　　行 5.6 兆元（8％），大型商業銀行（四大国有商業銀行＋上海市本店・交通銀行）
　　　　32.6 兆元（52％），株式制商業銀行 8.8 兆元（14％），城市商業銀行（深圳
　　　市本店の招商銀行，上海市本店・中信銀行及び浦東発展銀行）4.1 兆元（7％）
　　2011 年……銀行部門総資産額 113.2 兆元の内，政策性銀行及び国家開発
　　　　銀行 9.3 兆元（8％），大型商業銀行（四大国有商業銀行＋交通銀行）53.6 兆
　　　　元（47.0％），株式制商業銀行 18.3 兆元（16.2％），城市商業銀行 9.9 兆
　　　　元（8.7％）
　　2015 年……銀行部門総資産額 199 兆元の内，政策性銀行及び国家開発銀
　　　　行 19 兆元（10％），大型商業銀行（四大国有商業銀行＋交通銀行）78 兆元
　　　　（39％），株式制商業銀行 37 兆元（19％），城市商業銀行 22.6 兆元
　　　　（11.3％）

銀行貸出総資産に占める大型商業銀行のシェアは減少傾向にあるとはいえ，

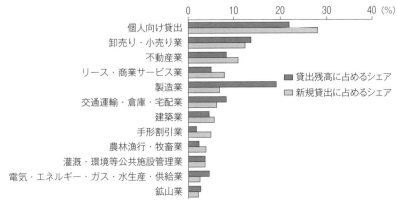

**図表 6-4　商業銀行の貸出業種先**（2014 年）

[注] 個人向け貸出には, 個人経営の事業資金貸出を含まない. 手形割引業は, 銀行引受手形の決済日前割引を行う.
[出所]『中国銀行業运行报告 2014』, 3 頁より.

期間中に貸出残高は 2.4 倍増であり, 銀行システムにおいて依然圧倒的なプレ
ゼンスを示している.

　こうした四大国有商業銀行に交通銀行を加えた大型商業銀行中心の銀行シス
テムの貸出先を示したのが, **図表 6-4** であった. 同表の出所から少し数字を拾
えば, 2014 年の商業銀行（大型商業銀行＋株式制商業銀行＋城市商業銀行＋農村商業銀
行＋外資系銀行）貸出残高 50.77 兆元（対前年比 12.3%増）の内, 個人向け貸出は
14.3 兆元（同 17.8%増）で, 28%を占めた. 以下順に製造業, 卸・小売業, 不
動産業（ディベロッパー, 不動産管理会社, 不動産ブローカーを含む）となっている.
こうした個人向け貸出が不動産担保のそれであれば, 明らかに不動産バブルと
結びついていることになるし, 不動産業務向け貸出が何たるかは最早自明であ
る. 尚, 住宅・不動産バブルについては, 後に再び取り上げる.

## 第2節　社会融資規模と中国版シャドウ・バンキング

### (1)　社会融資規模の推移

　中国の高度経済成長が投資主導型であったことは既に記した通りである. そ
うした投資主導型経済をマネーの面からみたのが, 中国独特の資金統計である
社会融資規模である. 社会融資規模とは,「一定期間内に実体経済が金融シス

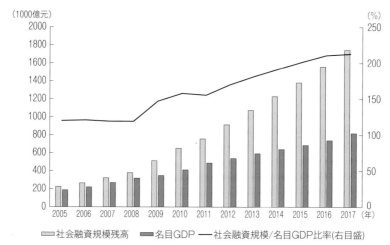

**図表 6-5　社会融資規模と GDP**

［出所］中国国家統計局資料より作成.

テムから調達した資金総額」と定義されている. その社会融資規模と名目
GDP の推移についてみたのが, **図表 6-5** である. 2005 年 22.4 兆元であった
社会融資規模残高は, 2010 年 65.0 兆元, 2015 年 138.3 兆元となった. また社
会融資規模残高の対名目 GDP 比は 2005 年 119.7％であったのが, 2010 年
157.6％, 2015 年 201.5％へと激増した. 第 4 章第 2 節 (2) でマーシャルの k
でみた M2 の対 GDP でも, 2015 年 2.02 倍となっており, トレンドに大きな
変化はなかったことになる. 問題はその資金形態であり, これをみたのが**図表
6-6** である. 特徴について取りまとめれば, 次のようになろう.

　第一に, 社会融資規模において最大のシェアを占めるのが商業銀行による一
般貸出＝人民元建一般貸出である. したがって, 中国が間接金融中心の金融体
制であることをここでも確認できよう.

　第二に, だが 2008 年危機以降をみると, 委託貸付・信託貸付・銀行引受手
形・債券が増大し, 資金調達手段の多様化が進展している. 特に債券について
は, 2014 年以降ノンバンクの資金調達手段として重要な手段となっているこ
とに注意すべきであり, この点は本章第 3 節 (2) で再論する.

　尚, 委託貸付等の投融資種については**図表 6-6** ［注］にも記している通りで

## 図表 6-6 社会融資規模の推移 (内訳, 各年フロー)

(億元)

|  | 社会融資規模残高 | 人民元貸出 | 外貨貸出 | 委託貸付 | 信託貸付 | 銀行引受手形 | 債 券 | 地方政府特別債券 | 株 式 |
|---|---|---|---|---|---|---|---|---|---|
| 2005 年 | 30008 | 23544 | 1415 | 1961 |  | 24 | 2010 |  | 339 |
| 2006 年 | 42696 | 31523 | 1459 | 2695 | 825 | 1500 | 2310 |  | 1536 |
| 2007 年 | 59663 | 36326 | 3864 | 3371 | 1702 | 6701 | 2284 |  | 4333 |
| 2008 年 | 69802 | 49041 | 1947 | 4262 | 3144 | 1064 | 5523 |  | 3324 |
| 2009 年 | 139104 | 95942 | 9265 | 6780 | 4364 | 4606 | 12367 |  | 3350 |
| 2010 年 | 140191 | 79451 | 4855 | 8748 | 3865 | 23345 | 11063 |  | 5786 |
| 2011 年 | 128286 | 74715 | 5712 | 12962 | 2064 | 10271 | 13658 |  | 4377 |
| 2012 年 | 157631 | 82038 | 9163 | 12838 | 12845 | 10499 | 22551 |  | 2508 |
| 2013 年 | 173169 | 88916 | 5848 | 25466 | 18404 | 7756 | 18111 |  | 2219 |
| 2014 年 | 158761 | 97452 | 1235 | 21740 | 5174 | -1198 | 24329 |  | 4350 |
| 2015 年 | 154063 | 112693 | -6427 | 15911 | 434 | -10567 | 29388 |  | 7590 |
| 2016 年 | 178159 | 124372 | -5640 | 21854 | 8593 | -19514 | 30025 |  | 12416 |
| 2017 年 | 194445 | 138432 | 18 | 7770 | 22555 | 5364 | 4421 |  | 8759 |
| 2018 年 | 192584 | 156712 | -4201 | -16067 | -6901 | -6343 | 24756 | 17852 | 3606 |

[注]・人民元貸付とは，金融機関による非金融機関企業，個人，機関・団体，外国機関に対する貸付，商業手形割引，当座貸越等，様々な形式での人民元建貸付である.
・外貨建貸付とは，金融機関による非金融機関企業，個人，機関・団体，外国機関に対する貸付，商業手形割引，当座貸越等，様々な形式での外貨建貸付である.
・委託貸付とは，企業・機関・個人等委託人から提供される資金で，委託人による貸付対象・用途・金額・期限・金利等の確認をもって，金融機関（すなわち貸付人或いは受託人）が代理で行い，利用管理と回収業務も併せて行われる融資である.
・信託貸付とは，政府が規定する範囲内で，信託投資会社が信託投資計画によって吸収した資金を運用し，信託投資計画が規定する機関とプロジェクトに対して行われる貸出融資である.
・銀行引受手形とは，企業が振り出した銀行引受為替手形で，金融機関の手元には届いていない割引融資の部分をいう．つまり，金融機関の外にあって，後に回ってくる銀行引受の為替手形のことである．統計上，企業振り出しの銀行引受手形総てを意味するが，社会融資規模における重複計算を避けるため銀行内で割り引かれた部分は減じてある.
・債券は，非金融企業が発行する各種債券であり，企業債，超短期融資券，短期融資券，中期証券，中小企業合同証券，非公開向け融資手段，資産担保証券，社債，転換社債，ワラント債，中小企業の私募債券等が含まれる.
[出所] 中国国家当家局資料より作成.

あるが，ここで確認しておくべきは，次の点である．すなわち，2005 年 3 兆元であった社会融資規模の内，2 兆 3000 億元（76%）が人民元建一般貸出であったのに対し，2009 年と 2012 年には社会融資規模は各々 13 兆 9000 億元と15 兆 7000 億元，同貸出は 9 兆 6000 億元（68.9%）と 8 兆 2000 億元（52.7%）であった．つまり，この間社会融資規模自体が約 6〜7 倍にまで膨張する一方で，人民元建一般貸出は約 3.6 倍の増大に留まり，結果的に全体に占めるシェアを低下させてきた．これに代わって 2005 年当時僅かに 4000 億元であった委託貸付・信託貸付・銀行引受手形・債券は，2012 年 5 兆 9000 億元（14.8 倍）まで増大し，同年の社会融資規模の約 1/3 を占めるまでになった．

　もっとも，2015 年〜2016 年には銀行引受手形と外貨建貸付が大きく減少しているだけでなく，2008 年アメリカ発世界金融危機以降の株価崩落により，中国での株式新規発行も 2010 年に 5700 億元となって以降，2011 年〜2014 年の株式新規発行による資本調達も 2000 億元〜4000 億元と低調に推移してきた．その後，新規株式発行は 2015 年に 7000 億元，2016 年 1 兆 2400 億元と再び増高したものの，2017 年には 8700 億元，2018 年 3600 億元と再び減少した．いずれも第 8 章で記す 2015 年夏場の株式暴落と人民元為替相場切り下げを契機に，民間企業金融でデレバレッジが進んだこと，外貨建借入の繰り上げ返済が進んだ等が関係している．

### (2)　中国版シャドウ・バンキングの構図

　ここで上に記した投融資種の内，若干の補足説明を行っておこう．

　まず銀行引受手形自体は，銀行による支払い保証手形であるため，引受依頼企業が，政治的介入を通じ，銀行を現金支払機同然に使うことになれば，結局のところ引受額は銀行貸付に転じることになる．

　委託貸付は，銀行経由の貸付信託――中国では直接の企業間貸借が禁じられている――であり，例えば，大型商業銀行からの融資に依存できる国有企業が，銀行経由で関連中小企業に貸付を行う等，独特の融資制度である．この場合，融資先が地方政府の影響下にある不動産開発関連企業ということは十分に有り得る[10]．したがって，融資先の破綻は国有企業の財務悪化を経て，大型商業銀行のバランス・シートに跳ね返ってこよう．

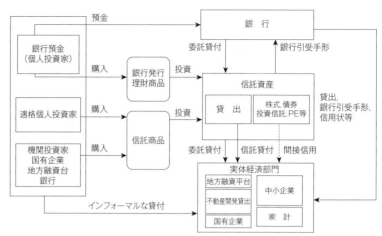

**図表6-7　理財商品及び信託商品による資金調達・運用**
［出所］Li (2013) Fig.8 より.

　信託貸付とは信託投資会社の資金運用手段であり，その資金調達手段が信託商品であったり，銀行窓口で販売されるいわゆる理財商品経由であったりする.
　以上を踏まえて，理財商品と信託貸付を中心とした投融資関係を示した**図表6-7**をみると，信託商品・理財商品・委託貸付を通じて調達された資金が，実に多様な運用をされていることが分かる. この点を中国信託業協会の資料でみれば，2014 年と 2015 年の投融資先は工商企業 3.13 兆元→ 3.31 兆元（24.03%→ 22.51%），インフラ企業 2.77 兆元→ 2.63 兆元（21.24%→ 17.89%），金融機関 2.27 兆元→ 2.63 兆元（17.39%→ 17.93%），証券投資 1.84 兆元→ 2.99 兆元（14.18%→ 20.35%），不動産開発等 1.31 兆元→ 1.29 兆元（10.04%→ 8.76%），であった[11]. 信託形態での資金運用であるため，一般的には長期固定的な資金調達が必要な産業種に主に投融資されていると見做されがちだが，僅か 2 年間の推移だけでも，商工業企業やインフラ産業向けの投融資シェアが下がり，逆に金融機関・証券会社向けのシェアが増えている. その分実体経済向けの投融資ではなく，金融機関内で資金が回っていることになる. これに対し，発行主体の約半数を一般銀行が占めると指摘されている理財商品は，コール市場や短期債での運用，短期貸付等，比較的流動性を重視した資金運用となっているといわれている[12]. 以上が「中国版シャドウ・バンキング」の構図である[13].

　既に記した通り，4兆元規模の景気刺激策の内，約3割を担うことになった
地方政府にとって，最大のアキレス腱は財政不足であった．その一方で，「社
会主義」を看板に掲げる中国の土地制度は国有である．農民・住民等は不動産
の利用権を得ているだけであり，その処分権は中央政府―各級地方政府が握っ
ている（第3章第1節参照）．そのため，地方政府は，行政権限を使って〝地上
げ〟を行う一方で，都市化に対する住宅・交通等のインフラ整備のための資金
調達手段をLGFVに求めてきた．その資金調達手段たる城投債は，理財商品
や信託商品といった証券化商品格好の投資対象であった．だが注意すべきは，
こうしたLGFVの債務が前掲**図表6-6**の社会融資規模には直接には現れず，
いわば「隠れ借金」として膨れ上がってきたことである．その一方で，前掲**図
表4-8**の通り，これら証券化商品は，規制金利下のインフレ・ヘッジ手段でも
あった．かくてこれら金融商品に群がった資金余剰主体の貯蓄は，不動産開発
事業を担った地方政府＝LGFVを経由して，国有企業―国有商業銀行に集約
されることになったと考えるべきであるし，これが中国経済の「金融化」の第
二段階である．

　ちなみに，政府部門の会計検査を担当する審計署が2013年12月に公表した
『全国政府性債務審計結果』によれば，同年6月末時点で地方政府の負債額は
10兆8900億元で，内訳はLGFVが約4兆700億元，地方政府等が約3兆900
億元であった．この内，中央政府の完全或いは一部条件付き債務保証が付帯し
ている分は，LGFVの2兆8900億元（73%）と地方政府等の債務9700億元
（31%）であった．したがって中央政府による債務保証付帯率が低い分だけ，地
方政府等の債務残額は独自の支払い負担となり，これが後日地方政府の債券発
行に繋がっていったのであり，この点については本章第3節（2）で再度言及
する．

　このようにみれば，中国の「影の銀行」と地方政府による大規模な不動産開
発は，規制金利下インフレに晒された金融機関の資金仲介機能の歪み，財源措
置を講じないまま地方政府に対し景気梃入れのための目標達成を指示してきた
中央－地方の政府間関係の歪み，これらが結びついた行財政上の構造的問題の
一例であると考えられる．加えてそこには，国有企業と国有商業銀行との構造
的経済関係――クローニー的貸借関係――もまた背後に控えている．というの

も，都市化のための社会資本整備及び不動産開発は，重厚長大型のエネル
ギー・素材産業，重機・建設機器製造企業の需要を喚起するだけでなく，これ
らを製造・稼働させるための石炭・石油・天然ガス・電力といったエネルギー
需要をも喚起するからである．そして既に記した通り，これら国有企業に長年
に亘り融資を続けてきたのが，四大国有商業銀行であった[17]．

### (3)　不動産開発投資の行き詰まりと金融不安

　もっとも，政府・銀行監督管理委員会が，家計による住宅投機に歯止めを掛
ける策を講じてきたこともあって[18]，地方政府の不動産開発プロジェクトにも，
断続的にブレーキがかかってもきた[19]．他方，地方政府の支払い保証付き負債に
は，地方国有企業やその傘下企業分があることも忘れる訳にはいかない．借り
入れ資金が，鉱山開発や重厚長大産業の固定資本投資向けともなれば，経済環
境の激変を契機に「短期借・長期貸」の期間ミス・マッチのリスクが一気に露
見する懸念もある[20]．実際，中国の企業経営状況は，2013 年以降急速に悪化し[21]，
'Debt troubles within the Great Wall' と題した *Financial Times* の 2014 年 4
月 1 日 web 版は，中国企業の業務利益総額は約 16 兆元であるのに対し，負債
額は約 90 兆元，負債/利益比率 5.5 倍という数値を報じていた[22]．

　こうして，地方政府主導の不動産開発であれ，国有企業であれ，借入金の元
利払いが滞り，その支払い債務リスクが懸念される事態にでも陥れば[23]，資金調
達側の銀行借入資金需要は急増し，短期金融市場金利は急騰する一方で，理財
商品等証券化商品の元本割れは必至である．その結果，直接金融とはいえこれ
ら金融商品の発行を仲介した銀行に投資家が殺到することになるし，銀行取り
付け騒ぎは，上に記した事情から，地方行政府に対する不満へと転化する懸念
がある．もとより，その過程において銀行借入に依存しつつ不動産投機に走っ
た企業・個人が，いかなる運命を辿ることになるかは，最早多言を要しまい[24]．

　こうして 2010 年代も半ばとなると，IMF 等の国際金融機関及び世界のアナ
リストが膨張する中国の負債の「持続可能性（sustainability）」に警鐘を鳴らし
始めた[25]．**図表 6-8** によれば，中国の名目 GDP は 2005 年 18.5 兆元，2010 年
40.9 兆元（対 2005 年比 2.2 倍増），2015 年 68.4 兆元（対 2014 年比 1.7 倍増）と，
期間中 3.4 倍に増大した[26]．これに対し，2010 年から 2015 年までに家計債務は

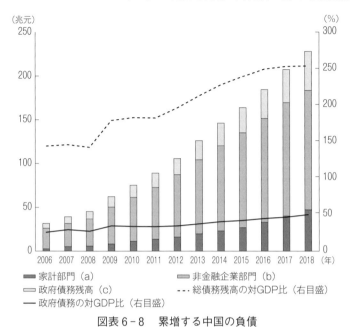

図表6−8　累増する中国の負債

[出所] BIS. *Long series on total credit to the non-financial sectors*, May 2019 より作成.

2.4 倍，非銀行部門企業債務は 2.3 倍，政府債務は 2.1 倍となった．明らかに
GDP 成長率を上回る負債の増加率であり，「債務主導型経済成長」といわれる
所以である．この結果，同期間に総債務額の対 GDP 比は，152％から 210％へ
と大きく伸びることになった．その最大の要因は非銀行部門企業の負債であり，
2015 年の負債残高の 62％を占めた．その中には，既に記した LGFV や本章第
1 節でみた過剰生産設備を抱えた国有企業──「僵尸企業（ゾンビ企業）」とも
いわれる──の負債も含まれる．では，このように激増する中国の負債に対し，
人民銀行を頂点とする金融システムはどのような変貌を遂げてきたのか，次に
みることにしよう．

## 第3節 人民銀行の金融調節手段の変化と金融市場の証券化

### (1) 人民銀行の金融調節手段の変化

第4章第1節で記した通り，2005年7月中国は為替相場制度を固定相場制から管理フロート制に変更した．もっとも，固定相場制であれ管理フロート制であれ，制度的か政策裁量的であるかの違いはあるが，中央銀行は為替市場に介入する．特に外貨の買介入の結果として商業銀行に対し供給されるマネタリー・ベースが過剰流動性に転じるとなれば，溢れかえる流動性を国内の金融政策手段によって吸収する「不胎化政策（sterilization policy）」＝「中立化政策」が採られるのが一般的である．中国の場合，2003年4月に発行が始まり**図表6-9**［注］に記している中央銀行手形がこの役割を担ってきた．加えて人民銀行は，管理フロート制下，国内に溢れ返る流動性をコントロールすべく支払準備率操作と窓口指導を併せて多用してきた．実際，2008年〜2009年にマネー・ストックが急増大，その伸び率がGDP成長率を上回った2011年以降，人民銀行は預金支払準備率の引き上げと窓口操作を通じ，流動性の管理に努めてきた．この結果，2011年後半ともなると，**図表6-10**に示される通り，支払準備率は20.5%という高水準に張り付いた．[30)]

しかし，2008年アメリカ発世界金融危機を境に，それまで流入一辺倒であった外資が流出に転じたことから，過剰流動性調節の手段として利付手形たる中央銀行債券を商業銀行相手に売却する合理性が失われてしまった．[31)]加えて，上記の**図表6-6**社会融資規模の推移に示される通り，銀行貸出以外の証券化商品による資金調達が増えてきたことから，人民銀行の金融調節はいかに臨機応変に流動性を供給し，システミック・リスクを防ぐかということに重点が移ってきた．これに伴い，政策手段もレポ（リバースレポ）取引や債券現先取引へとシフトしてきた．

2013年1月，人民銀行は，商業銀行への担保付再貸出しである既存の「担保補充貸出（PSL, Pledged Supplementary Lending）」——中長期の貸出で，最終的にはインフラ建設等に融資されるといわれている——に加え，まず常設貸出ファシリティ（SLF, Short-term Lending Facility）と「公開市場短期流動性調節

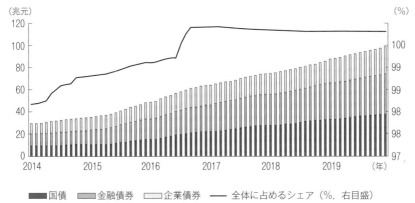

図表 6 - 9　債券発行額の推移

［注］人民銀行統計記載の上記三種類以外の債券種類としては，中央銀行手形と国際機構債券がある．中央銀行債
　　　券については長く 4222 億元の残高であったが，2016 年 7 月以降減少し 11 月には残高ゼロとなった．国際機
　　　構債券は，2016 年 12 月段階で 537 億元に留まる．

［出所］中国人民銀行資料より作成．

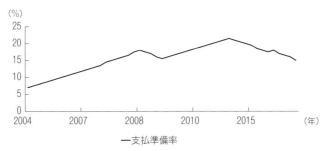

図表 6 -10　銀行の預金支払準備率の推移

［出所］中国人銀行資料より作成．

ツール（SLO, Short-term Liquidity Operation）」を導入した．SLF は，いわば日本
の補完貸付制度に相当し，金融機関からの要請に応じて人民銀行が流動性を供
給するものである．導入当初は，四大国有商業銀行や政策銀行等大手銀行に
限って，期間 1〜3 カ月の担保貸付を行っていた．他方 SLO は，四大国有商業
銀行等を対象とした短期無担保レポが中心で，金融システムの流動性の一時的
な変動に対して政策裁量的に実施されている．

　だが，一連の新たな流動性供給装置の設定から間もない 2013 年 6 月，手許

現金需要が増える旧暦の端午節を過ぎた頃に理財商品の償還が集中したことで，上海銀行間短期市場金利 Shibor が，20 日には 13.4% の史上最高水準——通常 2〜4% 水準——に跳ね上がった．そのため 6 月 25 日上海総合株価指数（1990 年 12 月 19 日 = 100）は 2000 を下回り，2009 年 2 月以来の最安値水準となって，市場は一時大パニックに陥った[32]．これに対し人民銀行は，直ちに上記の各種融資ファシリティを使って緊急に巨額の流動性を供給し，金融市場の鎮静化に努めた．

### (2) 地方政府債券の発行と債券市場の拡大

こうした事態を受け，2014 年 1 月以降も人民銀行は SLO 融資対象の地域及び銀行を次第に拡大し，全国の人民銀行支店が融資を行えることになった．また同年 9 月には「中期貸出ファシリティ（MLF, Mid-term Lending Facility）」が設定——人民銀行が健全性の高い商業銀行と政策銀行，都市商業銀行，農村商業銀行などに資金を貸し出すための手段で，貸借期間は 3 カ月，当初金利は 3.5%——された．併せて，小型・零細企業向け，三農（農業・農村・農民）向け貸出を支援すること——こうした政策指向的融資を定向融資という——となった[33]．

とはいえ，上記の通り，2013 年ともなると，全国各地で不動産価格の上昇テンポに警戒感が広がっていき，同年後半には一部で下落もみられるようになった．その分，地方政府収入は大きく落ち込むだけでなく，LGFV が資金調達手段として発行した各種証券に支払い保証を行った地方政府は，巨額の債務支払い負担を迫られることになった．ここから地方財政危機が叫ばれるようになったのである．

2015 年 5 月，事態を重くみた中央政府は財政部からの指令として「2015 年導入の指名引受方式によって発行される地方政府債券に関する通知（关于 2015 年采用定向承销方式发行地方政府债券有关事宜的通知）」を出した．すなわち，2015 年に償還期を迎える地方政府債務残高 2.6 兆元の内，8 月末を目途に地方政府に対し 1 兆元の借換地方債の発行を認めた．また翌 6 月にも追加して 1 兆元の借換地方債の発行が認められた．結局，2015 年には 3.2 兆元，2016 年には 4.9 兆元の借換地方債が発行された[34]．しかも，この時期以降，四大国有商業銀行等

銀行部門が購入した地方債が人民銀行の貸出担保となり，これを契機に地方政府を含む政府債の債券市場での新規発行も大きく増えていった．つまり，地方債の発行・流通が人民銀行を頂点とする金融システムにかかってきたのであり，その影響については第 11 章第 1 節で改めて論じる．

　そこでここでは債券発行残高について前掲**図表 6-9** を参考に確認しておくと，2014 年 1 月 30 兆元であった債券残高は 2016 年末 63.8 兆元，2018 年末 85.9 兆元へと激増した．その内，国債，四大国有商業銀行をはじめ銀行部門が発行する金融債，そして央企はもとより地方の国有企業も発行する公司信用債券が 98％以上を占めた．次に 2014 年 1 月・2016 年末・2018 年末の各債券種の発行残高をみれば，政府債 9.5 兆元→ 22.6 兆元→ 33 兆元，金融債 10.8 兆元→ 23.6 兆元→ 32.3 兆元，企業債券 9.3 兆元→ 17.5 兆元→ 20.6 兆元で，いずれも二倍増から三倍増であった．また債券発行残高（債券発行残高/社会融資規模）の各年末数字は，2014 年 35.3 兆元（29％），2015 年 48.8 兆元（35％），2016 年 63.8 兆元（41％），2017 年 74.4 兆元（43％），2018 年 86 兆元（49％）であった．

　本章第 2 節で記した通り，社会融資規模における人民元建一般貸出は依然として最大のウェイトを占めてはいる．だが上記の通り，地方政府・国有銀行を巻き込んだ形で非銀行部門の資金調達手段が多様化していく中で，これを促す格好の手段が債券であったことは，ここで注意しておきたい．これを中国経済の「金融化」の第三段階としよう．

　確かに債券の発行は発行主体の資金調達であり，債券購入自体は資金余剰主体の資金運用であるかもしれない．しかし，債券発行が増大し同市場が拡大していくことは，負債残高が増大し支払い決済の先延ばし市場の拡大という面も併せて持っていることに注意したい．債券の流動化機構である債券市場の資金繰りが窮屈となれば，打開の方途は人民銀行による一段の流動性供給拡大であり，その次は外資導入しかない．いわんや，債券発行主体が地方政府や国有企業ともなれば，債券のデフォルトは是非とも避けねばならいことになる．だからである．次にみる通り，人民銀行は金融調節の方法を市場調整型にシフトさせてきたし，2017 年 5 月香港取引所経由での債券市場への外資導入である「債券通」（第 7 章第二節参照）を開始したのである．

　だが，人民銀行が市場指向的な金融調節手段を順次整備していく過程におい

ても，金融不安は断続的に発生した．実際 2014 年 1 月，四大国有商業銀行の内，最大の資産規模を有する中国工商銀行が取り扱った大手信託会社・中信信託（北京市）発行の理財商品 30 億元（約 520 億円）にデフォルト懸念が広がった．なぜなら，同理財商品の資金運用先である山西省採炭会社が経営破綻したからである．そのため上海インターバンク基準金利（Shibor）は上昇，同月 21 日人民銀行は公開市場操作で大量の資金注入を行った[36]．結局，この問題は，1 月 27 日，第三者である投資家が理財商品を買い取り，同月末までに証券保有者への元本償還がなされたことで事なきを得たものの，春節を終えた時期から工業メーカーが倒産し，いくつかの理財商品にはデフォルト懸念が広がった．そして全人代閉幕後の 3 月 13 日，李克強首相が行った理財商品のデフォルト容認発言を契機に，風評に拠る被害とはいわれてはいるものの，江蘇省の地方銀行で取り付け騒ぎが発生した[37]．このようにみれば，中国金融経済全体の安定性は，既にこの頃から失われつつあったのである．

### (3) 人民元発行の「脱ドル化」

ところで，前掲**図表 4-4** に示される通り，2013 年初頭より人民銀行が発券担保として保有する外貨準備よりもマネタリー・ベースが上回り始めるようになった．つまり人民銀行はこの時期以降，その大部分が米ドル建である外貨準備のみを担保とした人民元供給の在り方から離れて，国内資産担保の発券システムに転換していったのである．国内発券システムの「脱ドル化」であり，「米ドル為替本位制」から管理通貨制度への移行である．そうであれば人民銀行にも，インターバンク市場に照準を合わせた流動性調節へと転換させる大きな機会が現れたのである[38]．

実際にも，上記の通り，中央政府のみならず地方政府を含む政府債，商業銀行の発行する金融債，更に国有企業等が発行する債券が金融市場に累積していくとなると，これら債券の市場流動性の維持こそは，人民銀行の当面の主たる政策目標とならざるを得ない．なぜならこれら債券こそは，政府部門の政治的正当性を決定づける地方政府＝ LGFV と国有企業の資金繰りを支えているからである．

だが，不動産バブルにまみれた地方政府或いは「僵戸企業（ソンビ企業）」と

揶揄される国有企業，これら発行主体が市中消化を図ろうとする債券の信用リスク評価について，これを市場ベースで行うことはできるであろうか．リスク・プレミアムを加算した金利設定は果たして可能であろうか．

## 第4節　金利・金融「自由化」の政治経済学

　既に第4章第3節で記した通り，2000年代初頭に，巨額の不良債権処理問題に直面した中国である．問題の核心は十分に理解されている．現に中央政府・人民銀行も，不動産バブルを生み出してきた金融仲介機能と資源配分の度し難い程の歪みを前にして，様々な施策を打ち出してきてはいる．しかし，その方向性をみると，不動産投融資の規制強化策が講じられる場合もあれば，市況崩落に直面して改めて規制緩和に転じ，ひいては重厚長大型国有企業に重点を当てた景気刺激策が打たれ，改めて不動産バブルを促しかねない施策が講じられる場合もみられる．ソフト・ランディングを模索した難しい舵取りではあろうが，別面では場当たり的，泥縄的施策といわざるをえない．

　そうした中にあっても，一方で中国は2004年10月貸出金利の上限と預金金利の下限を事実上撤廃したことを契機に，金利・金融の「自由化」を進めてきたし，第十二次五カ年長期計画（2011年－2015年）第11編第48章では，金利「自由化」を核とした金融システム改革を打ち出した．実際2012年6月と7月，銀行の基準金利を引き下げると同時に，従来基準金利以内での変動しか認められていなかった預金金利の上限を基準金利の1.1倍にまで拡大した．だがその一方で，貸出金利の下限を基準金利の0.9倍から0.8倍とし，翌7月には0.7倍へと縮小したりするなど，必ずしも整合性が得られない政策も講じられた[39]．なぜなら，一方で銀行を預金獲得競争に仕向ける預金金利の上限を引き上げ，他方で銀行の貸出競争を制限する貸出金利を規制したからである．もっとも，2013年7月には当の貸出金利の下限も撤廃され，その代わり主要10行の貸出優遇金利を参照に算出したLPR（Loan Prime Rate，最優遇貸出金利）を貸出基準金利に設定した．今後預金金利の上限規制が撤廃（2015年10月撤廃）されれば，預金・貸出の金利は総て原則自由化されることになり，銀行窓口の金融商品は，上記理財商品・信託商品の表面クーポン金利や目論見書の目標投資利回りと全

面的に競合することになる．その結果，銀行・証券の総ての金融商品の利回り
は比較評価され，その過程において不動産開発・投資のための金融も，「ハ
イ・リスク/ハイ・リターン」の市場鉄則に晒されることになる．もっとも今
日の人民銀行は，そうした市場鉄則が貫徹しないよう流動性管理——つまりは
システミック・リスクの回避——を行っていることは，後の諸章でもみる通り
である．

　だが，金融「自由化」が金利規制の撤廃と自由金利体系への移行を意味する
以上，各種金利/利回りは，市場調整的な資金需給で決定されるようになる．
そのため，金融「自由化」は，規制金利体制下，国有企業への融資で安定的な
預貸金利差収入を享受してきた大型商業銀行の特権的地位を大きく浸食するこ
とになりかねない．そのことは同時に，遊休化した大規模固定資産を擁し，或
いは水増し評価させた棚卸資産を積み上げながらも，大型商業銀行との安定的
な融資関係の下，辛うじて命脈を保ってきた国有企業の一大改革を促すことに
なろう．[40] しかし，事態はそれだけに止まらない．

　第一に，規制金利が市場調整的金利へと転換することは，金融市場での資金
需給仲介機能を担う商業銀行にマネー創出の決定権限が移ることを意味してい
る．換言すれば，経済の意思決定が，指令経済体制の中枢である国務院から，
商業銀行へと移行するといってもよい．その結果，金融市場の資金需給を統括
する中央銀行＝人民銀行の役割が，今後益々重要になってこようし，そのため
にも銀行間短期金融市場——中央銀行の金融調節の対象市場——が，ナショナ
ル・レベルでの資金需給調整機能を果たすよう，金融経済システムの再編が必
要となる．しかし，今日の財政金融体制において，果たしてそれが可能であろ
うか．[41]

　第二に，市場調整的な資金需給によって金利が決定されることは，国民通貨
＝人民元の現在価値に対する将来価値が，金利の自由変動に織り込まれること
——例えば，期待インフレ率が名目金利の上昇に反映されるように——を意味
する．この論理を為替相場の次元でいい直せば，人民元の現時点での対米ドル
為替相場と将来の一定時点での為替相場，すなわち先物為替相場との間に乖離
が生じることに他ならない．そこで直先乖離幅を均すべく，直物為替相場の変
動幅を拡大すれば，最早変動相場制への移行までさほど遠くはない．国内の金

融「自由化」による自由金利体系への移行が，固定為替相場制度から変動相場制への移行と不可分であるのも，こうした論理が介在するからに他ならず，現に人民銀行も人民元為替相場の日中変動幅を拡大させてきた．

　この段階まで至れば，いわゆる「国際金融トリレンマ命題」——為替相場の安定性・独立した金融政策・自由な資本移動の三つは同時には成立しえないという命題——が示唆する通り，為替相場の安定性は最早維持できず変動相場制への移行は目前である．但し，変動相場制に移行したからといって，国際的金融資本取引とこれに係る為替取引の「自由化」に踏み切らねばならないかといえば，そうではない．国際業務を行う商業銀行に補正的為替取引だけを認めつつ，証券やデリヴァティブ等の国際的金融資本取引については引き続き規制を行い，変動相場制下の貿易・経常収支の調整メカニズムに期待するという考え方もあろう．しかし，中国の掲げた目標は人民元「国際化」であり，そのためには国際的金融資本取引とこれに係る為替取引の「自由化」に踏み切らねばならない．これが次の章からのテーマである．

注

1)　BNP Paribas Chief Economist の Lo（2010）によれば，この 4 兆元の財政支出の内，70％はインフラ投資と四川大地震復興向けであったという（p. 147）.

2)　Lo（2010）pp. 150-151. Lardy（2019）も，民間企業よりも国有企業を優先させた政策が，民間企業の投資を抑制させ，それが習体制期の低迷する中国経済の最大要因であるとしている（pp. 19-20）.

3)　中国の LGFV 問題は，IMF でも既に大きく問題視されていた．例えば，Lorogova & Lu（2013）pp. 134-136 参照.

4)　ちなみに，2010 年の「央企」の経営実績は，営業収入 16.7 兆元（対前年比 32.1％増），納税額 1.4 兆元（同 27.7％増），利益総額 0.85 兆元（同 40.2％増），内親国有企業に帰属すべき純利益 0.56 兆元（同 36.4％増），であった（中国国有資産監理管理委員会「中央企業 2010 年 1-12 月経営情況」）.

5)　Lardy（2019）は，中国財務省の資料を使って，2005 年国有企業の約半数が損失を計上し，2016 年段階でも 43.1％が同じく損失を計上していたと記している．しかも損失額の対 GDP 比は，同期間に 1.3％から 2.6％へと上昇したとしている（pp. 50-52）.

6)　杨志锦「产能过剰致煤炭行业利润降六成：不良贷款和不良率双双上升」，『21 経済网』，2015 日 12 月 6 日.

7)　Lardy（2019），pp. 52-53 参照.

8)　「中国，赤字企業が最多　1～6 月鉄鋼など国有が最多」『日本経済新聞』2015 年 9 月

1日，朝刊.

9) 2015年と2018年の「央企」と「地方国有企業（以下，地国）」の経営実績について
記せば，次の通りであった．2015年については，営業収入45.47兆元（対前年比5.4%
減）[「央企」27.18兆元（同7.5%減），「地国」18.30兆元（同2.3%減）]，納税額
3.86兆元（同2.9%増）[「央企」2.97兆元1（3.1%増），「地国」0.89兆元（2.1%
増）]，利益総額2.30兆減（6.7%減）[「央企」1.61兆元（.6%減），「地国」6.88兆元
（9.1%減）]，であった．これに対し2018年については，営業収入58.75兆元（10%増）
[「央企」33.88兆元（9.8%増），「地国」24.87兆元（10.4%増）]，納税額4.61兆元
（3.3%増）[「央企」3.24兆元（3.5%増），「地国」1.37兆元（2.8%増）]，税引き後利
潤2.47兆元（12.1%増）[「央企」1.46兆元（11.8%増），「地国」1.01兆元（12.8%
増）]，親国有企業に帰属すべき純利益1.53兆元（10.1%増），であった（中国国有資産
監理管理委員会「全国国有及国有控股企業経済運行情況」各号より）.

10) 地方政府が出資設立した国有企業であれば，四大商業銀行だけでなく地方商業銀行
経由でLGFV向けの各種債券を投資家に購入させ，債券価格が高騰した段階で売り抜
けることもあり得たであろう．「金融収奪」ともいうべき所業である.

11) 中国信托業协会「中国信托業発展評析」各年号より.

12) 中央国債登記結算公司「中国銀行業理財市場年度報告」を参照.

13) 范（2017）は，商業銀行が「預金－貸出」の間接金融領域を外れてシャドウ・バン
キングの世界にまで足を踏み入れていったことが，国有企業中心或いは不動産業に偏っ
た資源配分を促したとしている．もっとも，そのことによって十分な金融改革が行われ
たかどうかでは，意見の分かれるところである.

14) Zhang and Barnettは，中央政府及び地方政府の財政収支と地方政府による市場経由
の資金調達，更には不動産売却収入が，グロスでみた政府部門の財政赤字であるとし，
その規模は2012年度に対GDP（51.9兆元）比約10%にまで達するとしていた．また
彼らは，2011年度の数字として，不動産売却収入は約3.3兆元で対GDP比約7%，内
訳は不動産開発1.4%，土地収用費用及び代替地費用3.2%，都市開発費1.2%と記し
た[Zhang & Barnettm（2014）p. 15].

15) 国務院の会計監査部門である審計署の報告書によれば，地方政府に新たに1542億元
の「隠れ債務」が存在したと指摘されている（審計署「2017年第四季度国家重大政策
措施落実情況跟踪審計結果」2018年4月18日）．尚，中国版シャドウ・バンキングに
関する最近の分析では，Ehler & Feng（2018）が最も詳しい.

16) 『全国政府性債務審計結果』6頁，表2及び表3.

17) Lo（2013）pp. 168-167参照.

18) 中国都市部では，高騰する不動産価格を抑制すべく，①2軒目以上の住宅購入の禁
止，②2軒目住宅購入に際しての頭金比率を60%～70%にまで引き上げる，③3軒目
以上の住宅購入者へのローン禁止等々の規制が導入されてきた．しかし，不動産開発の
背景に地方政府の行政権力が控えている以上，抜本的な不動産価格抑制策が導入される
かどうか，またそうした政策の持続性には，大きな疑問が残る.

19) 中国国家統計局の不動産開発投資統計は，毎年1月期からの累計として発表され，

前年同期累計額との対比を伸び率として示している。少し数字を拾えば，2014 年 1 月〜4 月の不動産開発投資額は 2 兆 2322 億元で，前年同期間の同投資額 1 兆 9180 億元に対する伸び率は 16.4％であった。この伸び率にだけ着目すれば，2013 年 1 月〜4 月 21.1％，同年 1 月〜7 月 20.5％ 2014 年 1 月〜3 月 16.8％であったから，投資の伸びは明らかに頭打ちである。それでも，2014 年 1 月〜2 月期の不動産開発投資額は 7956 億元，1 月〜3 月期は 1 兆 5339 億元であったから，春節明けの 3 月だけで 7683 億元（96.6％）増大，4 月も 1 カ月で 6983 億元（31.3％）増大していることになる（中国国家統計局「全国房地産開発和銷售情況」資料より）。

20)　中国の不動産バブルの資金源が貯蓄性資金によるものであって，商業銀行の信用創造によるものではない点で，金融システムがシステミック・リスクに陥ることはないこと，また経常収支黒字を計上し，対外純資産を擁している点で，外資流出・対外資金の引き上げに対しても十分に対応できるという評価もある［Lo (2010) pp. 140-143］。しかし，この後記す通り，Lo の予想に反して，2015 年夏以降の現実は，中国経済にとってかなり深刻な事態であった。

21)　中国の固定資本投資統計も，前掲注 19) の不動産開発投資統計と同じく，毎年 1 月期からの累計として発表され，前年同期累計額との対比を伸び率として示している。少し数字を拾ってみると，2014 年 1 月〜4 月の固定資本投資額（農業部門投資を含まない）10 兆 7078 億元で，前年同期間の同投資額 9 兆 1319 億元に対する伸び率は 17.3％であった。この伸び率にだけ着目すれば，2013 年 1 月〜4 月 20.6％，同年 1 月〜7 月 20.1％，2014 年 1 月〜2 月 17.9％，同年 1 月〜7 月 20.5％であったから，投資の伸びは明らかに頭打ちである。それでも，2014 年 1 月〜2 月期の固定資本投資額は 3 兆 283 億元，同 1 月〜3 月期 6 兆 8322 億元であったから，春節明けの 3 月だけで 3 兆 8039 億元（125.6％）増大，4 月も 1 カ月で 3 兆 8756 億元（56.7％）増大していることになる（中国国家統計局「全国固定資産投資（不含農戸）」資料より）。また，HSBC が発表する中国製造業購買担当者景気指数（PMI, Purchasing Managers' Index）は 2014 年 4 月 48.1 で，4 カ月連続で 50 を下回った。尚，中国国家統計局が発表する製造業 PMI は 2014 年 4 月 50.4 で，市場予想の 50.5 を下回るものの，2 カ月連続で上昇した（数字は，いずれも HSBC 及び中国国家統計局より）。

22)　Wolf, Martin, 'Debt troubles within the Great Wall', *FT*, April1, 2014（http://www.ft.com/intl/cms/s/0/b78d8c0e-b661-11e3-905b-00144feabdc0.html? siteedition=intl#axzz2zzu11fnm ← 2014 年 4 月 2 日閲覧）。

23)　例えば，中国高速鉄道を管理する鉄道省の負債額は，2012 年対 GDP 比で約 5％（約 2 兆 5000 億元）に達する（Zhang & Barnett, *op. cit.*, 2014. p. 23）。

24)　中国国家統計局が発表した 2014 年 4 月の 70 都市における対前月比住宅価格指数によれば，8 都市（杭州，寧波等）で下落，18 都市で変化なし，44 都市（上海，厦門等）で上昇し，最大の下落幅は 0.7％，上昇幅は 0.4％であった。対前年同月比，2010 年＝ 100 とした場合でも，いずれも価格指数は上昇している。しかし，理財商品や信託商品の表面金利は 5％〜10％，人民銀行が設定している貸出基準金利は 6％である。したがって，不動産価格上昇率の鈍化は，高金利で資金調達してきた不動産開発業者だけで

なく，銀行借入で不動産投機に走った家計にとっても，金利さえ支払えない状況に追い込まれたことを意味しよう.

25) 中国の金融経済に関する国内外の見通しは，論者によって大きく見解を異にしている．パニックは発生しないという楽観論が Peterson Institute for International Economics の Lardy，（'No need to panic, China's banks are in pretty good shape', *FT*, June 2 2016）や BNP Paribas 香港のアナリスト Chi Lo（'Revisiting Systemic the Risk of China's Shadow Banking', *Chi Time*, BNP Paribas, Dec. 2015）からは聞こえていた．その一方で，香港中文大学郎威平，元モルガンスタンレー・アナリスト謝国忠は，過剰生産設備を擁した国有企業と不動産バブルを早くから指摘していたし，格付け会社 Fitch の元アナリストで中国シャドウ・バンキング分析において世界的にその名を馳せた Charlene Chu は，銀行の不良債権額は最終的には 8 兆元——2015 年名目 GDP68.4 兆元の 11.7%——で，不良債権比率は 22% と予想し，中国金融経済の行く末に厳しい目を注いでいた（''Massive Bailout' Needed in China, Banking Analyst Chu Says', *Bloomberg*, May 24 2016）.

26) GDP の数字は，中国国家統計局より.

27) IMF 副専務理事 Lipton も，中国の企業債務が金融システムに深刻な影響を与えつつあるとし，企業債務の 55%，GDP の 12% が国有企業によるものとしている [Lipton (2016)].

28) 財源不足に悩む地方政府にとり，地元国有企業のスクラップは増値税の観点からも税源を喪失することになるため，容易には承認できないであろう [McMahon（2018）p. 37].

29) しかも留意すべきは，BIS 等のこうした公式統計にいう企業負債において，理財商品等証券化商品による資金調達額は入っていない，レバレッジがどのように組まれているか全く不透明であるというのが，Chu の見解である（China Economy 'So Addicted to Credit,' Autonomous Research's Chu Says', *BNN Bloomberg*, July 5 2018）.

30) 中国では金融調節手段として支払準備率が多用されている．1970 年代までの日本の金融調整策もそうであったように，インターバンク市場が必ずしも十分に発展しておらず，債券等短期金融市場でのオペ手段が不足している場合，支払い準備率操作が有効な金融調節手段となろう．例えば，四大国有商業銀行や大型の株式制商業銀行以外の全国各地に点在する地域密着型の協同組合系銀行の場合，短期金融市場で取引できるだけの適格担保を保有しないとなれば，この準備率操作はこうした地域銀行に対しての有力な金融調節手段となろう.

31) 利付手形の商業銀行保有に対し，人民銀行は利払いが必要にもなるからである.

32) その背景には，① 外資流入への規制強化とアメリカ QE3 縮小——いわゆる Tapering——観測を受けた海外からの資金流入の先細り，② 信託会社発行の理財商品に対する規制強化，③ 理財商品償還のための資金需要，④ 一般的な借入資金需要増大により資金需給のタイト化があるといわれている [高田（2013）参照].

33) 齋藤（2015a）参照.

34) 第十三届全国人民代表大会財政経済委員会「关于 2017 年中央和地方預算执行情况与

2018 年中央和地方預算草案的審査結果報告」2018 年 3 月．2016 年 5 月からは「営改増」の下，従来の営業税が総て増値税に置き換わることが予定されていたため，この時期地方政府にとり税収不足は決定的であった（第 3 章第 3 節（1）iv 参照）．

35)　「三部委发文地方债发行 消除银行资产质量担忧」『中国金融时报』，2015 年 5 月 14 日．

36)　人民銀行の総資産額は，2013 年 5 月末 30 兆 2145 億元（内，外貨資産 25 兆 7935 億元），6 月末 30 兆 6741 億元（同，25 兆 7853 億元）であったから，6 月一カ月間の資産増 4596 億元のほとんどが国内金融機関からの資産買い上げによるものであった．実際，6 月 1 カ月間で，「其他存款性公司債権」は 4338 億元の資産増となった（数字は，中国人民銀行資料より）．ちなみに，其他存款性公司とは，政策性銀行，四大国有銀行，株式制銀行等である．

37)　中国経済のバブルは，単に国内経済だけに止まらない，例えば，中国の銅関連業者は，取引先銀行に L/C を発行させて銅を輸入し，これを高利で転貸し或いは売却して得た資金を高利回りの理財商品等に投融資してきた．また，この間の人民元為替相場上昇を背景に，ドル建輸入契約時と支払い決済時の人民元建実質費用の差額を目当てに，これを香港所在商業銀行のオフショア人民元建勘定で行うことで，資本規制を回避したドル建投機資金を得ることもできたであろう．そうした中国からの銅輸入が，2014 年 3 月大きく減少し，ロンドン金属取引所（LME）の銅価格は 2011 年の最高値よりも約 4 割下落した（Polly Yam, 'Use of copper in financing loses allure in China', *Reuter*, July 5, 2012, Brett Miller, 'China Rule Changes May Halt Copper-Financing, Goldman Says', *Bloomberg*, May 23, 2013, 梅沢（2014）も参照．

38)　1970 年代の中盤以降，日本の大量国債発行が，商業銀行の国債窓口販売が金利「自由化」に向けた一大転機となったのと似ている．

39)　金融の「自由化」が銀行のみならず金融機関全体を巻き込んだ厳しい生存競争と再編劇をも招くことは，第 4 章第 2 節（2）で記した．

40)　第 3 章注 5）に記したブルスの'国権主義モデル'を思い出すとよい．併せて，大型商業銀行の融資先企業である国有企業が，共産党 − 人民解放軍の影響下にある強力な軍産複合体であることに考えが及ぶべきであろう．改革には多大な困難を伴う．

41)　「影の銀行」が，一国の金融決済システムを危機に陥らせた事態は，別に目新しいことではない．例えば，1980 年代後半の我が国のバブル経済における住専（住宅専門金融会社）融資，そして 2008 年アメリカ発世界金融危機の引き金となったサブプライム・ローン等貸付債権を担保とした証券の運用会社＝「特別目的会社（Special Purpose Company, SPC）」，いずれも「影の銀行」である．問題は，住専であれ SPC であれ，その設立出資関係において商業銀行が深く関与し，これら「影の銀行」が，商業銀行の別働隊として各種ローン・ビジネスの膨張を招いてきたことにある．その結果，住専が破綻の危機に直面した際，関係する商業銀行は，貸出融資の減免・資本金による損失穴埋めを承諾せざるを得なかったし，そのことが商業銀行の経営自体をも揺るがし，ひいては深刻な金融危機へと繋がっていった．サブプライム・ローン危機においても，関係する商業銀行は，融資先の住宅ローン会社への融資減免はいうまでもなく，証券化商品の

組成・販売と自己勘定による引き受け・売買を行っていた投資銀行自体を吸収合併し，辛うじてシステミック・リスクを回避したことは，未だ記憶に新しい．しかも，いずれのケース共に，システミック・リスク回避を大義名分に，中央銀行の特別融資と巨額の財政資金が投入され，深刻なモラル・ハザードが出来していたことは忘れてはならないであろう．こうした事態が，中国でも改めて発生するとあれば，それは政治経済体制を揺るがすことになりかねないであろう．

## 第7章　人民元「国際化」と資本取引「自由化」

### 第1節　人民元「国際化」策の展開

#### (1) 政策の始まりと戦略の見取り図

2008 年アメリカ発世界金融危機を契機に，中国は新たな国際通貨戦略を打ち出した．それは二つの柱から成り立っていた．一つは，2009 年 3 月，中国人民銀行周総裁が，'Reform the International Monetary System'，中国語原題「关于改革国际货币体系的思考」という論文を発表し，IMF の SDR (Special Drawing Rights, 特別引き出し権) を活用した国際通貨制度改革構想を発表した[1]．その主旨は，米ドルに一極集中してきた国際準備通貨の役割を改め，SDR をその役に据え直して機能させることにあった[2]．

もう一つは，人民元の「国際化」政策である．すなわち，大陸本土と香港等特別行政区との間で人民元建貿易取引を認可，その決済勘定を香港の商業銀行に置くことで，人民元建オフショア市場創設に繋げて行くことである．

もっとも，これら二つから成る中国の新たな国際通貨戦略は，一見全く異なる方向性を示しているようにみえる．しかし，両者には共通した一大目標，すなわち現代の国際通貨金融システム＝「米ドル本位制」におけるアメリカの国際通貨発行特権に楔を打ち込むことである．実際，2011 年 1 月中旬，訪米を前にした新聞報道へのインタビューの中で，胡錦濤主席 (当時) は「今日の国際通貨体制は，過去の遺物である (The current international currency system is the product of the past)」と言明した[3]．

当時世界最大の外貨準備を擁していた中国であるが，前掲**図表 4-4** の通り，2005 年 7 月管理フロート制への移行を契機に，この間進んできた人民元の対米ドル為替相場上昇によって，保有外貨準備には巨額の為替差損が発生してい

た. 巨額の貿易・経常収支黒字を計上し続けてきた中国である. 為替リスクを
回避することに, 人民元建貿易取引の背景の一つがあることは間違いがない.
実際, 人民銀行によれば, 人民元建貿易決済の目的について, 「企業の為替リ
スク管理を容易にし, 為替差損を減じ, もって中国と近隣諸国との間の経済及
び貿易の発展に資するため」としている. ところで, 人民元「国際化」の戦略
については, 中国人民大学学長で同大学財政金融学院・国際貨幣研究所主任研
究員である雨教授によって, 次のように簡潔に示されていた.

> 第1段階（2010–2020年）……「貿易決済通貨」として周辺国・地域で利用
> 　　　　　　　　　　　　　　される「周辺化」
> 第2段階（2020–2030年）……「貿易決済通貨」として「地域化」を実現し,
> 　　　　　　　　　　　　　　併せて国際投資分野における投資通貨となる
> 　　　　　　　　　　　　　　「金融投資化」
> 第3段階（2030年以降）……「国際準備通貨」を実現し, キー・カレン
> 　　　　　　　　　　　　　　シーとして「国際化」を実現

　上の三段階論にしたがえば, 現在人民元「国際化」は第1段階にあって, 今
後第2段階へと向かう途中にあることになる. だが第2段階の「金融投資化」
には, 人民元建貿易・経常取引はいうに及ばず, 人民元建の国際的金融資本取
引が実現しなければならない. そのためには上海金融資本・為替市場の対外開
放——いわゆる「資本取引」の「自由化」——が実現しなければならず, それ
は必ずや金利・金融「自由化」と連動し, 中国の政治経済体制に係るクリティ
カルな問題を誘発する可能性があることは, 既に本書で度々指摘してきた通り
である. したがって中国にとり, 人民元「国際化」とはいうに易く, その実現
には多大な困難を伴う政策目標といわねばならない.

　とはいえ, 2009年7月に始まった人民元建貿易取引を契機に, 人民元「国
際化」プロジェクトは, その決済勘定が置かれた香港金融資本・為替市場を軸
に展開してきた. そこでここでは視点を香港市場におき, 人民元建貿易取引・
オフショア人民元建預金・人民元建債券（いわゆる点心債）から, 2014年段階ま
での人民元「国際化」の経緯と現状について記しておく.

## (2)　人民元建貿易取引・香港オフショア人民元建預金・点心債

### i.　人民元建貿易取引の始まり

　さて，中国が人民元「国際化」の方向に大きく舵を切り始めたのは，世界金融危機が「世界の工場」たる経済特区を席巻していた 2008 年 12 月であった[8]．すなわち同月 12 日，国務院は「当面の金融による経済発展促進に関する若干の意見」（金融三十条）の中で，人民元建貿易決済の試行について言及し，その数日後，国務院・外汇局（外貨準備局，人民銀行が事実上は業務代行）は，「対外貿易の安定的成長に関する意見」において，長江デルタ地区（上海市，江蘇省，浙江省）・広東省と香港・澳門（マカオ）間，広西チワン族自治区・雲南省とASEAN との間で人民元建貿易決済を試験的に導入することを決定した[9]．その後，2009 年 6 月中国はマレーシア政府との首脳会談で，両国間の貿易取引決済を人民元或いはリンギ建で行うことに合意[10]，また同月には HKMA（Hong Kong Monetary Authority，香港金融管理局）との間の合意文書（中国人民銀行「内地与香港协作继续推进香港人民币业务」）が発表され，香港所在商業銀行による人民元建預金決済業務が始まることになった．この決済勘定が人民元建オフショア勘定である[11]．そして早くも翌 7 月には，上海・広州・深圳・珠江・東莞の五都市を試行地域として始まり[12]，併せて香港・澳門・ASEAN との間の人民元建貿易決済が推進されることになった[13]．その後 2010 年 6 月末，試行地域は北京・天津・四川・チベット等（輸出の場合 16，輸入の場合 20）の省・直轄市へと拡大された．

　ところで，人民元建貿易取引をオフショア勘定形式で採用したことの理由としては，次の二つが考えられる．

　第一に，1997 年 7 月 1 日「一国二制度」の下で香港が中国に返還された直後に襲来した東アジア危機を契機に，「米ドル本位制」下国際金融センターとしての輝きを失いつつあった香港金融経済を支援することであった．実際，2004 年 10 月中国と香港との間に自由貿易協定でもある CEPA（Mainland and Hong Kong Closer Economic Partnership Arrangement，内地与香港关于建立更紧密经贸关系的安排）が締結されていた．

　第二に，「一国二制度」の下での香港支援策である以上，通貨金融主権もまた，遮断・分離の形式とならざるを得ないが，このことは逆に管理フロート制

と規制金利下にある中国本土金融資本市場が，米ドル建国際短期資本移動に直接影響を被ることを回避できることにもなる．この点第2章第3節で記した通りである．特に香港ドルは，カレンシー・ボード制（第10章第1節参照）下にあって対米ドル固定相場制を維持する一方で，国際的金融資本取引を自由化している．したがって，米ドル建国際短期資本移動から中国本土金融資本市場を遮断する一方で，米ドルと直結する香港金融資本市場をいかに活用していくかが政策当局の大きな課題となったのである．実際，1993年以来長年HKMA長官の職にあったJ. Yamは，2010年11月「香港は，北京が自国通貨を国際化していくにあたって実験するには，『理想的な実験室』である」と語っている[14]．

　こうしてオフショア形式で始まった人民元建貿易取引であるが，問題は中国の国内決済システムCNAPS（China National Advanced Payment System，中国資金決済システム，2005年6月開設）と香港所在商業銀行に開設される人民元建預金勘定とをいかに接続させるかであった．この任にあたったのが，香港上海銀行HSBC，スタンダード・チャータード・バンク――いずれもイギリスの旧植民地銀行系である――と並んで香港三大発券銀行の一角を占める中国銀行（香港）であった（第10章第1節参照）．こうして，香港所在商業銀行は中国銀行（香港）に人民元建決済勘定を開設し，大陸内決済システムCNAPSと連結することになったのである[15]．

### ⅱ．人民元建貿易取引を促した実務面での事由

　だが，**図表7-1**の通り，開始された人民元建貿易取引の取引実績は，2010年末にはまだ1000億元以下で，必ずしも大きくはなかった．なぜなら，人民元建貿易取引を行うべく，人民元建決済勘定を香港所在商業銀行に開設したとしても，人民元建残高勘定を第三国との貿易取引決済に用いることはできなかったし，かといって大陸内の金融資本市場への投融資は，厳格に規制されていた――「内‐外」遮断の分離規制――からである．加えて，人民元建資金の過不足を調節する貸借市場も，十分な広がりをみせなかった．

　しかし，人民元の対米ドル為替相場の先高観から，次第に人民元建貿易取引に投機的利益を見出した為替取引が広がるようになり，4年後の2014年には

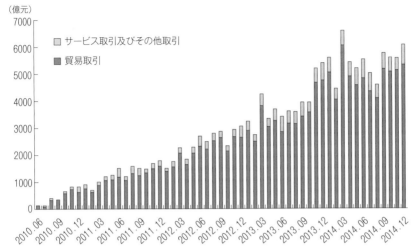

図表 7 - 1　人民元建国際取引の推移（2010 年-2014 年）

[出所] 中国人民銀行（2015）9 頁.

月次ベースで 4000 億元にまで増大した. 少し説明をしておこう.

　人民元建貿易取引は当初輸入取引から始まった. しかし, 石油・天然ガス等といった国際商品取引の決済通貨は米ドルであり, 世界の為替市場で流通性を欠く人民元が, 直ちに貿易の取引決済通貨となることはなかった. 現実には次のような状況であった. まず中国の輸入業者は, 取引先銀行に L/C（Letter of Credit, 信用状）を発行してもらう一方で, 人民元建貿易取引の決済勘定を香港所在商業銀行に開設する. 他方で輸入取引を実際に決済するための米ドル建勘定は, 香港所在商業銀行に別途存在する. そこで輸入決済代金として香港所在商業銀行の決済勘定宛に送金された人民元残高は, 対米ドル為替相場において上昇傾向にある中で米ドルに転換した上で, ドル建決済に臨むことができたことになる. また中国の輸入業者が L/C 発行依頼の時点で, 人民元建輸入取引額を水増しして申告すれば, 香港所在銀行には有利な為替相場でいつでも米ドルに転換可能な人民元残高が累積していくことになった.[16]

　では, 2012 年 6 月に解禁となった人民元建輸出取引の場合にはどうか. 輸出の場合, 人民元建輸出価額を過少に申告すれば, 実際に米ドル建で支払われた輸出代金と人民元建輸出申告額との間に差額が生じるし, 米ドル建で支払わ

れた残りの差額分は，米ドル建国際短期資本移動＝グローバル・マネーに潜ることができよう．この点，人民元建貿易取引が開始された2009年以降，**図表4-1**中国の国際収支における誤差脱漏項目の赤字幅が大きく増大していることも，こうした投機的且つ不明朗な取引と無縁ではないであろう．

このように人民元建貿易取引は，人民元の対米ドル為替相場上昇という大きな流れの中で，多分に投機的要素を含みつつ展開を遂げてきたのであり，Dev K. & Sarah はこれを mis-invoice（粉飾請求書）としてマネー・ロンダリングの温床ともなる不正な国際取引であるとした[17]．

では人民元建貿易取引がこの時期どの程度まで進んでいたのだろうか．人民銀行が四半期毎に発表している『中国貨幣政策執行報告』の2014年第Ⅱ四半期報告書によると，人民元建貿易取引は2.09兆元（前年同期比59％増）であった[18]．他方，中国国家外汇管理局の資料によれば，同年上半期の中国のグロスの輸出入額は12兆1927億元であったから，貿易取引額の人民元建比率は17.1％ということになる．

### ⅲ．香港オフショア人民元建預金と点心債の始まり

上記の通り，人民元為替相場の先高を見込んだ人民元建貿易取引が大陸本土側から始まる一方で，香港側からもこれを支援する諸施策が順次講じられていった．

2010年7月，香港域内での人民元建預金・貸出・小切手振出し等支払い決済が自由化された．これを契機に，香港域内に人民元の自由為替市場 CNH（Chinese Hong Kong——後述）が成立することになった．また従前の2007年6月に中国国家開発銀行による50億元の起債に始まり，当初中国政府や大陸の大型商業銀行に限定されていた香港金融市場での人民元建債券——いわゆる点心債（Dim Sum Bond）——の発行が，人民銀行と HKMA の取り決めの下，マクドナルド，キャタピラといった大陸内で事業展開する外資系企業にも認められるにことになった．こうして人民元「国際化」策は，人民元建貿易取引と人民元建債券発行を両輪—— two track policy ともいわれる[19]——として香港金融資本市場を拠点に展開していくことになったのである．

続く8月，人民元建預金を受け入れる香港所在商業銀行及び認可を受けた諸

外国中央銀行の中国本土内銀行間債券市場での資金運用——資金調達は不可
——が認められた[20]．こうした一連の措置に加え，折からの人民元高も追い風と
なって，香港では人民元需要が沸騰し，HKMA は人民銀行との取り決めの下，
香港所在人民元預金取扱銀行に対し，それまでの運用上 100％準備率——つま
りはナロー・バンク——としていたものを，香港ドル建預金準備率と同じ
25％準備率規制に変更して，単位当たり 4 倍の人民元建「信用創造」を認めた[21]．
それでも，2009 年 1 月，ASEAN ＋ 3 の枠組みで確保されていた「短期的流
動性支援」2000 億元のスワップ枠の内，貿易取引決済資金としての割当額 80
億元は，2010 年 10 月には払底し，急遽 100 億元に資金枠は引き上げられた[22]．
その後，2011 年 11 月スワップ額全体が 4000 億元に増枠された[23]．

## 第 2 節　「一国二制度三為替相場」の人民元

### (1)　CNY と CNH, NDF

　上記のように，投機的利益を当て込んだ為替取引が跋扈した背景には，為替
相場制度に関わる特殊中国的な事情も介在している．まず，人民元には，管理
フロート制下，上海のオンショア為替市場 CFETS で建てられ，香港側決済銀
行である中国銀行（香港）の相場となる CNY (Chinese Yuan) と，2010 年 7 月に
発足し香港の人民元と米ドルの自由為替市場で建てられる相場 CNH との二つ
の為替相場が存在していることに留意されるべきである．しかも「内−外」遮
断の分離規制のため，両為替市場では為替裁定メカニズムが十分に機能し得な
かった場面がみられた．要するにここでも「一物一価」ならぬ「一物二価」の
為替相場が存在することになったのである．そこで香港において，人民元為替
市場の先物為替相場と決済日当日の直物為替相場との間の開きを米ドル建差金
決済に持ち込むことでリスク・ヘッジが図られてきた．その市場が NDF
(Non-Delivery Forward) であった．このため人民元には，CNY，CNH そして
NDF の三つの為替相場が存在し，これを指して「一国二制度三為替相場 (One
Country, Two Systems, and Three Currencies)」とも呼ばれた[24]．

　CNY と CNH との関係については，上の人民元建輸出入取引の箇所で説明
した通りであるが，NDF については，少し追加の説明が必要であろう．NDF

とは，例えば1カ月後1ドル＝7元で100万ドルのドル売・人民元買の先物契約をしたとすれば，決済日に直物で同額のドル買・人民元売の反対売買を行ったものとして組まれるスワップ取引である．ところが，決済日の直物相場が1ドル＝6.5元になったとすれば，6.5元で1ドルを買うと同時に1ドルで7.0元を買ったこととなり，（7.0元－6.5元）× 100万ドル＝50万元の為替差益が出たと想定して，50万元÷6.5元＝76,923.076ドルを受け取ることになる．

　もっともNDFにも落とし穴がある．というのも，人民元の先高水準を余り高く予想して，1ドル＝6.5元で1カ月後100万ドルのドル売・人民元買のNDF先物予約をした場合，差金決済で上のような利益が出るには，決済日の直物為替相場が1ドル＝6.5元以上でなければならない．ところが直物為替相場が，例えば1ドル＝6.7元となった場合，6.7元で1ドルを買うと同時に1ドルで6.5元を買うスワップ取引として取り扱われ，（6.5 － 6.7）× 100万ドル÷6.7元＝－ 29,850.746ドルの逆ザヤとなる[25)]．

　この逆ザヤを解消するには，市場実勢よりも少しでも割高な人民元を手に入れ，これを直ちに直物為替相場で売って，逆ザヤの実質負担を軽減することである．そこで，中国銀行（香港）に行って，市場実勢より割高な人民元——人民銀行が設定する基準相場に±1％の値幅制限が付いている——を入手しようとするかもしれないが，同行は，決済日が3カ月以内の貿易取引等の実需取引の裏付けがない人民元為替取引には応じてはくれない[26)]．そのため，人民元先高感が蔓延する中で，先物売買の一方向だけの契約を行うのみで，後は決済日の直物為替相場次第となるNDF相場を投機的取引に利活用しようという動きは，次第になくなり，CNY相場に準じた為替相場水準に落ち着くようになってきた．その後，2012年9月には，香港取引所で米ドル/人民元の先物為替市場が開設され，2013年6月には，香港財資市場公開（TMA, Treasury Market Association）のオフショア人民元香港銀行間取引金利（CNH Hibor, Hong Kong Interbank Offered Rate）が発表されるようになり，CNHの先物為替相場の形成に一役買うことになった．

　加えて2014年3月，人民銀行が人民元の為替変動幅を基準相場の±2％に拡大した上，人民元為替相場の下落を容認したことで，NDFで為替リスクをヘッジすることは難しくなってきた．なぜなら，CNYの変動方向自体が先行

き不透明であるため，スワップ取引が組み込まれているとはいえ，先物アウト
ライト取引契約のみを行う NDF では，かえってリスクを抱えることになりか
ねない事態となったからである．こうして，人民元為替相場変動幅拡大に伴う
為替リスク回避は，自由市場の CNH で行われることが主流となってきた．

　尚，2012 年 6 月人民元/日本円の直接交換が始まり，上海の為替市場には邦
銀も取引に参加してはいるものの，東京に人民元/日本円の為替市場が開設さ
れていないため，為替の出会いは付きにくく，上の決済期限 3 カ月以内という
実需取引原則から外れる人民元建クロスボーダー取引の為替カバーは，結局香
港 CNH 経由で取られている[27]．

## (2)　分断されるオンショア市場金利とオフショア市場金利

　2009 年 7 月の人民元建貿易取引の決済勘定として，香港所在商業銀行に人
民元建預金勘定が開かれるようになったことは，先に記した通りであった．
もっとも，広東省を後背地とし，隣接する深圳と陸続きで接する香港である．
2004 年 2 月以来，香港居住者及び小売・飲食・宿泊等指定 7 業種については，
香港所在商業銀行での人民元建預金開設が認められ，両替については個人一人
当たり 2 万元を限度に，送金については，香港所在商業銀行に開かれた自己名
義の預金口座宛に一日 8 万元を限度に，各々認められていた．これが人民元建
貿易取引を契機に，関係企業による香港所在商業銀行での人民元預金口座開設
が始まり，2010 年 7 月には，香港居住者による人民元建預金の完全自由化，
そして 2012 年 8 月には香港非居住者向け人民元建預金口座も自由化された[28]．
この二つの自由化措置の効果は，**図表 7-2** に明瞭に表れている通りである．具
体的には，人民元建貿易取引が始まった年の 2009 年末，人民元建預金残高は
626 億元であったが，2010 年末 3148 億元，2012 年末 6029 億元となり，僅か 3
年間に約 10 倍に増大している．

　だが，2011 年下半期には，人民元建預金残高も一旦ピーク・アウトするに
至った．この時期，国際収支にも表れている通り，輸出主導の中国経済が明ら
かに曲がり角に来たことを懸念して，資金が海外に流出して CNY 相場が下落
した時期でもあった．2012 年 8 月の非居住者向け人民元建預金の自由化は，
こうした状況への梃入れ策ともいえよう．確かに，そうした策も一旦は成功し

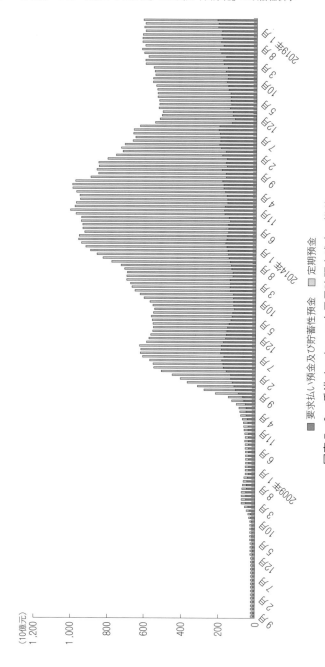

図表 7 - 2 香港オフショア人民元建預金残高の推移

[注] 貯蓄性預金（savings deposit）は決済勘定として使える利子付き預金である。但し，最低預入限度額が設定されている。限度額に達しない場合，毎月口座管理費用を徴収される。
[出所] HKMA, *Monthly Statistical Bulletin* より作成。

て，人民元預金残高も再度増勢に向かったが，2014年12月には1兆35億元でピーク・アウトしている．またこのピークに至るまでの2014年下半期は，第6章第2節で記した中国の不動産バブルが金融経済に与える影響を懸念——2015年3月にはLGFVの債務保証をしていた地方政府の債券発行が始まった——して，大陸から海外に資金が流出し為替相場が下落した時期と重なる．いずれも，人民元のCNY相場が下落或いは弱含みとなった時期に，香港の人民元建オフショア預金は頭打ちとなっており，この点も同じく**図表7-2**に示される通りである．このことからみても，この人民元建オフショア預金を吸引する要因が，CNY相場の上昇による為替差益にあることは明らかである．ちなみに，2014年7月時点で香港の1年物人民元建オフショア預金金利は0.59%，貯蓄性預金金利は0.25%であったのに対し，規制金利下の大陸内1年物定期預金は，概ね3%以上であった．同じ人民元とはいえ，「内－外」遮断の分離は，この金利水準にも明瞭に表れている[30]．

### (3)　相対的低金利下，発行が続いた点心債

　人民元の預金金利がこのようであれば，人民元建の債券利回り＝金利も大きく違ってこよう．つまり，香港債券市場にて人民元建債券＝点心債を発行して資金調達を行い，これを大陸内に回金した方が，資金調達コストは大きく引き下がることになる．例えば，2014年8月中旬段階での上海債券市場1年物債券利回りは4.7075%，香港点心債市場で流通している中国政府国債で，償還期が各々2015年5月と12月の債券利回りが各々2.248%と2.275%である．この時期，人民元建債券の発行者にとっては，明らかに香港債券市場の方が調達コストは安く済んでいたのである．ちなみに，上海銀行間取引金利（Shibor, Shanghai Interbank Offered Rate）のオーバナイト物金利と1年物金利は各々2.8920%と5%，香港CNHのそれは2.3661%と3.086%であった．オフショア金利の低さは明らかである[31]（後掲**図表8-3a**参照）．

　こうした金利格差があればこそ，この間人民元建債券の香港市場での発行が続いたのである．点心債市場は大陸内発行体の信用リスクに同じく晒されている点で，上海の債券市場が外延的に拡大された市場ではある．だが，ここには中国企業が「内－外」遮断の分離規制を利用しつつ，外資を積極的に利用せん

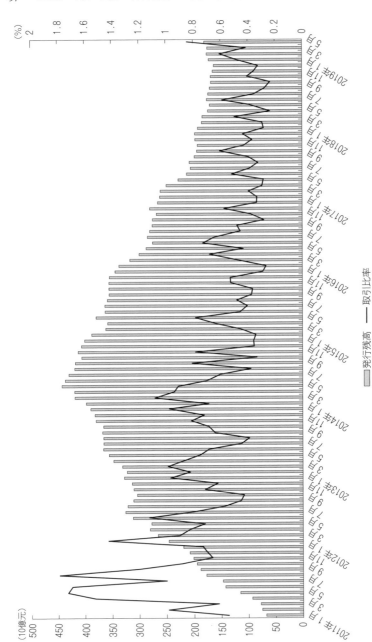

図表 7 - 3 点心債発行残高と取引動向

［注］取引比率は、当該月の一日の平均取引額／当該月の発行残高 × 100（％）の値である。
［出所］HKMA, Monthly Statistical Bulletin より作成。

とする姿勢が明確に表れているといえよう．しかし，これを投資家サイドから
みれば，同じ人民元建債券でありながら，上海債券市場の債券利回りと比較し
た場合，一段低い金利水準で債券発行が行われることには，不満が残る．この
不満を大いに解消して余りあったのが，上にも記したこの間の人民元為替相場
の上昇であった．かくて人々は先々の人民元為替相場上昇に期待し，香港ドル
から点心債へ，米ドルから点心債へと，当時ブームが続いてきたのである．と
いうことは，逆に人民元相場の上昇期待が萎む時，点心債人気にも陰りが出て
来ることになり，この点は次の第8章で明らかにする．

　もっとも，**図表7-3**の通り，2014年の春節以降も点心債発行残高は増え続
けており，この間も発行ブームが続いていたことが分かる．その理由は，2011
年に発行が始まった3年満期の点心債が，順次償還時期を迎えたからである．
しかも，折からの不動産バブルに黄色信号が点滅し，金融システムへの影響が
広く懸念されるようになってきた．そのためか，中国銀行が2014年1月早々
に発行した点心債のクーポン金利は3.45%で，2011年に中国銀行（香港）が償
還期間5年の点心債を発行した際のクーポン金利1.7%の2倍であった[32]．非居
住者にとり，実に高利回りの資産運用先となった．

## (4)　人民元「還流策」としての資本取引の「自由化」
### ──管理された人民元「国際化」──

　ところで，この間中国は上海株式市場・債券市場に通じる資本取引「自由
化」も進めてきた．諸施策について改めて時系列的に取りまとめれば，次の通
りであった．

| | |
|---|---|
| 2002年12月 | 中国政府が適格とする世界の機関投資家が投資枠内で外貨を人民元に交換して，中国国内の株式・債券に投資するQFII（Qualified Foreign Institutional Investor, 適格海外機関投資家） |
| 2006年4月 | 中国国内の適格とされた機関投資家が，投資枠内で海外の株式・債券に投資するQDII（Qualified Domestic Institutional Investor, 適格国内機関投資家） |
| 2007年7月 | 四大国有商業銀行の一つである中国建設銀行が，香港取引 |

所（Hong Kong Exchange, 以下 HKEX）で人民元建債券を発行，いわれるところの点心債（Dim Sum Bond）第一号

2011 年 12 月　香港所在の機関投資家を通じ，人民元建で中国国内の株式・債券に投資する RQFII（Renminbi Qualified Foreign Institutional Investor, 人民元建適格海外機関投資家）

2014 年 11 月　上海と香港の両証券取引所の相互乗り入れである「沪港通（Shanghai − Hong Kong Connect）[33]」

2016 年 8 月　深圳と香港の両証券取引所の相互乗り入れである「深港通（Shenzhen − Hong Kong Connect）」

2017 年 5 月　香港経由で上海証券取引所の債券への投資を可能とする「債券通（Bond Connect）」

　以上の諸施策の内，香港で発行される人民元建債券＝点心債についていえば，調達された人民元は，原則人民銀行・国家外汇管理局等政府当局の管理の下，大陸内に還流（recycling）することが予定されていることに留意すべきである[34]。この点でいえば，2011 年 10 月に規制緩和された人民元建の対内直接投資及び[35] 香港で組成される人民元建投資信託 RQFII[36]，2013 年 5 月にシンガポールで HSBC やスタンダード・チャーター銀行或いは DBS が発行した人民元建債券（獅城債），9 月台湾で発行されるようになったフォルモサ債[37]，2014 年 7 月中国銀行がパリで発行した 20 億元の凱旋債，これらも総て人民元の国内還流策である。換言すれば，これら一連の施策は，人民元建貿易取引を通じ，各地域で積み上がった人民元残高を国内に還流させるための吸引ポンプ策ともいえよう[38]。そのため，こうした一連の資本取引「自由化」は「管理された人民元『国際化』」[39] ともいわれており，その背景にあるのが 1997 年東アジア危機である（補論 1 参照）。なぜなら，非居住者が巨額の人民元残高を有し，中国当局の管轄が必ずしも十分には及ばない自由為替市場 CNH 或いは第三国の為替市場で一挙に人民元が売り浴びせられた場合，対応不能の事態に追い込まれるからである。だが，そうした現実が 2015 年夏以降に発生したことは次章でみる通りである。

　尚，上に記した「沪港通」，「深港通」，「債券通」についても後に改めて言及する。

## （5）　人民元「国際化」の政治経済学

　もっとも，人民元「国際化」は民間次元だけで進んできた訳ではない．**図表7-4** の通り，この間中国は，人民元建短期流動性支援という名目で，世界各国中央銀行・通貨当局とスワップ協定を締結してきた．だが，人民元建貿易取引が必ずしも世界中で進展しない以上，人民元が現地通貨を対価とした為替介入通貨となることもないし，介入通貨として利用されることがなければ，公的準備通貨として形成されることもない．そのため，人民銀行と相手国中央銀行との間のスワップ協定の意義は大きく殺がれてきたのが現実である．

　2018 年 6 月現在，為替スワップ協定総額は 2 兆 2770 億元に達し，同年にはタイとオーストリアとの間で協定が締結されたものの，2011 年から 2014 年に締結されたスリランカ，韓国，ロシア，カタール，カナダ等 13 各国との協定は既に失効している．今後中央銀行間スワップ網は，「一帯一路」（第 9 章参照）等中国版 ODA の紐付き援助の支払いに相手国が窮した場合，そのファイナンス手段として利活用されることもあろうが，その場合に当該国は中国に公的債務を負うことになる．

　以上，人民元「国際化」についてみてきた．人民元が「国際通貨」となるには，第 2 章で論じた通り，貿易・経常取引は言うに及ばず，国際的金融資本取引に係る為替取引も「自由化」した上で，上海金融資本市場を対外開放しなければならない．これを前提に，人民元建貿易取引そして経常取引が広く展開するとなれば，取引の相手国為替銀行は人民元建決済だけでなく，為替資金操作の一環として上海のインター・バンク短期金融市場において人民元建資金の自由な調達・運用が必要となってくる．こうした一連の措置を講じたところで，人民元建国際流動性は初めて世界経済に供給されるようにもなろう．

　だが，こうなると世界の為替銀行・金融機関が上海の金融資本市場に集積し，上海インター・バンク短期金融市場は，世界の人民元建短期資金需給を受け止めることになる．それと共に，同市場金利は最早規制金利ではなく自由金利市場となろう．また為替取引を組む相手国為替銀行が，人民元建為替の需給で自国通貨の対人民元為替レートを決定するとなれば，その為替相場制度は変動相場制ということになる．かくて人民元「国際化」は金利・金融「自由化」と必ずや連動して，中国の政治経済体制の根幹に関わる一大テーマに転じるのであ

## 図表 7-4　人民銀行のスワップ協定網

| 相手国中央銀行（有効） | 期　日 | スワップ規模 |
|---|---|---|
| インドネシア中央銀行 | 2018 年 11 月 19 日 | 2000 億元/440 兆ルピア |
| イングランド銀行 | 2018 年 11 月 12 日 | 3500 億元/400 億ポンド |
| マレーシア国民銀行 | 2018 年 8 月 20 日 | 1800 億元/1100 億リンギット |
| パキスタン国家銀行 | 2018 年 5 月 24 日 | 200 億元/3510 億ルピー |
| ナイジェリア中央銀行 | 2018 年 4 月 27 日 | 150 億元/7200 億ナイラ |
| アルバニア銀行 | 2018 年 4 月 3 日 | 20 億元/342 億レク |
| オーストラリア準備銀行 | 2018 年 3 月 30. 日 | 2000 億元/400 億豪ドル |
| タイ中央銀行 | 2018 年 1 月 8 日 | 700 億元/3700 億バーツ |
| 香港 HKMA | 2017 年 11 月 27 日 | 4000 億元/4700 億香港ドル |
| スイス国家銀行 | 2017 年 7 月 27 日 | 1500 億元/210 億スイス・フラン |
| アルゼンチン中央銀行 | 2017 年 7 月 18 日 | 700 億元/1750 億ペソ |
| モンゴル中央銀行 | 2017 年 7 月 6 日 | 150 億元/5.4 兆蒙古トグリク |
| ニュージーランド中央銀行 | 2017 年 5 月 19 日 | 250 億元/50 億 NZ ドル |
| アイスランド中央銀行 | 2016 年 12 月 21 日 | 35 億元/660 億クローネ |
| エジプト中央銀行 | 2016 年 12 月 6 日 | 180 億元/470 億エジプト・ポンド |
| 欧州中央銀行 | 2016 年 9 月 27 日 | 3500 億元 450 億ユーロ |
| ハンガリー中央銀行 | 2016 年 9 月 12 日 | 100 億元/4160 億フリン |
| セルビア国家銀行 | 2016 年 6 月 17 日 | 15 億元/270 億ディナール |
| モロッコ中央銀行 | 2016 年 5 月 11 日 | 100 億元/150 億ディルハム |
| シンガポール金融管理局 | 2016 年 3 月 7 日 | 3000 億元/640 億 S ドル |
| アラブ首長国連邦中銀 | 2015 年 12 月 14 日 | 350 億元/200 億ディルハム |
| トルコ中央銀行 | 2015 年 11 月 16 日 | 120 億元/50 億リラ |
| タジキスタン中央銀行 | 2015 年 9 月 3 日 | 30 億元/30 億ソモニ |
| ウクライナ国家銀行 | 2015 年 5 月 15 日 | 150 億元/540 億フリブニャ |
| チリ中央銀行 | 2015 年 5 月 25 日 | 220 億元/22000 億ペソ |
| ベラルーシ共和国国家銀行 | 2015 年 5 月 10 日 | 70 億元/16 兆ルーブル |
| 南アフリカ準備銀行 | 2015 年 4 月 10 日 | 300 億元/540 億ランド |
| アルメニア中央銀行 | 2015 年 3 月 25 日 | 10 億元/770 億ドラム |
| スリナム中央銀行 | 2015 年 3 月 18 日 | 10 億元/5.2 億スリナム・ドル |
| カザフスタン共和国国家銀行 | 2014 年 12 月 14 日 | 70 億元/2000 億テンゲ |
| カナダ中央銀行 | 2014 年 11 月 8 日 | 2000 億元/300 億カナダ・ドル |
| カタール中央銀行 | 2014 年 11 月 3 日 | 350 億元/208 億リヤル |
| ロシア連邦中央銀行 | 2014 年 10 月 13 日 | 1500 億元/8150 億ルーブル |
| 韓国銀行 | 2014 年 10 月 11 日 | 3600 億元/64 兆ウォン |
| スリランカ中央銀行 | 2014 年 9 月 16 日 | 100 億元/2250 億ルピア |
| ブラジル中央銀行 | 2013 年 3 月 26 日 | 1900 億元/600 億レアル |

[出所] 中国金融信息网『人民币刊』第 64 期，2018 年
6 月をベースに，人民銀行公開資料により更新
して作成．

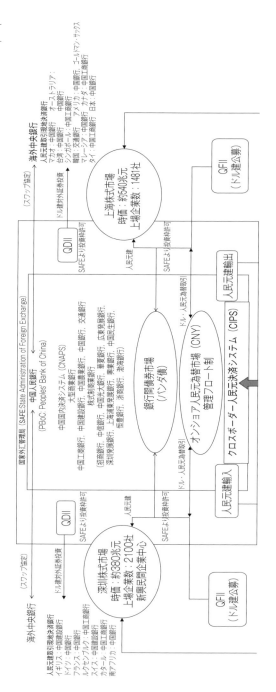

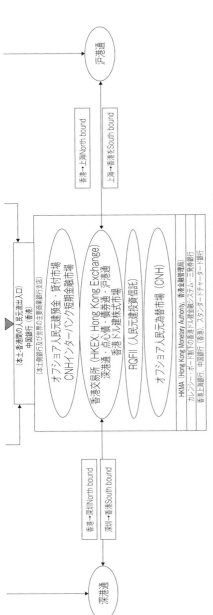

（本土居住者の人民元流出入口）
中国銀行（香港）

（本土銀行及び世界の主要商業銀行支店）

オフショア人民元建預金・貸付市場
CNHインターバンク短期金融市場

香港交易所（HKEX: Hong Kong Exchange）
深港通・点心債・債券通・沪港通

RQFII（人民元建投資信託）

オフショア人民元為替市場（CNH）

HKMA（Hong Kong Monetary Authority, 香港金融管理局）
カレンシー・ボード制（香港ドル建金融システム）三菱銀行
香港上海銀行、中国銀行（香港）、スタンダードチャーター銀行

深港通

沪港通

香港→深圳North bound
深圳→香港South bound

香港→上海North bound
上海→香港South bound

図表 7 ‒ 5　人民元「国際化」の概念図

［注］・主要な中国の銀行としては、他に中国開発銀行、中国郵政儲蓄銀行、中小都市部には城市商業銀行、農村地域には農村商業銀行、農村合作銀行等がある。

・CNAPS（China National Advanced Payment System）は2005年に稼働した国内の決済システムで、直接参加は中国の国内銀行に限られた。そのため、非居住者の人民元建対中国取引を引き継いで決済に臨む海外の銀行は、CNAPSに参加する中国の国内銀行に依頼する必要があった。

・CIPS（Cross-Border Inter-Bank Payment System）は、2015年10月に稼働した人民元建国際決済システムである。CIPS参加行は即時決済のRTGSシステムで預金の移転決済を行うことができるため、非参加行でも参加行経由では中国国内銀行と結ばれることになった。2018年3月には第二段階のシステムが稼働を始め、グローバルな人民元建国際決済が動き出している。CIPS稼働と共に、PBoC下の本土CNAPSを接続していた中国銀行（香港）の役割は減じた。同じことは、世界各地の国有商業銀行現地支店にもいえる。尚、CIPSには非銀行による直接参加している。

・QFIIもQDIIもSAFEから銀行・金融機関ごとに設定された人民元建取引枠の承認を要する。QDII以外にも、富裕層向けの私募海外投資信託である QDLP（Qualified Domestic Limited Partnership、適格国内有限責任組合）、QDIE（Qualified Domestic Investment Enterprise、機関投資家向け適格国内機関投資家）がある。

・「点心債」は中国本土で活動する企業が香港市場で発行する人民元建債券である。手取り金は国内に資金還流される。「債券通」は銀行・金融機関・機関投資家を対象とし、HKEX経由で本土銀行間債券市場に投資するものである。現在は Northbound のみが開設されていた。「沪港通」及び「深港通」は HKEX経由で直接参加可能である。但し、「沪港通」及び「深港通」の Northbound と Southbounds には当初枠が設定されていた。RQFIIは、香港に法人登録する非居住者は人民元運用の資産運用会社が SAFE・PBoC・証券監督管理委員会に認可を得て設立する投資信託である。いずれであれ、香港居住者及び非居住者は人民元が必要となるので、これには対する香港所在の本土系銀行・金融機関に、ハードカレンシーである米ドル・香港ドルを獲得する手段ともなる。

・「債券通」以外にも、本土銀行間債券市場には、2010年8月から始まった三類機構という制度があり、海外の中央銀行、香港・マカオの人民元決済銀行、海外の人民元建貿易取引参加行がPBoCから認可と投資枠の承認を得て、銀行間債券市場に参入するルートがあった。

［出所］筆者作成.

40)

る．この点，第2章第3節で記した通りである．或いは，相手国が対人民元為
替相場を固定相場制とするのであれば，相手国中央銀行は裁量的に為替市場に
介入することになろうし，介入に備えて人民元建の公的準備資産を有すること
になる．そしてこの段階で，先の中央銀行間スワップ協定も活きてこようか．
しかし，公的準備資産とは一国の外貨準備の運用であり，こうした非対称的国
際決済システムこそ，中国が「ドルの罠」として批判した現代の国際通貨シス
テム＝「米ドル本位制」の本質なのである．

　尚，人民元「国際化」を契機に始まった人民元建国際金融資本取引等の概念
図については，**図表7-5**の通りである．

## 注

1) Zhou（2009）は BIS の HP から，中国語原文「关于改革国际货币体系的思考」は，人民銀行 HP から，各々入手可能である．
2) 世界金融危機後の国際通貨制度改革論議については，拙稿（2015）を参照されたい．
3) 本インタビューは，The Wall Street Journal と Washington Post の両紙が中国外務省宛に提出した質問書に対する共通の回答書として公表されたものである（Browne, A., 'Hu Highlights Need for US-China Cooperation, Questions Dollar', *WSJ*, Jan. 17th 2011.）.
4) 逆に，アメリカにとっては，ドルの対人民元為替相場が下落することで，人民元建対中投資資産と投資収益のドル建評価額を押し上げることになり，ドル建表示の国際収支の均衡化に幾分なりとも寄与することになる．
5) 中国人民銀行（2009）10頁．
6) 陳（2014）194-196ページ参照．
7) 中国社会科学院の余（2016）は，この問題を明確に認識しており，人民元「国際化」には極めて慎重な立場であった．その意味で，中国の学界の見解も必ずしも一枚岩ではない（39-48頁）．
8) すなわち，2005年7月の管理フロート制移行を契機に，人民元の対米ドル為替相場を相次いで引き上げ，貿易面で多大な為替差損が発生したことである．特に2008年9月の世界金融危機以降においては，人民元の為替相場制度の運営の在り方と為替相場水準に対し，アメリカ側から猛烈な批判が改めて寄せられたことが影響していようと，中国人民銀行金融政策委員李稲葵がFT誌とのインタビューにおいて語ったと報じられている（Cookson, R. & Dyer G., 'Yuan Direction', *FT*, Dec. 15 2010）.
9) 関根（2010）を参照．
10) 併せて6月12日中国の証券監督委員会は，マレーシアの中央銀行である Bank Negara Malaysia を QFII 機関として認定し，上海・深圳B株市場に上場されている中国企業株の売買取引を許可した（McMahon, D., 'Malaysia Looks to Invest in China',

*WSJ*, June 22 2009).

11)　2003 年 11 月テスト・ケースとして，香港居住者が人民元建預金を香港所在銀行で開設することが認められ，2005 年 11 月人民元建の銀行勘定が企業の一般的取引にも開放されていた．

12)　これには大陸側の製造業及び貿易企業 365 社（広州・珠江・東莞の広東省内 182 内，深圳 91 社，上海 92 社）が当初指定された［木村（2010），李（2010）を参照］.

13)　2009 年 9 月段階では，次の銀行が人民元建貿易決済業務のライセンスを取得していた．大陸側は中国銀行，中国工商銀行，中国農業銀行，中国建設銀行，交通銀行，中国民生銀行，興業銀行，招商銀行，深圳発展銀行，平安銀行の 10 行，香港側は HSBC，スタンダード・チャータード銀行，東亜銀行の 3 行であった．その際中国銀行（香港）は，これら香港側銀行の決済銀行としてだけでなく，台湾との人民元建貿易取引の決済銀行となっていた［Zheng（2006）参照］.

14)　Cookson, R., ‘Currency: Currency of the moment creates a stir’, *FT*, Nov. 15, 2010. 中国企業の香港証券取引所を通じた資本・資金調達の背景には国有企業改革問題が控えたていたことは，第 3 章第 4 節（2）で確認されたい.

15)　東（2007）参照.

16)　この問題を初めて論じたのは *FT* 誌の記者である R. Cookson である（‘Renminbi’s mysterious rise: trade finance or interest arbitrage?’, *FT*, May 12 2012）．彼は，SWIFT（Society for Worldwide Interbank Financial Telecommunication）の資料を用い，2011 年に中国の輸入取引に関わる人民元建 L/C が初めて登場し，件数ベースでは 0.6％ながらも金額ベースでは 4.0％で円建を上回り米ドル建，ユーロ建に次ぐ世界第 3 位にいきなりランク・インしたことに疑問を呈している．しかも，L/C の送付先をみれば，中国→香港が全体の 53.81％，中国→シンガポールが 19.04％であった．これを HKMA の資料を使って，香港所在商業銀行の対中国向け（L/C 担保貸出を含む）貸出債権額でみると，2010 年 1 月段階で僅か 4000 億香港ドル程度であったのが，2 年後の 2012 年 1 月には 3.5 倍の 1.4 兆香港ドル強にまで急拡大していると指摘している．つまり人民元の対米ドル為替相場が上昇する状況において，人民元建 L/C を担保に香港ドルを借入，これを資金運用すれば，利子コストを上回る為替差益が得られることになる.

17)　Dev & Sarah（2012）及び ‘Economic repression at home is causing more Chinese money to vote with its feet’, *The Economist*, Oct. 27 2012 を参照.

18)　尚，同時期の人民元建貿易取の内，受取 1.23 兆元，支払い 2.04 兆元であったから，ここでも輸入主導の人民元建貿易取引を確認できよう．また人民元建直接投資は 4699 億元で，対外直接投資は 864.9 億元であった（中国人民銀行『中国貨幣政策執行報告 2014 年第二季度』9 ページ）.

19)　Subacchi（2017）pp. 115-16.

20)　HKMA, Renminbi Interbank Bond Market in Mainland China, *Guidelines & Circulars*, Aug. 17 2010.

21)　HKMA, Liquidity Ratio‐Renminbi（“RMB”）transactions, *Guidelines & Circulars*, Oct. 25 2010.

22) HKMA, Conversion service provided by the Clearing Bank for Renminbi Trade Settlement, *Guidelines & Circulars*, Oct. 28 2010.

23) HKMA, People's Bank of China and Hong Kong Monetary Authority Renew Currency Swap Agreement, *Press Release*, Nov. 11 2011. もっとも，人民元は香港銀行システムにとっては，依然として外貨である．そこで，HKMA は，10%の為替持高規制を課してきた（HKMA, Renminbi（RMB）cross-border trade settlement and net open position, *Guidelines & Circulars*, Dec. 23 2010).

24) Kaminska I., 'One country, two systems, three currencies,' *FT*, Dec 03 2010.

25) ここでの数字は，総て説明のために為替相場の直先幅を広くとっている．

26) HKMA, Renminbi（RMB）cross-border trade settlement and net open position, *Guidelines & Circulars*, Dec. 23 2010.

27) 露口（2012a, b）を参照．

28) HKMA, Personal renminbi（RMB）business relating to non-Hong Kong residents, *Guidleines & Circulars*, July 25 2012.

29) ちなみに台湾では，2012 年 1 月にオフショア・バンキング（Offshore Banking Unit, OBU）で人民元預貸業務が開始されたが，同年 8 月末中台両岸直接決済覚書に伴い，翌 13 年 2 月からは国内銀行部門（Domestic Banking Unit, DBU）においても，人民元建預金・貸出の業務——いうなれば，台湾の銀行にとっての外貨建預金・貸出及び為替決済業務——が開始された．そこで人民元預金残高をみると，DBU 勘定では 2014 年 9 月 2148 億元で，OBU 勘定では同年 4 月に 599 億元で，各々ピーク・アウトしている（Central Bank of the Republic of China 資料より）．いずれの時期も，人民元為替相場の上昇トレンドが曲がり角に達した時期である．

30) 数字は，人民銀行及び HKMA の資料より．

31) 数字は，中国外汇交易中心及び香港 TMA の資料より．

32) Law, F & and Trivedi, A, 'China Turning away from the dollar', *FT*, Dec. 9 2014. Noble, J., 'Weal Renminbi fails to deter appetite for dim sum bonds', *FT*, May 7 2014.. 例えば，この時期に首创置业（Beijing Capital Land）の発行済み点心債に人気があったが，クーポン金利は実に 6.49%であった．高収益率の不動産開発のために調達された資金であることは明らかであろう（www.yieldbook.com/citi-indices ← 2014 年 8 月 15 日閲覧）．

33) 2018 年 10 月にはロンドンと上海の両証券取引所と相互交流策である「伦沪通」について調印が行われた．尚，「沪」沪は上海の，「伦」はロンドンの別称である．

34) Yu（2014）p .9.

35) 中国人民銀行「开展外商直接投资人民币结算业务，扩大人民币跨境使用」，2011-10-14.

36) 中国证券监督管理委员会・中国人民银行・国家外汇管理局「基金管理公司，证券公司人民币合格境外机构投资者境内证券投资试点办法」，2011-12-16.

37) Formosa とは，17 世紀，オランダ東会社が主として台湾南部地域を植民地としていた当時の台湾の別称．

38)　2012年12月末に発表された深圳市・前海地区開発に伴う香港所在商業銀行のクロスボーダー人民元貸付は，確かに自由金利ではあるが，同じく還流策である．また，2014年12月には，前海管理局系企業が香港で点心債を発行し，手取り金の50%を大陸内に還流させることが認められたようであるが，これもまた同断である．

39)　奥田（2016），村瀬（2011）参照．

40)　Walter & Howie（2011）は次のように記している．「中国の銀行システムがアジア危機を乗り越えたのは，世界から隔絶されていたからである．」(ix)「中国の金融システムは，世界から隔絶された帝国なのである．」(p. 206)「カール・マルクスが今日もし生きていたなら，間違いなく彼の代表作の新版のために多くの資料を集め，これを彼は『中国式資本論（Das Kapital with Chinese Characteristics）』と呼ぶことであろう．」(p. 214)．

第 8 章

# 2015 年夏株価崩落・人民元為替相場下落と 上海・香港金融市場の新展開

　人民元建貿易取引に始まる人民元「国際化」策から約 7 年が経過した 2016 年 10 月，人民元は IMF・SDR のバスケット通貨に加わることになった．これは，この間推進してきた人民元「国際化」の成果であろうし，中国政府・人民銀行にとり正に面目躍如たるところであった．

　だが，それに至るまでの数年間，人民元のパフォーマンスは惨憺たるものであった．2015 年 6 月 12 日，5166.35 ポイントをつけた上海総合株価指数（年初来 59.7% 高）は大暴落，8 月には人民元為替相場が切り下げられ，上海・香港の金融資本・為替市場は大混乱に陥っただけでなく，世界経済の先行きにも暗い影を残した．

　そこで本章は，2015 年 8 月の人民元為替相場切り下げが上海・香港の金融資本・為替市場に与えた衝撃について検討していく．

## 第 1 節　管理フロート制・規制金利下の過剰流動性と株式バブルの崩壊

### (1)　2015 年夏株価崩落・人民元為替相場下落

　中国の国有企業が数多く上場している上海 A 株市場の株価指数は，前掲**図表 4-9** の通り，株価が暴落する 1 年前の 2014 年 6 月には僅かに 2048 の水準にあった．

　だがここで想起すべきは，第 3 章第 3 節及び第 4 章第 3 節で記した国有企業改革問題である．特に世界金融危機を契機に，輸出主導の外需主導型から公共事業主導の内需主導型へと転換した中国経済であり，その過程で重厚長大産業型の国有企業は，第 6 章でみた通り過剰生産に走り，四大国有商業銀行等はこれに融資を重ねてきた．貸し手たる銀行側からすれば，株式制国有企業に新規

株式発行（IPO）或いは増資を行わせて資本基盤を改善し，従前の貸付を回収することは銀行経営の健全性を維持する上でも必要なことであろう．そのためにも低迷する株価を引き上げる必要がある．中国の資本取引「自由化」も，こうした株価梃入れ策として位置付けると分かりやすい．

2014 年 11 月上海証券市場と香港証券市場との相互交流を掲げた「沪港通（Shanghai-Hong Kong Connect，沪は上海の意）」が始まった．いずれも両証券取引所のブローカー経由での取引である．香港側から上海株の売買は「沪股通（Northbound Trading）」といわれ，取引対象銘柄は香港証券取引所に H 株（香港ドル建）として，また上海証券取引所に A 株として二重上場している本土系企業株式，及び「上証 180 指数」・「上証 380 指数」の構成銘柄である．香港から上海向けの投資枠は 3000 億元が上限で，一日当たりの投資枠は 130 億元に設定された．他方，上海側から香港株の売買は「港股通（Southbound Trading）」と呼ばれ，投資家としては機関投資家及び証券口座等に 50 万元以上を有する個人投資家に限定された．投資対象は，上記と同じく二重上場している中国本土系企業株＝ H 株となる．上海側から香港株への投資枠は 2500 億元を上限に，一日当たりの投資枠は 105 億元に設定された[1]．こうして香港証券取引所 HKEX 経由で，外資の上海 A 株市場への導入を促し，株価高騰が改めて期待されたのである．

だが，実際には前掲**図表 4-9** の通り，2015 年第Ⅰ四半期が終わる頃には，株価指数は 3000 台を超えたところで足踏みをして，実のところ政策の効力に早くも陰りが見えはじめていた[2]．そこに株式市場の過熱を煽る事態が政府筋から出てきた．第一に，2015 年 4 月 13 日，上海・深圳の両 A 株市場での証券取引口座が一人 20 口座まで開設可能となった．

第二に，4 月 21 日，あろうことか「人民日報」による株価上昇を扇動する報道がなされた．

こうした事態を受けて，上海・深圳市場の新規口座開設数（純増）は，同年 4 月の 1310 万口座（前月比 2.7 倍），5 月は 1199 万口座，6 月は 1292 万口座に達した[3]．こうした証券取引口座の爆発的増加を支えたのが 8000 万人ともいわれる個人投資家であった．**図表 8-1** にも示されている通り，2014 年 11 月 8252 億元であった証券担保及び証券貸付残高──この業務を担うのは，中国証券監

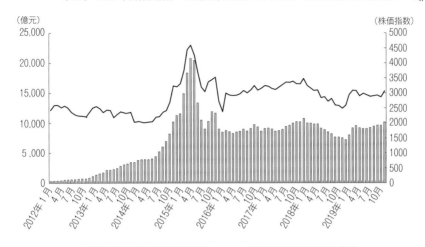

（注）株価指数は 1990 年 12 月 19 日を 100 とした数値である.
［出所］中国人民銀行及び中国証券金融股份有限公司資料より作成.

督管理委員会直属下，株式担保金融業務を行う中国証券金融股份有限公司であ
る──は，2015 年 5 月には 2 兆 800 億元に達した．同月上海・深圳両市場の
A 株及び B 株の時価総額 62.7 兆元に対する担保金額比率は僅かに 3.3%で,[4)]
同期間に上海 A 株価は 2683 から 4612 へと約 1.7 倍となった．ここからは,
貯蓄を取り崩し或いは商業銀行等金融機関から資金借入を行った個人投資家が
まず株式を買い入れ，これを担保に数倍の金額の株式信用取引を行い，それが
株価上昇に繋がった様子が読み取れる.

　しかも，彼ら個人投資家は差し入れた証拠金の二倍までに規制されていた信
用取引に走っただけではなく，「場外配資」といわれるグレイゾーン取引を利
用した．すなわち，配資会社と呼ばれる資金融通会社──上記の中国証券金融
股份有限公司或いはインターネットや携帯電話を使った P2P 経由の信用取引
──は，自ら証券会社に開設した正規の取引口座の下にサブの取引口座を設定
し，ここに投資家を引き入れたのである．「場外配資」に群がった投資家には
上記の信用取引規制も適用が外れただけではなかった．配資会社は個人投資家
に対し委託保証金の 5 倍〜10 倍の融資を行ったといわれている.

　またこの時期には「傘型信託」——一つの投資信託の中に複数のサブの投資信託が設定されている信託商品——が，投機的な株式投資を助長した．すなわち，商業銀行は自己勘定での株式取引・保有を禁止されているため，信託会社が設定した「傘型信託」に投資したり，理財商品で集めた資金の一部を投資した[5]．

　こうして様々な要因が折り重なり，上海株式市場の株価は瞬く間に上昇する一方で，株価上昇は，IPO によって資本調達を目論んだ国有企業，株価低迷期に第三者割当を受けたであろう「央企」等親企業——株式割当を受けた後，市場で株式を売却すれば，「含み益」はキャッシュで実現する——に対し，多大な財務健全化の効果をもたらすことになった[6]．

　2015 年夏，株価指数が最高値に達したのは 6 月 12 日で 5166 ポイントであった．株価は週明け 15 日から下落に転じ，株価指数は月末 30 日 4277（17%下落），7 月 8 日には 3507 にまで下げた（32%下落）．統計上の都合で整合性はとれないが，上海 A 株及び（ドル建）B 株の 2015 年 6 月 1 日の時価総額は 62 兆 7465 億元であったから[7]，上記の下落率で計算すれば，20 兆 788 億元が失われた（1 元＝ 20 円で換算して，400 兆円以上）ことになる．株式バブル崩壊である[8]．

### (2)　株価崩落後の為替金融政策

これに対する中国政府の株価梃入れ策を取りまとめれば，次の通りであった．

　　6 月 27 日　人民銀行，今年 3 度目の金利引き下げ措置を実施，農業地域向け銀行預金準備率引き下げ

　　6 月 29 日　公的年金基金の最大 3 割，6000 億元（約 11 兆 7000 億円）を株式購入に充当

　　7 月 1 日　証券監督管理委員会，株式の信用取引規制の緩和と信用取引手数料を引き下げ

　　7 月上旬　中国政府，商業銀行からの融資も含め，中国証券金融を通じた 3 兆円規模の株式買い入れ策

　　7 月 4 日　証券会社 21 社が株価買い支え策として，1200 億元（約 2.4 兆円）で ETF 購入

|  | 上海株価指数が 4500 ポイントを回復するまで，証券各社は自己勘定での株式売却が不可能に |
|---|---|
|  | 国務院，予定していた 28 社の IPO を延期 |
| 7月8日 | 証券監督管理委員会，5 項目からなる「株式売却禁止」措置 |
|  | 上場企業の経営陣や大株主による 6 カ月間の株式売却を禁止 |
| 7月9日 | 銀行監督管理委員会，株価下落で銀行への借入金返済が難しくなっている信用取引の顧客を金融面から支援すべく，信用取引関連の株式担保融資の規制緩和 |
| 7月9日 | 人民銀行は，上記の中国証券金融に対し「十分な資金を提供した」と発表 |
| 7月27日 | 中国証券金融，株式買い入れ資金の一部前倒し返済との情報で，株式市場は改めて大暴落 |
| 8月上旬 | 中国政府，中国証券金融を通じた株式買い支え資金 2 兆元を追加 |
| 8月14日 | 証券監督管理委員会，中国証券金融保有株式を中央汇金公司に長期保有資産として譲渡[9] |
| 8月23日 | 人力資源社会保障部，年金基金である養老保険基金に資産の 30%までを株式運用許可[10] |
| 9月7日 | 1 年以上の株式保有者の配当に対する所得税を当面免税とし，1 カ月以上 1 年未満の上場株式保有者の株式配当についてはその 50%を非課税所得とし，1 カ月未満の株式保有者の株式配当についてはその全額を課税所得とするが，税率はいずれも 20%という株式保有の長期化を促す措置[11] |
| 同日 | 株式市場にサーキット・ブレーカー制度の導入[12] |

　こうした一連の措置が講じられた中で[13]，7 月 8 日には A 株市場上場銘柄の半数以上が取引停止に追い込まれ，株価はその後も不安定な動きを示し続けた．報道によれば，8 月上旬段階で，中国政府が中国証券金融股份有限公司経由で株式市場対策に投入した金額は，5 兆元（約 100 兆円）規模に達するといわれていた[14]．

　問題は，不動産バブル崩壊を契機に地方政府に発行が許可された地方政府債（第11章第1節でも再論）が今後巨額に発行される一方で，株式バブル崩壊が個人消費需要にブレーキを掛けることで，中国経済の景気が急速に冷え込む懸念があったことである．もとより，かかる景気悪化に対し，中国政府は一段と大型の景気刺激策を講じることになろう．しかし，消費税である増値税率の引き下げ等個人消費を下支え策であればまだしも，既存の産業構造を前提とした景気刺激策である限り，投資主導型経済の背後に控える重厚長大型産業企業の過剰設備問題は益々深刻化するだけである．その一方で，財源不足による中央政府財政収支の悪化と企業・銀行金融機関の負債が激増することから，今後巨額の債券発行もまた必至である．

## 第2節　2015年8月人民元為替相場切り下げと人民元「国際化」への影響

### (1)　人民元為替相場切り下げとCNY・CNH

　こうして株式市場が大混乱に陥る中，2015年8月11日，中国人民銀行は対米ドル・人民元為替レートの基準値を対前日比1.9%引き下げ6.2298元とし，翌12日も続けて1.6%引き下げた．**前掲図表4-4**の通り，これを契機に人民元為替相場は連日下落を続け，年明けの2016年1月7日には6.5646元へと5.3%下落した．その後も人民元為替レートの基準値は引き下げられ，2016年を通して人民元為替相場は続落，2017年3月頃には遂に一つの目安となる7元を割り込む懸念さえでてきた．

　ところで，この人民元為替相場下落には次の三つのルートがあるといえよう．

　第一は，CNY為替相場の下落に直面し，従前米ドル建で借入を行っていた企業の繰り上げ返済が進んだことである．**図表8-2**に示される通り，2015年夏場を境にして，BIS報告銀行の対中国貸付は，1兆ドルを超える規模で引き上げに転じている．

　第二は，不透明な資金流出であり，国際収支では「誤差脱漏」に計上されるような取引を通じた資金流出である．というのも，中国の外貨取引は人民銀行が運営するCFETSに集中されて決済されているが，中国の貿易収支は一貫し

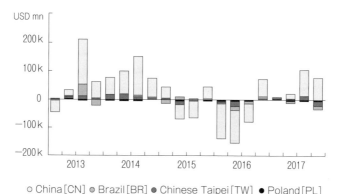

◦ China [CN]　◉ Brazil [BR]　● Chinese Taipei [TW]　● Poland [PL]

図表 8 - 2　BIS 報告銀行の対中国貸付

[出所]　BIS, *Statistical release: BIS international banking statistics at end-June 2017*, Oct. 2017, p.4.

て黒字である以上，大規模な人民元売には特別なルートがあると考えなければ
ならないからである．例えば，水増しされた輸入取引，「走去出」政策の看板
を利用した国有企業或いは民間企業の海外進出，香港等への海外旅行者の外貨
持ち出し等である[15]．

　そして第三に，香港為替市場 CNH での人民元売・米ドル買である．第 7 章
第 2 節（1）でみた通り，2013 年 6 月には香港銀行協会に銀行間人民元指標金
利 CNH Hibor が登場して，現物引き渡しの人民元・米ドル先物市場も本格化
した．だが，**図表 8-3a** に示される通り，当初先高感から一本調子で上昇を続
けてきた人民元為替相場であったが，折からの金融システム不安と 2015 年 8
月の人民銀行による人民元為替相場の基準値引き下げを契機に，**図表 8-3b** の
通り，人民元為替相場は下落基調に転じた．しかも世界の投機マネーによる人
民元カラ売りも加わって，CNH 人民元為替相場は上海 CNY 為替市場よりも
先んじて下落するようになった．これに対し人民銀行は，香港 CNH 為替市場
に対する介入のための直接の手段を有しないことから，香港所在の四大商業銀
行現地支店，ひいては大陸に本店を有する株式制商業銀行の現地支店まで動員
して，人民元を買い支えた[16]．

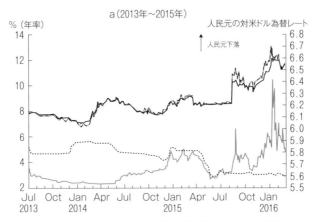

a（2013年～2015年）

[出所] HKMA, *Half-Yearly Monetary and Financial Stability Report*, March 2016, p.51.

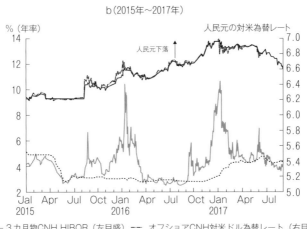

b（2015年～2017年）

―　３カ月物CNH HIBOR（左目盛）　――　オフショアCNH対米ドル為替レート（右目盛）
……　３カ月物SHIBOR（左目盛）　―　オンショアCNY対米ドル為替レート（右目盛）

### 図表 8 - 3　CNH と CNY, Hibor と Shibor

[注] HIBOR　オフショア人民元香港銀行間取引金利
　　　SHIBOR　上海銀行間取引金利
[出所] HKMA, *Half-Yearly Monetary and Financial Stability Report*, Sept. 2017, p.46.

## (2)　香港金融資本市場の変質

　さて，上記の通り，人民元為替相場の大変動は人民元「国際化」の〝実験場〟ともいうべき香港金融資本市場にも大きな影響を与えた．順にみていこう．

### ⅰ．激減した人民元建預金

　人民元為替相場が大きく下落したことから，前掲**図表 7-2** に記されている通り，2014 年 12 月に「要求払い預金＋貯蓄性預金」と「定期預金」とを合わせて 1 兆 35 億元にまで達した人民元建預金は，一年後の 2015 年末には 5467 億元へとほぼ半減し，2017 年 3 月には 5072 億元にまで減少した．これは 2011 年 3 月〜4 月の水準であり，人民元為替相場が再び上昇に転じた 2017 年 7 月時点でも依然 5347 億元程度に過ぎず，香港所在商業銀行の人民元建預金がいかに投機的性質のものであるかを再確認できよう．

### ⅱ．激減した人民元建貿易取引

　世界の投機マネーが香港 CNH 市場で人民元買・ドル売によって人民元建預金を形成するには，人民元建流動性が供給されねばならない．供給ソースは二つである．一つは人民元建貿易取引によって，決済勘定が置かれた香港所在商業銀行に人民元建預金が形成されることである．もう一つは，人民銀行と HKMA とが協定締結しているスワップ枠である．二つの供給ソースにおいて，大陸側と香港側の決済システムを結ぶのが中国銀行（香港）であり，後者については，2009 年 1 月に設定された 2000 億元のスワップ枠が 2014 年 11 月には 4000 億元に引き上げられたものの，人民元建流動性の供給は設定されたスワップ枠内に限定されているため，香港所在商業銀行において人民元建預金が増大するには，人民元建貿易取引が順調に増えていくしかない．

　しかし，人民元建為替相場の下落は，人民元建貿易取引を取り組む大陸側企業のインセンティブを大きく殺ぐものであった．なぜなら，第 7 章第 1 節（1）で記した人民元建貿易取引を促してきた要因が完全に裏目に出てくるからである．少し説明を加えよう．

　既に記した通り，人民元建輸入とはいっても，実のところ世界の貿易取引のほとんどは米ドル建であるところから，実際の輸入取引は，例えば自社が別会社として香港に法人登録した企業が行い，人民元建輸入取引はこの別会社法人

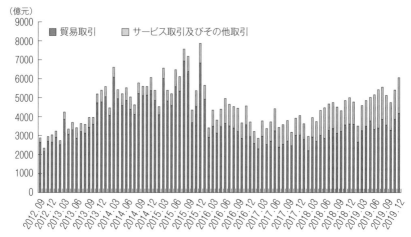

図表 8 - 4　人民元建国際取引の推移 (2012 年-2019 年)

［出所］中国人民銀行（2020）9 頁.

との間で行うという商行為がみられた. そのため, 人民元為替相場が下落する
となれば, その上昇局面にあった際には得られた妙味が失われる, いや逆転し
てマイナス効果が出現することにさえなった. なぜなら, 人民元建輸入取引を
行う企業が, 人民元建インボイスを取引先の大陸内商業銀行に持ち込み, 銀行
間振替を通じ中国銀行（香港）経由で香港所在商業銀行の所定の人民元建決済
勘定に送金しても, 日々刻々と人民元建為替相場が下落するとなれば, 当日の
直物相場で人民元を米ドルに換えても, 必要となるドル建決済資金高にまで達
しないことになり, 追加負担が発生するからである. また人民元建輸出を行っ
た企業にとって, 人民元為替相場の下落は, 香港所在商業銀行に形成した人民
元建預金を米ドル等外貨に交換してグローバルに運用しようとした場合に交換
レートが割を食うことになる.

　こうした理由を背景に, **図表 8-4** の通り, 2015 年 8 月以降の人民元建貿易
取引は大幅に減少することになったのである. 尚, この点は第 11 章第 2 節で
再度言及する.

### ⅲ． 縮小した点心債市場

　先物現物取引も行われている人民元/米ドルの自由為替市場において，人民元為替相場が下落するとなれば，「金利平価説」の原理からしても，銀行間短期指標金利 CNH Hibor は上昇することになる．**図表 8-3a** の通り，当初人民元為替相場の先高観が蔓延していた 2013 年〜2014 年，香港 CNH Hibor は上海銀行間短期指標金利 Shibor よりも低い水準にあった．正にこの時期に点心債の発行は続き，前掲**図表 7-3** の通り，発行残高がピークを迎えたのは 2014 年 8 月 4296 億元であった．

　ところが，**図表 8-3b** の通り，人民元為替相場切り下げが実施された 2015 年夏場を境に，CNH が CNY に対し先行的に下落を開始するや，Hibor は Shibor に比し急激に上昇と乱高下を繰り返すようになった．金利の上昇と乱高下は 2016 年においても続き，特に同年末ともなれば，年率換算で 10%を超える高金利となった．こうした金利の急騰と乱高下は当然ながら新規債券発行と流通市場の順調な発展に対しマイナスの影響を与えることになる．実際，前掲**図表 7-3** の通り，2015 年以降，点心債の発行残高は減少し，2017 年 8 月 2070 億元とピーク時から半減している．また月中一日の平均取引額を当該月の発行残高で割った比率をみれば，2014 年 3 月の 1.13 から 2017 年 8 月の 0.32 となっており，流通市場での取引額も大きく萎んだことを窺うことができる．こうして 2016 年ともなると，点心債市場自体の消滅が取り沙汰されるまでになった[17]．

### ⅳ． 沪港通・深港通

　2014 年 11 月に「沪港通」が始動した時期，数多くの国有企業株式が上場されている上海 A 株市場には株価不安が広がり始めていた．実際，「沪港通」が始動しつつも，凡そ半年後の 2015 年 6 月，上海株式市場は大崩落に直面した．そのため**図表 8-5** にみられる通り，これ以降香港から上海への投資である「沪股通（Northbound Trading）」は低調に推移する一方で，逆に上海から香港への投資である「港股通（Southbound Trading）」は増え続けた．この趨勢は 2018 年 4 月も続いた．これを別様にいえば，上海マネーの香港への流出である．

　他方，2016 年 8 月深圳と香港との株式相互交流である「深港通（Shenzhen-Hong Kong Connect）」[18]は，**図表 8-6** の通りであり，ICT 等新世代を開く企

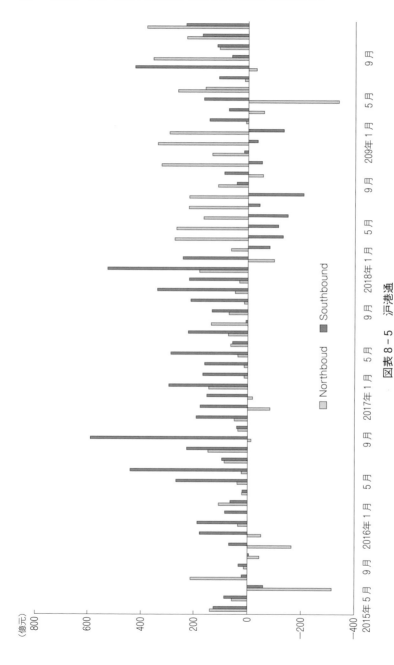

**図表 8 － 5　沪港通**

[注] 沪股通 (Northbound) とは香港から上海に向けての取引である。これに対し港股通 (Southbound) とは上海から香港に向けての取引である。各々の取引は「買－売」差額であるので、沪股通のプラス数値は香港から上海へのネット資金移動を、港股通のプラスは上海から香港へのネット資金移動を示す。
[出所] Hong Kong Exchenge 資料より作成。

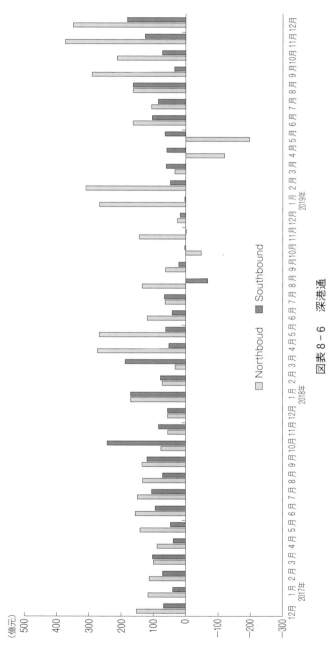

**図表 8 - 6　深港通**

[注] 深股通（Northbound）とは香港から深圳に向けての取引である。これに対し、港股通（Southbound）とは深圳から香港に向けての取引である。各々の取引は「買－売」差額であるので、深股通のプラス数値は香港から深圳へのネット資金移動を、港股通のプラスは深圳から香港へのネット資金移動を示す。
[出所] Hong Kong Exchenge 資料より作成。

業群——例えば米中貿易摩擦で注目を浴びた華为 (Huawei) や中兴通讯 (Zhong-xin tonxun)，ドローン開発企業である DJI（大疆創新科技有限公司）等——は深圳に本社を構え，同株式市場に上場していることから，深圳と香港間の相互投資は比較的活況を呈していたことが分かる．旧世代の重厚長大国有企業が上場する上海市場，ICT 等新機軸の民間企業が上場する深圳市場，中国の二重経済構造が反映されているとみることもできよう．もっとも，2015 年夏の上海株式市場の大崩落から 4 年が経過した 2019 年，この間米中貿易摩擦が勃発し，これまで独自のポジションを得ていた感のある深圳株式市場もまた今日難局に直面している．

　以上，香港所在商業銀行の人民元建預金残高，人民元建貿易取引，そして点心債発行残高についてみてきた．人民元「国際化」策の三本柱ともいうべきこれらの推移からいえることは，香港の人民元建金融資本取引及び為替相場は，ひとえに中国本土・上海の金融経済動向に左右されるということである．上海・オンショア市場に対し，最早香港はあくまでオフショア市場の位置でしかない．但し，リスクに過敏に，リスクを直近の利益機会に転じる自由市場ではある．

　注
1)　関根（2015）参照．尚，2016 年 8 月に始まった「深港通」に併せて，「沪港通」に当初設定されていた投資枠は撤廃された（本章，後掲注 17）参照）．
2)　香港証券取引所では株式の空売りに制限はないが，上海証券取引所の場合には，株価が 10% 下落すると取引がストップする値幅制限があるため，香港と上海で二重上場を行っている中国本土系企業株には，平均して 39.75% のプレミアムが上海側についているという指摘がある．したがって，両市場に株式が上場されていても，裁定取引が働いている訳ではない（Enouch Yu, 'Shanghai- Hong Kong Stock connect disappoints in 2015, regulatory changes needed to ensure their success', *SCMP*, 3 Jan 2016）．
3)　齋藤（2015b）17 ページ．
4)　中国証券監督管理委員会「2015 年 5 月份証券市場概況統計表」等より算出．
5)　2010 年に株価指数先物と信用取引（中国では「融資融券」）が導入され，①口座開設 2 年以上，②50 万元以上の資産を持つ，③レバレッジは 4 倍までとの条件の下，投資家は証券会社から通常レバレッジ 2 倍で信用取引サービスを受けられる［孫（2016）72 ページ］．尚，本件については，福地（2015），中田（2015）も参照した．
6)　「中国共産党は，バブルを一段と膨らますことに——危険水準まで負債を抱えた国有

企業の株式を売却し，いくつもの込み入ったバランス・シートを一新する——前代未聞の機会を読み取り始めていた.」(Orville, S., 'Why China's stock market bubble was always bound to burst', *The Guardian*, July 16, 2015.)

7)　中国証券監督管理委員会「2015 年 6 月份証券市場概況統計表」より.

8)　当時，中国の上場株式の株価収益率は 70 倍——世界の主要市場の平均は 18 倍——で，上海 A 株市場の株価は，香港証券取引所に上場されていた同じ企業の株価の凡そ 2 倍であったという (Orville S, *op, cit.*).

9)　中央汇金投資公司とは，巨額の外貨準備を運用すべく，ソブリン・ウェルス・ファンドであるシンガポール・TEMASEK を範として 2007 年に設立された国務院直属の中国中央投資公司の子会社であり，四大国有商業銀行の最大株主として君臨している. 第 4 章第 3 節を参照.

10)　養老保険金の規模は，2014 年末で約 3 兆 626 億人民元（約 61 兆円）である.

11)　中国証券監督管理委員会「关于上市公司股息红利差别化个人所得税政策有关问题的通知」，2015 年 9 月 7 日.

12)　中国証券監督管理委員会「中国证监会有关负责人答新华社记者问：把稳定市场，修复市场和建设市场有机结合起来」，2015 年 9 月 7 日. 刘泉江「沪深交易所，中金所就指数熔断机制公开征求意见」『中国金融新聞』2015 年 9 月 8 日. CSI (China Securities Index) 300 指数の値動きが上下いずれの方向でも 5%に達すれば，株式やオプション，指数先物の取引は 30 分にわたって停止され，指数の変動率が 7%に達する，あるいは午後 2 時半を過ぎて 5%に至った場合は本来の終了時間まで取引が停止されるというものであった. その後，2016 年 1 月 8 日，所期の期待通りには機能を果たさないという理由から，同制度は中止された.

13)　以上の一連の措置は，関係省庁の発表及び新聞報道を取りまとめたものである.

14)　政府の株価支援策によって，8 月上旬一旦は株価が持ち直すかにみえた上海 A 株市場であるが，同月中旬には再び下落し始めた. 株式投資に長けた富裕層の株式取引口座が次々と解約されていることが背景にあると報道された (Fox Hu & Cindy Wang, 'China's Richest Traders Flee Stocks as the Masses Pile In', *Bloomberg*, Aug. 18, 2015).

15)　例えば，次のような手法が指摘されてきた. すなわち，海外旅行客が銀聯カード等クレジット・カードを使って貯蓄性の外貨建保険を購入して外貨建金融資産を形成する，旅行先で海外有名ブランド時計・貴金属等をクレジット・カードでの購入し，購入商品を直ぐに地元質屋に持ち込んで外貨に交換すれば，外貨建金融資産を形成できる. その一方で，支払いは後日クレジット・カード会社経由で請求書が回る. 或いはマカオにてクレジット・カードでギャンブル用チップを購入して，チップを外貨に換金する等である. 正に「上に政策あれば下に対策あり」の世界であり，ありとあらゆる手段を使っての資本逃避・資金流出方法がこの間編み出されてきた. こうした取引も，後日上海 CNY 為替市場に人民売・米ドル買となって出て来ることになる.

16)　'China's Yuan Falls Sharply in Offshore Market', *WSJ*, Jan. 14, 2016 を参照.

17)　'Dim Sum bonds losing shine as China's onshore yuan bond market reopens', *SCMP*, Feb. 24, 2016.

18) 「沪港通」に当初設定されていた香港から上海株式への投資枠 3000 億元，上海側か
ら香港株式への投資枠 2500 億元は，「深港通」発布に合わせて撤廃された．

# 第9章 中国「一帯一路」戦略下における貿易・投資の現状について
## ──対 ASEAN 経済を中心に──

　2014 年 11 月，中国で開催された APEC（Asia-Pacific Economic Cooperation, アジア太平洋経済協力会議）で，習近平総書記は「一帯一路」経済圏構想が打ち上げた．「陸のシルクロード（丝绸之路经济带）」と「21 世紀海のシルクロード（21 世纪海上丝绸之路）」の二つから成るこの経済構想は，第二次世界大戦後の 1947 年，アメリカ主導の国際政治経済秩序を決定づけた「マーシャル・プラン」に匹敵するとも称されてきた．

　ところで，2011 年 ASEAN が提唱し，2013 年から交渉が開始された「ASEAN＋3（日・中・韓）」にオーストラリア，ニュージーランド，インドの計 10 カ国からなら自由貿易地域，すなわち「東アジア地域包括的経済連携（Regional Comprehensive Economic Partnership, RCEP）」構築のための事務レベル交渉が続いている．これに対し，この間日本は 2002 年のシンガポールとの間で FTA・EPA 協定を締結したことを皮切りに，日本・ASEAN 包括的経済連携協定の締結を進める一方で，中国も ASEAN との間で独自の自由貿易交渉を推進してきた．実際，2010 年中国は 1 月 ASEAN 加盟 6 カ国（タイ，インドネシア，ブルネイ，マレーシア，シンガポール）との間で貿易品目の 9 割に相当する関税を撤廃し，2015 年までに後続の ASEAN 加盟国（ベトナム，ラオス，カンボジア，ミャンマー）との間でも同じ貿易取り決めを適用する「ASEAN・中国 FTA（AC－FTA）」を締結した．

　このように，今日世界経済・世界貿易の心臓部となった東アジア地域において，日本と中国との間で ASEAN 囲い込みのための通商・経済協定がぶつかりあっている．

　そこで本章は，RCEP にも係わるアジア NIES と ASEAN 諸国に焦点を当て，中国と関係諸国・地域との貿易・投資経済関係を明らかにし，「一帯一路」構想の行く末を検討していく．

## 第1節　中国の貿易とその構造

### (1)　輸出入の推移と世界経済におけるプレゼンス

　前掲**図表 4-1** より，2009 年～2017 年に中国の輸出入について，少し数字を拾ってみると，2009 年輸出 1 兆 1271 億ドル，輸入 8836 億ドル，貿易収支黒字額 2435 億ドル，2014 年輸出 2 兆 2437 億ドル，輸入 1 兆 8087 億ドル，貿易収支黒字額 4350 億ドル，2017 年輸出 2 兆 2164 億ドル，輸入 1 兆 7403 億ドル，貿易収支黒字額 4761 億ドル，であった．この結果，期間中に輸出入共に約 1.97 倍，貿易収支黒字額は 1.95 倍に増大したことになる．

　ところで，UNCTAD の統計によれば，2017 年世界の輸出（輸入）総額は 17 兆 7376 億ドル（17 兆 9743 億ドル）であったから，同年の中国の輸出額は世界の輸出総額の 12.5% を占めていることになる．これに対し，2017 年のアメリカ輸出 1 兆 5507 億ドル，輸入 2 兆 3619 億ドル，貿易収支赤字 8112 億ドル，ドイツ輸出 1 兆 4342 億ドル，輸入 1 兆 1344 億ドル，貿易収支黒字 2999 億ドル，EU 輸出 2 兆 5646 億ドル，輸入 2 兆 1722 億ドル，貿易収支黒字 3924 億ドル，日本の輸出 6884 億ドル，輸入 6442 億ドル，貿易収支黒字 442 億ドル，であった[1]．また 2017 年の中国の輸出入総額は 4 兆 1044 億ドルで，アメリカのそれは 3 兆 9126 億ドル，EU 全体の輸出入総額 4 兆 7368 億ドルには及ばないものの，国別では中国の貿易額が世界第一であった[2]．ちなみに中国の貿易収支黒字額は日本の約 10 倍で，世界第一の黒字額である．

　第 4 章第 1 節でも記した通り，2008 年アメリカ発世界金融危機直後，一時的には大幅に減少した中国の輸出であった．だが，2010 年代となり世界経済の回復と共に，中国の貿易収支黒字額は再び増勢に転じた．この時期中国経済はアメリカ発世界金融危機を乗り越え，一時の小康を得たといえよう．折しも，2014 年 11 月に北京で開催された APEC の基調講演で，習近平主席は高度成長から中高速成長に転換した中国経済を「新常態」と称した．

## (2)　輸出入産品と相手国・地域

### ⅰ．輸出入産品

WTO の World Trade Profile 2017 によれば，中国の輸出の 94.3%，輸入の 64.4%が工業製品（残りは，燃料・鉱産物 21.3%，農産物 9.5%）であった．

工業製品の輸出入内訳を細かくみれば，輸出の場合，自動データ処理機器 1384 億ドル，無線通信機材 1256 億ドル，有線通信機器 855 億ドル，電子集積 回路 637 億ドル，電器・蛍光灯器具 311 億ドル，であった．他方，輸入の場合，電子集積回路 2292 億ドル，原油・石油 1167 億ドル，鉄鉱石・精鉱 570 億ドル，自家用自動車 439 億ドル，有線通信機器 434 億ドル，であった．

輸入の第1位にある電子集積回路は，輸出製品の自動データ処理機器，無線 通信機材，有線通信機器等にも搭載されるから，中国の輸出製造業は，部品・中間製品として電子集積回路を輸入し，これを各種輸出品に搭載・製品化していることになる[3]．

### ⅱ．輸出入相手国

次に，上記の World Trade Profile 2017 から輸出入相手国・地域について確認をしておこう．

輸出相手国・地域では，第1位アメリカ 18.3%，第2位 EU28 カ国 16.1%，第3位香港 13.8%，第4位日本 6.1%，第5位韓国 4.5%であった．輸入相手国・地域では，第1位 EU28 カ国 13.1%，第2位韓国 10.0%，第3位日本 9.2%，第4位台湾 8.8%，第5位アメリカ 8.5%，であった．

さて，上記の輸出入相手国・地域の順位から，差し当たり次の二点が特徴として上げられよう．第一に，中国の輸出相手国・地域の上位がアメリカと EU であるのに対し，輸入相手国・地域としては，第1位に EU が位置しているものの，第2位以下は総て近隣東アジア地域である．ここに中国を含む東アジア地域の国際分業関係，サプライ・チェーンのネットワークをみることができよう．第二に，中国の輸出入におけるアメリカのポジションである．中国にとりアメリカは重要な輸出相手国ではあるが，輸入相手国としてはランクから外れている．ここに米中貿易摩擦の一因がある．

尚，ここで対香港の輸出入に関して一言しておこう．対香港輸出の場合，香

港経由で第三国に再輸出 (re-export) されることが知られている. この点について香港側の統計をみれば, 2017 年の輸出総額 3 兆 8759 億香港ドルの内, 3 兆 8324 億香港ドル (98.8%) が再輸出であり, 僅かに 434 億香港ドルが 'made in Hong Kong' の輸出である. 他方, 事後の再輸出を含む香港の輸入総額は 4 兆 3557 億香港ドルで, 再輸出額との差額 5246 億香港ドルが香港の純輸入となろう[4]. 香港からの輸出先 (但し, 統計の都合上香港オリジンの輸出を含む) は, 中国 2 兆 1058 億香港ドル, アメリカ 3302 億香港ドル, インド 1586 億香港ドル, 日本 1285 億香港ドル, 台湾 893 億香港ドル等であった[5].

### (3) 中国の輸出入タイプと輸出企業

ところで, 中国の貿易について分析する場合, 輸出入企業のタイプに留意する必要がある. 中国の高度経済成長路線とは, 外資導入・輸出主導工業化路線であった. したがって, 輸出企業とは, 100%外資の独資企業或いは外資と国有企業との合弁企業であったりする[6]. **図表 9-1** によれば, 2010 年輸出額 1 兆 5777 億ドルの内, 国有企業 2343 億ドル (14.8%), 外資系企業 8622 億ドル (54.6%), 民間企業 4812 億ドル (30.5%) であったが, 2017 年の場合, 輸出額 2 兆 2635 億ドルの内, 国有企業 2312 億ドル (10.2%), 外資企業 9775 億ドル (43.1%), 民間企業 1 兆 547 億ドル (46.5%) であった. このように, 輸出を牽引するのは外資及び民間企業であり, 国有企業ではない点は大いに注目されてよい[7].

他方, 輸入企業のタイプをみると, いささか異なった様子がみえてくる. 2015 年の輸入総額 1 兆 6820 億ドルの内, 国有企業 4087 億ドル (24%), 外資企業 8299 億ドル (49%), 民間企業 4116 億ドル (24%), であった[8]. 輸入企業のリード役が外資企業にある点は, 輸出の場合と同じである. しかし, 輸出総額の僅かに 11%程度しか占めていなかった国有企業が, 輸入では 24%を占め, 輸出総額の 43%を占めた民間企業が, 輸入の 24%しか占めていない.

以上の数字からうかがわれることは, 外資企業と民間企業が輸出のリード役である一方で, 対外支払を要する輸入では, 国有企業が一定程度シェアを占めていることである. 雑駁な推論が許されるとすれば, 外貨獲得の稼ぎ頭は外資系企業と民間企業, 一方的な外貨使いが国有企業ということである. したがっ

図表 9-1 中国の企業種別輸出

(億ドル，%)

| | 2010 年 | 2015 年 | 2017 年 |
|---|---|---|---|
| 国有企業 | 2343.0(14.8) | 2423.9(10.6) | 2312.3(10.2) |
| 外資系企業 | 8622.3(54.6) | 10047.3(44.7) | 9775.6(43.1) |
| 民間企業 | 4812.2(30.5) | 10278.3(45.2) | 10547.3(46.5) |
| 総 額 | 15777.5 | 22749.5 | 22635.2 |

［出所］中国商務部（2018）表5 2009-2018 年 1-3 月中国出口分企業性質
より．

図表 9-2 中国の方式別貿易（2017 年）

(億元)

| | 輸 出 | 輸 入 |
|---|---|---|
| 一般貿易 | 83,325 | 73,298 |
| 来料加工装配貿易 | 5,412 | 5,739 |
| 進料加工貿易 | 45,967 | 23,439 |
| 総額 | 153,318 | 124,602 |

［注］来料加工装配貿易とは，中国の企業が原材料や部品等を無
償輸入し，加工生産後の製品を総て加工委託先企業へ輸出
するという加工貿易のことである．この場合，部品・原材
料の無償供給者と製品の輸出相手先は，海外に所在する同
一企業となる．

進料加工貿易とは，海外の発注者と中国の生産委託受注者
が，その商品の生産委託契約を行う際に，原材料・部品な
どを有償にて提供する委託加工生産方式のことである．こ
の場合，中国の生産受託企業は，国内及び海外の業者にも
一部販売ができるようになるが，資金を事前に用意してお
く必要が出てくる．
［出所］中国海関総署資料より．

て，外貨節約の観点からいえば，競争力に劣る国有企業を再編整理し，工業技
術水準の一段の向上を図ることは至上命題ともいえる．ここに，2015 年中国
政府が 2049 年の建国 100 周年までに「世界の製造大国」としての地位を築く
ことを目標に掲げた「中国製造 25」戦略の背景があるといえよう．

　その上でもう一つ注意すべきことがある．**図表 9-2** は，2017 年の輸出入の
タイプを示したものである．輸出 15 兆 3318 億元の内，一般貿易は 8 兆 3325

億元（54%）で，来料加工貿易と進料加工貿易を加えたいわゆる加工貿易が5
兆 1379 億元（33%）のシェアを占めている．輸入においても，総額 12 兆 4602
億元の内，一般貿易は 7 兆 3298 億元（58%）で，上記二種類の加工貿易が 2 兆
9178 億元（23%）であった．つまり，中国の貿易取引には依然として加工貿易
の色彩が色濃く残っており，ここにも中国を最終組み立て加工工場として欧米
等先進諸国地域への輸出を図ってきた東アジア地域の国際分業関係を読むこと
ができよう．そこで，次に中国と東アジア・ASEAN 地域との貿易関係に絞っ
てみていこう．

## 第 2 節　中国と東アジア・ASEAN 地域との貿易関係

### (1)　中国の対東アジア地域・ASEAN 輸出・輸入

　中国商務省の『中国対外貿易形勢報告』から，中国の対東アジア地域・
ASEAN 輸出・輸入をみてみよう．

　まず輸出である．2009 年から 2017 年の間に，中国の対世界向け輸出は 1 兆
2016 億ドルから 2 兆 2635 億ドルへと 1.88 倍増大した．同期間中に，中国の
対東アジア地域向け輸出は，4445 億ドルから 8425 億ドルへと 1.90 倍増出し
た．いずれも，ほぼ倍増である．その内，中国の対日本，韓国，香港，台湾，
ASEAN 向け輸出（東アジア地域輸出に占めるシェア，%）についてみれば，2009
年の場合，順に 978 億ドル（22%），537 億ドル（12.1%），1662 億ドル（37.4%），
205 億ドル（4.6%），1063 億ドル（23.9%），2013 年同じく 1502 億ドル（16.5%），
912 億ドル（10.0%），3848 億ドル（42.2%），406 億ドル（4.5%），2441 億ドル
（26.8%），2017 年同じく 1373 億ドル（16.3%），1028 億ドル（12.2%），2794 億
ドル（33.2%），440 億ドル（5.2%），2792 億ドル（33.1%）であった．

　中国の対香港輸出の意義については上記の通りであるので，ここでは外して
おくと，2009 年から 2017 年の間に，中国の対東アジア地域輸出における日本
のシェアが 22% から 16.3% に低下（金額ベースでは 1.40 倍増）したのに対し，
ASEAN のシェアが 23.9% から 33.1%（2.63 倍増）であったから，中国の輸出
における ASEAN のシェアが高まる一方で，日本のシェアが下がっているこ
とになる．

　次は輸入である．2009年から2017年の間に，中国の世界からの輸入は1兆59億ドルから1兆8410億ドルへと1.83倍増大した．同期間中に，中国の東アジア地域からの輸入は，4346億ドルから7416億ドルへと1.70倍増大した．中国の輸入先としての東アジア地域のウェイトは，この間若干下がっている．その内，中国の対日本，韓国，香港，台湾，ASEANからの輸入（東アジア地域輸入に占めるシェア，%）についてみれば，2009年の場合，順に1309億ドル（30.1%），1026億ドル（23.6%），87億ドル（2.0%），857億ドル（19.7%），1068億ドル（24.6%），2013年同じく1623億ドル（22.6%），1831億ドル（25.5%），162億ドル（2.3%），1566億ドル（21.8%），1995億ドル（27.8%），2017年同じく，1657億ドル（22.3%），1775億ドル（23.9%），73億ドル（0.9%），1554億ドル（20.9%），2357億ドル（31.8%）であった．

　中国の香港からの輸入の意義については，これも上記の通りであるので，ここでは外しておくと，2009年から2017年の間に，中国の対東アジア地域輸入における日本のシェアが30.1%から22.3%に低下（金額ベースでは1.26倍増）したのに対し，ASEANのシェアが24.6%から31.8%（同2.21倍増）であったから，中国の輸入におけるASEANのシェアが高まる一方で，日本のシェアが下がっていることになる．また韓国のシェアは期間中23.5%から23.9%へとほとんど変化はないものの，輸入総額全体が大きく増大しているだけに，金額ベースでは1.73倍増となっている．

　以上からみられる通り，中国の輸出入における日本のシェアが大きく低下し，これに代わるかのようにASEANのシェアが大きく伸長している．もっとも，このことから東アジア地域内貿易における日本のウェイト低下を結論づけるのは，いささか早計であろう．なぜなら，日本企業或いは韓国や台湾の企業が東アジア地域全域においてこれまで構築してきた企業内分業体制とサプライ・チェーンのネットワークのことを考慮する必要があるからである．そのため，例えば中国からシンガポール向け輸出，或いは中国のタイからの輸入として計上される財も，実は日本企業の企業内貿易或いは日本の企業間貿易であるかもしれない．日本企業のこうした東アジア地域におけるサプライ・チェーンのネットワークと対中国貿易の関係については，ここではこれ以上立ち入ることは控えるが，考慮すべき重要な問題として存在することは記しておこう．

## (2)　ASEAN 諸国の貿易における中国のウェイト

さて，中国の貿易における ASEAN のウェイトが大きく高まっていること
が分かった．そこで今度は ASEAN 各国の輸出入における中国のウェイトに
ついてみておこう．ここでは ASEAN 諸国の内，シンガポール，タイ，マ
レーシア，インドネシア，フィリピン，ベトナム，ラオス，カンボジアについ
て取り上げておこう（カッコ内は統計数字の該当年）．

　シンガポール（2016 年）……輸出相手国は，順に中国 428 億ドル（12.9%），
香港 415 億ドル（12.6%），マレーシア 350 億ドル（10.6%），インドネシア 257
億ドル（7.8%）で，アメリカは 226 億ドル（6.8%）で第 6 位，日本は 145 億ド
ル（4.4%）で第 6 位であった．シンガポールの輸出相手国として中国がアメリ
カと日本を上回ったのは，各々 2007 年と 2003 年であった．輸入相手国は，順
に中国 404 億ドル（14.2%），マレーシア 322 億ドル（11.3%），アメリカ 307 億
ドル（10.8%），日本 233 億ドル（8.2%），韓国 198 億ドル（7.0%）であった．シ
ンガポールの輸入相手国として中国がアメリカと日本を上回ったのは，各々
2012 年と 2005 年であった．[9]

　タイ（2015 年）……輸出相手国は，順にアメリカ 237 億ドル（11.2%），中国
233 億ドル（11.0%），日本 197 億ドル（9.3%），香港 116 億ドル（5.5%），マ
レーシア 110 億ドル（4.7%）であった．タイの輸出相手国として中国が日本を
上回ったのは，2009 年であった．輸入相手国は，中国 409 億ドル（20.2%），
日本 311 億ドル（15.4%），アメリカ 139 億ドル（6.8%），マレーシア 118 億ド
ル（5.8%），アラブ首長国連邦 81 億ドル（4.0%）であった．タイの輸入相手国
として中国がアメリカと日本を上回ったのは，各々 2003 年と 2014 年であった．[10]

　マレーシア（2015 年）……輸出相手国は，順にシンガポール 278 億ドル
（13.9%），中国 260 億ドル（13.0%），日本 189 億ドル（9.4%），アメリカ 189 億
ドル（9.4%），タイ 114 億ドル（5.6%）であった．マレーシアの輸出相手国と
して中国がアメリカと日本を上回ったのは，共に 2009 年であった．輸入相手
国は，順に中国 337 億ドル（18.8%），シンガポール 254 億ドル（11.9%），アメ
リカ 160 億ドル（8.0%），日本 178 億ドル（7.8%），タイ 122 億ドル（6.0%）で
あった．マレーシアの輸入相手国として中国がアメリカと日本を上回ったのは，
各々 2007 年と 2008 年であった．[11]

インドネシア（2016 年）……輸出相手国は，順に中国 167 億ドル（11.6%），アメリカ 161 億ドル（11.1%），日本 161 億ドル（11.1%），シンガポール 112 億ドル（7.7%），インド 100 億ドル（6.9%）であった．インドネシアの輸出相手国として中国がアメリカと日本を上回ったのは，各々 2011 と 2016 年であった．輸入相手国は，順に中国 308 億ドル（22.7%），シンガポール 145 億ドル（10.7%），日本 129 億ドル（9.5%），タイ 86 億ドル（6.3%），アメリカ 73 億ドル（5.3%）であった．インドネシアの輸入相手国として中国がシンガポールと日本を上回ったのは，各々 2010 年と 2006 年であった[12]．

フィリピン（2016 年）……輸出相手国は，順に日本 116 億ドル（20.7%），アメリカ 86 億ドル（15.3%），香港 65 億ドル（11.6%），中国 61 億ドル（10.9%），シンガポール 37 億ドル（6.5%）であった．中国はフィリピンの輸出相手国としては第 4 位にあり，依然日本やアメリカよりも下位にあるが，中国に香港を加えた場合には，既に対日輸出額を上回る規模となっている．輸入相手国は，順に中国 159 億ドル（18.5%），日本 101 億ドル（11.8%），アメリカ 76 億ドル（8.9%），タイ 67 億ドル（7.8%），韓国 56 億ドル（6.5%）であった．フィリピンの輸入相手国として中国がアメリカと日本を上回ったのは，各々 2013 年と 2012 年であった[13]．

ベトナム（2015 年）……輸出相手国は，順にアメリカ 334 億ドル（20.6%），中国 165 億ドル（10.2%），日本 141 億ドル（8.7%），韓国 89 億ドル（5.5%），香港 69 億ドル（4.2%）であった．中国はベトナムの輸出相手国としては第 2 位にあり，対中国輸出額も対米輸出額の半分程度ではある．しかし，中国に香港を加えた場合には，対米輸出額の 2/3 の規模に達する．輸入相手国は，順に中国 494 億ドル（29.8%），韓国 275 億ドル（16.6%），日本 141 億ドル（8.5%），タイ 109 億ドル（6.6%），アメリカ 82 億ドル（4.9%）であった．ベトナムの輸入相手国として中国が韓国と日本を上回ったのは，共に 2003 年であった[14]．

ラオス（2016 年）……輸出相手国は，順に中国 12 億ドル（40.0%），タイ 9 億ドル（29.3%），ベトナム 5 億ドル（16.0%），であった．ラオスの輸出相手国として中国がタイを上回ったのは 2016 年であった．輸入相手国は，順にタイ 23 億ドル（61.1%），中国 7 億ドル（18.8%），ベトナム 4 億ドル（10.3%），であった．ラオスの輸入相手国としては，タイが依然圧倒的シェアを占めている[15]．

カンボジア（2016年）……輸出相手国は，順にアメリカ21億ドル（21.3%），イギリス9億ドル（9.4%），ドイツ9億ドル（8.9%），日本8億ドル（8.2%），カナダ6億ドル（6.5%）であった．ラオスの輸出相手国にアメリカ以下，先進諸国が軒並み並んでいるのは，輸出品目の圧倒的シェアを衣料品が占めているためである<sup>16)</sup>．輸入相手国は，順に中国45億ドル（36.7%），タイ19億ドル（15.4%），ベトナム14億ドル（11.4%），であった．カンボジアの輸入相手国としては，中国がタイを上回ったのは2003年であり，輸入面での中国依存は既に長期に亘っている<sup>17)</sup>．

　以上，ASEAN8カ国各々の輸出入における中国のウェイトを確認した．上記の理由から，カンボジアの輸出先を除けば，2000年代以降，各国の輸出入相手先として，軒並み中国が第1位となっている．その結果，中国経済の変動は今やASEAN経済に多大な影響を与えることになっている．もっとも，上にも記した通り，ASEAN諸国と中国との貿易も，実は関係諸国に進出・立地した日本・韓国・台湾等の企業間貿易である可能性がある．したがって，ここではASEANを含む東アジア地域に形成されたサプライ・チェーンの最終的組み立て加工基地が「世界の工場」としての中国であり，上記の通り，その最終的輸出先の筆頭にアメリカ（18.3%），次にEU（16.1%）という構図を確認しておけばよいであろう．

## 第3節　中国の対外投資と「走出去」

### (1)　証券投資

　**図表9-3**をみてみよう．2017年6月末現在の対外証券投資資産残高4206億ドルの内，1382億ドルがアメリカ，香港が1226億ドルである．対アメリカの場合には，証券投資残高の内，株式投資の占める割合は55%，対香港の場合には71%となっている．中国の対米投資の背景には，2017年中国企業のニューヨーク証券取引所への上場が続いたこともあるだろう．また対香港投資においては，本社は中国大陸であるが，香港取引所で株式上場しているH株，或いは香港に法人設立して，当該法人名で香港取引所に株式上場しているレッド・チップ株，これら大陸内中国企業株の香港取引所での上場が背景にある．

**図表9-3　中国の地域別対外証券投資残高**（2017年6月末）

（億ドル）

| | 各国計 | 株　式 | | 債務証券 | |
| --- | --- | --- | --- | --- | --- |
| | | | | 長　期 | 短　期 |
| アメリカ | 1383 | 763 | 620 | 553 | 66 |
| 香　港 | 1223 | 869 | 354 | 252 | 102 |
| 英領ケイマン諸島 | 260 | 196 | 64 | 57 | 7 |
| 英領ヴァージン諸島 | 205 | 16 | 188 | 169 | 19 |
| イギリス | 165 | 113 | 52 | 47 | 5 |
| 日　本 | 125 | 86 | 39 | 22 | 16 |
| オーストラリア | 78 | 42 | 37 | 28 | 9 |
| ドイツ | 68 | 47 | 22 | 22 | 0 |
| ルクセンブルグ | 67 | 51 | 16 | 13 | 3 |
| シンガポール | 62 | 14 | 47 | 20 | 27 |
| カナダ | 55 | 28 | 27 | 25 | 2 |
| スイス | 47 | 43 | 4 | 4 | 1 |
| （小　計） | 3738 | 2267 | 1470 | 1213 | 257 |
| 総　計 | 4206 | 2551 | 1655 | 1375 | 280 |

［出所］国家外汇管理局資料より作成.

　実際，今日香港取引所の上場株の過半が，大陸内中国企業関連株式で占められている．債券の場合，対アメリカでの運用は，10年物米国債等への投資をはじめ，期間が長めの投資も行われようし，対香港での運用は，中国政府債或いは点心債等での運用もあろう．

　しかし，以上にも増して注目されるべきは，「社会主義」中国のオフショア市場向け証券投資である．タックス・ヘイブンといわれる英領ケイマン諸島やヴァージン諸島で資産管理だけを目的としたペーパー・カンパニーが設立されて，経営には直接関与しないながらも第三者割当増資で株式を取得する場合もあろうし，これら地域に設立されているヘッジ・ファンド等の私募債への投資もあろう．

　中国の対米証券投資やオフショア市場での資金運用が米ドル建であることはいうまでもないが，香港も米ドルとの完全交換性を軸としたカレンシー・ボー

ド制である．中国の対香港証券投資もまた，米ドル建グローバル・マネーの奔流の中に在るといえよう．

## (2)　海外直接投資

### ⅰ．　中国の FDI

中国政府・商務部が発行する『中国対外直接投資公報 2016』によれば，2016 年の海外直接投資フローは 1961.5 億ドル（対前年比 34.7%増）であった．内訳は，新規の株式購入 1141.3 億ドル（58.2%），当期収益の再投資 306.6 億ドル（15.6%），債務証券購入 513.6 億ドル（26.2%）であった．同年末の数字では，中国の 2.44 万社の企業が海外に 3.72 万社の企業を世界 190 カ国に海外直接投資として展開させ，粗残高は 5 兆ドル，純残高は 1 兆 3573 億ドルであった[18]．

UNCTAD の 'World Investment Report 2017' によれば，2016 年世界の直接投資フローは 1 兆 4500 億ドルで，残高は 26 兆 1600 億ドルであった．この数字から，同年の中国の海外直接投資フローは世界の 13.5%，残高ストックで 5.2%を占め，2015 年に引き続き第 2 位（3.6%増）[19]，残高ストックでは第 8 位から第 6 位に上昇（0.8%増）[20]した．

中国は，2003 年以降，海外直接投資に関する資料を公表しているが，フローでみて 2016 年は 2002 年の 72.6 倍，期間中の平均伸び率は 35.8%であった[21]．2015 年に初めて中国は海外直接投資が対内直接投資を上回り，2016 年の海外直接投資は 1961.5 億ドル，対内直接投資は 1337.0 億ドルで，624.5 億ドルのネット資本輸出国となった[22]．

次は中国の海外直接投資の事業分野である．2016 年金融部門の海外直接投資フローは 149.2 億ドル（38.5%減）で，その内は銀行が 101.7 億ドル（68.2%）であった．同年末の残高ストックは 1773.4 億ドルで，銀行 1019.4 億ドル（57.5%），保険 27.9 億ドル（1.6%），証券業 74.1 億ドル（4.2%），その他金融業 652 億元（36.7%），であった[23]．

2016 年，非金融部門の海外直接投資フローは 1812.3 億ドル（前年比 49.3%増）[24]で，同年末の残高では 1 兆 1800.5 億ドル，投資先海外企業の総資産額は 2.87 兆ドルであった[25]．

　海外直接投資の事業分野についてみれば，投資先は 18 の産業分類に亘っており，その内 2016 年に 100 億ドル以上の海外直接投資の事業分野は 6 分野であった．順にあげると，第 1 位は（不動産賃貸を含む）リース及びビジネス・サービス業 657.8 億ドル（33.5%）で，第 2 位製造業 290.5 億ドル（14.8%），第 3 位卸小売業 208.9 億ドル（10.7%），第 4 位情報通信，ソフトウェア・情報技術サービス 186.7 億ドル（9.5%），第 5 位不動産 152.5 億ドル（7.8%），第 6 位金融業 149.2 億ドル（7.6%），であった[26]．

　こうした海外直接投資フローの傾向は，残高ストックでみた場合もほぼ同じである．第 1 位はリース及びビジネス・サービス業 4739.9 億ドル（残高総額の 34.9%）で，これには海外投資を目的とした投資ファンド会社の法人設立等が含まれるため[27]，投資先としては香港，英領ケイマン諸島やヴァージン諸島，ルクセンブルクやオランダ等となる．

　第 2 位は金融業 1773.4 億ドル（13.1%），第 3 位卸小売業 1691.7 億ドル（12.5%），第 4 位鉱山業 1523.7 億ドル（11.2%）で，これには石油・天然ガス採掘，非鉄金属掘削，鉄鉱石・マンガン等採掘，石炭掘削等が入る．第 5 位は製造業 1081.1 億ドル（8%）で，機器製造だけで 470.4 億ドルで，製造業に限ってみた海外投資残高の 43.5% を占めている．その他自動車製造業，コンピューター・通信及びその他電子機器製造業，特殊機器製造業で 100 億ドルを超える投資残高がある．

　以上 5 分野の投資残高は 1 兆 809.8 億ドルで，全体の 79.6% を占めている．その他の事業分野としては，情報通信・ソフトウェア及び情報技術サービス業 648 億ドル（4.8%），不動産業 461.1 億ドル（3.4%），交通運輸・倉庫・郵便 414.2 億ドル（3.1%），建築業 324.4 億ドル（2.4%）等であった[28]．

　問題は海外直接投資の地域である．中国の海外直接投資先は，全世界 190 カ国に及び，2016 年にはホンジュラスとブルキナファソが投資先として新たに加わった．まず，2016 年の海外直接投資フローでみると，対アジア 1302.7 億ドル（前年比 20.2% 増）で全体の 66.4% を占めた．その内，対香港が 1142.3 億ドル（同 27.2% 増）で，アジア向けの 87.7% を占めた．対 ASEAN10 カ国は 102.8 億ドル（同 29.6% 減）で，アジア向けの 7.9% であった[29]．対 ASEAN 向け投資が減少したのは，特に対シンガポールであり，2015 年の 104.52 億ドルか

ら 31.72 億ドルへと 69.7％減少した.

　対ラテン・アメリカは 272.3 億ドル（同 115.9％増）, 全体の 13.9％を占めた. その内, 英領ケイマン諸島 135.2 億ドル, 英領ヴァージン諸島 122.9 億ドル, ジャマイカ 4.2 億ドル, メキシコ 2.1 億ドル, であった.

　対北米は 203.5 億ドル（同 89.9％増）で, 全体の 10.4％を占めた. その内, アメリカ 169.8 億ドル（同 111.5％増）, カナダ 28.7 億ドル（同 83.7％増）, であった.

　対欧州は 106.9 億ドル（同 50.2％増）で, 全体の 5.4％を占めた. その内, ドイツ 23.8 億ドル, ルクセンブルグ 16 億ドル, フランス 15 億ドル, イギリス 14.8 億ドル, ロシア 12.9 億ドル, オランダ 11.7 億ドル, であった.[30]

　対大洋州は 52.1 億ドル（同 34.6％増）で, 全体の 2.7％を占めた. 投資先はオーストラリア, ニュージーランド, サモア, フィジーであった.

　対アフリカは 24 億ドル（同 19.4％減）で, 全体の 1.2％を占めた. 主な投資先は南アフリカ, ガーナ, エチオピア, ザンビア, アンゴラ, ウガンダ, カメルーン, エジプト等であった.[31]

　今度は, 2016 年末の海外直接投資残高ストックで投資先についてみてみよう. 中国の海外直接投資残高は 1 兆 3573.9 億ドルで, 前年度から 2595.3 億ドル増加, 2002 年残高比 45.4 倍であった. 全世界の海外直接投資残高のシェアとしては, 2002 年の 0.4％から 5.2％へと拡大, 第 25 位から第 6 位となった.[32]

　海外直接投資残高を投資先地域別にみれば, 上記フローと同じく, 対アジア 9094.5 億ドルで全体の 67％を占めた. 投資先は対香港が対アジア投資残高の 85.8％を占めている.

　対ラテン・アメリカは 2071.5 億ドル（全世界残高の 15.3％）を占めている. 投資先はフローの投資先と同じであり, 残高でみても, 対英領ケイマン諸島とヴァージン諸島が合わせて 1929.7 億ドルで, 同地域向け投資残高の 93.2％を占めた.

　以下, 対欧州 872 億ドル（6.4％）, 対北米 754.7 億ドル（5.6％）, アフリカ 398.8 億ドルで（2.9％）, 大洋州 382.4 億ドル（2.8％）, であった.

　フロー・ベースでみても残高ベースでみてみても対北米投資のウェイトは小さい. そうした中でも対アメリカについてのみ取り上げると, 第 1 位は製造業

向け投資残高で 15.2 億ドル（対米直接投資残高の 25.1%），第 2 位金融業 10.5 億
ドル（17.3%）であった．尚，金融業向け投資は，2016 年 3.5 億ドルの投資引
き上げとなっており，中国の対アメリカ投資の厳しい環境が伺われる[33]．

　ちなみに，2016 年の対オーストラリア投資フローは 41.87 億ドル，前年比
23.1%増，投資総額の 2.1%であった．投資残高は 3331.51 億ドルで，総投資
残高の 2.4%であった．対オーストラリア投資残高は，対大洋州投資残高の
87.2%を占めていたが，投資先の主な事業分野は，採掘業 191.52 億ドル（総
投資残高の 57.4%[34]），不動産業 41.06 億ドル（同 12.3%），金融業 24.72 億ドル（同
7.4%）であった．豊富な鉄鉱石・石炭資源を抱え，豊かな居住環境を擁する
オーストラリア向け中国投資の姿を如実に示していよう[35]．

### ⅱ．中国の対 ASEAN 投資

　そこで中国の対 ASEAN 直接投資に着目しよう．対 ASEAN10 カ国の 2016
年末投資残高は 715.54 億ドルで，対世界投資残高の 5.3%，対アジア投資残
高の 7.9%でしかなかった．その内でも，対シンガポール投資残高が第 1 位で
あり，334.4 億ドルであった．以降，順に第 2 位インドネシア 95.5 億ドル，
第 3 位ラオス 55.0 億ドル，第 4 位ベトナム 49.8 億ドル，第 5 位ミャンマー
46.2 億ドル，第 6 位タイ 45.3 億ドル，第 7 位カンボジア 43.7 億ドル，第 8
位マレーシア 36.3 億ドル，第 9 位フィリピン 7.1 億ドル，第 10 位ブルネイ
2.0 億ドル，であった[36]．事業分野別では，製造業 18.4%，リース及びビジネ
ス・サービス業 15.7%，採掘業 14.2%，卸小売業 13.5%，電力・エネル
ギー・ガス等供給業 12.7%，金融業 6.4%で，これら 6 業種で投資残高の
80.4%を占める[37]．

　以上，中国の海外直接投資について記してきたが，取りまとめてみると次の
通りである．

　確かに中国の海外直接投資はこの間猛烈な勢いで増えてきたものの，そこに
はかなり偏った一つの大きな特徴が浮かび上がる．すなわち，投資先として
2016 年の海外直接投資フローで香港 58.2%，英領ケイマン諸島及びヴァージ
ン諸島 13.1%と両地域に集中していたことである．そして投資先の香港や英
領ケイマン諸島及びヴァージン諸島には，金融投資を目的とする特別目的会社

が法人設置されているし，非金融部門の投資事業分野として最大のシェアを占める（不動産賃貸を含む）リース及びビジネス・サービス業が 2016 年フローで33.5%，同年末残高で 34.9% を占めた．

このように，中国の海外直接投資の大きな流れが，金融投資の特別目的会社向けや不動産関連企業向け等にあることが読み取れるのであり，この点は証券投資の地域別投資先でも，アメリカに次いで香港そして英領ケイマン諸島やヴァージン諸島が上がっていたことと符合する．

その一方で，地政学的には隣り合わせというべき ASEAN 諸国向け直接投資は，実に手薄である．豊富な天然資源に恵まれている ASEAN 地域ではあるが，いざ製造業分野で中国企業と ASEAN 地域の企業と関係を構築しようにも，技術水準が同じであるか，或いは中国が上回ったとしても，そこに大きな技術格差は存在しないため，win-win の国際分業の展開は難しく，逆に競争相手となってしまうことがあろう．そうした現実がある一方で，これまで日本・韓国・台湾の企業が大挙として進出を続け，既にサプライ・チェーンを構築してきた ASEAN 地域だけに，中国企業が対 ASEAN に直接投資として切り込んでいくのは，かなりハードルが高いことになろう．そうであるが故に，「走出去」として中国企業がグローバル・ステージに進出するにあたっても，世界をリードする技術水準や圧倒的な商品ブランド力を有しない限り，将来の見通しはかなり厳しいものと予想される．だからこそ，「中国製造 2015」の戦略であるのだろうが，その行方は米中貿易摩擦の影響で先行き不透明さが増しているのが現実である．

## 第 4 節 「一帯一路」と東アジア地域の貿易・投資ネットワークの現実

以上，本章では中国の貿易及び証券投資・直接投資の現状について，各種統計及び報告書等を用いて分析してきた．人民元「国際化」プロジェクトが頓挫している今日，「一帯一路」の喧しいプロパガンダが中国内外に流れる昨今である．確かに，中国の対東アジア地域貿易において ASEAN のウェイトはこの間年々大きくなっていった．また，ASEAN 各国の貿易においても相手先と

して中国が第 1 位となっているケースがほとんどである．しかし，中国の輸出入において，相手国の第 1 位と第 2 位はアメリカ或いは EU であるし，中国とASEAN との貿易関係が密度を増しているからといって，そのことは直ちに中国企業主導のサプライ・チェーンが東アジア地域に構築されているとは現状は考えられない．なぜなら，中国の直接投資が ASEAN の実体経済に対し直接関与するような投資実績はほとんどみられないからである．もとより，直接投資の現状についてより詳細に分析していく必要があるかもしれない．しかし，証券投資・直接投資の双方において，ASEAN 地域そして広く東アジア地域において，中国の影は依然として薄いといわねばならない．こうした現状をみる限り，東アジア地域における中国主導の企業内分業のネットワークとサプライ・チェーンの構築は，実際問題としては，これからの課題ということになろう．

　しからば，中国の「一帯一路」とは何か．第二次世界大戦後のアメリカのマーシャル・プランにも匹敵するかの如き形容もあった中国の世界経済戦略である．だが，中国の貿易と投資の現実が，おおよそ本章で記した通りであれば，人民元「国際化」プロジェクトと同じく，「一帯一路」戦略も点から線へとは繋がったとしても，果たして面的空間領域を形成できるのかどうか，そこには大きな課題があるように考える[38]．

## 注

1)　UNCTAD Statistics 資料より．
2)　IMF, *World Economic Report*, Statistical Appendix, April 2018 より．
3)　HSBC のアナリスト Wang & Pomeroy（2016）が発表したレポートは，2015 年段階で世界の工業製品生産の約 25% を中国が占めるとしている．
4)　HKSAR, *Census and Statistics, Hong Kong Merchandise Trade Statistics Annual Supplement 2017, Country by Commodity, Domestic Exports and Re-exports* より．
5)　HKSAR, *Monthly Digest of Statistics*, March 2018 より．
6)　外資系企業には，合作企業，合弁企業，独資企業がある．合作企業とは，資本金や技術は外資が提供し，中国側が土地及び労働力を提供する企業体である．合弁企業は，中国企業と外国企業とが共同出資して設置した法人企業であり，独資企業とは 100% 外資出資の企業である．全体を指して「三資企業」ということもある．
7)　そのため米中貿易摩擦はアメリカも含む外資系企業全般に影響が及ぶことになる．
8)　数字は中国海関総署の資料より．

9)　World Traded Integrated Solutions 資料より.

10)　同上.

11)　同上.

12)　同上.

13)　同上.

14)　同上.

15)　同上.

16)　輸出品目については，WTO, *World Trade Profile 2017* より.

17)　World Traded Integrated Solutions 資料より.

18)　中国商務部（2017）3-4 頁. 海外の子会社企業への貸付も直接投資として分類される.

19)　2016 年の世界の直接投資フローでみれば，第 1 位アメリカ 2990 億ドル，第 3 位オランダ 1736 億ドル，第 4 位日本 1452 億ドル，第 5 位カナダ 664 億ドル，第 6 位香港 624 億ドル，であった［中国商務部（2017）4 頁］.

20)　2016 年末の直接投資残高で見た場合，第 1 位アメリカ 6 兆 3838 億ドル，第 2 位 1 兆 5279 億ドル，第 3 位イギリス 1 兆 4439 億ドル，第 4 位日本 1 兆 4007 億ドル，第 5 位ドイツ 1 兆 3654 億ドル，であった［中国商務部（2017）5 頁］.

21)　この時期の中国 FDI で最も脚光を浴びたのは，元人民解放軍の軍人であった王健林が 1988 年に不動産会社として設立した大連万達集団であろう. 本社は後に北京に移り，大型ショッピングモール万達広場，高級ホテルやマンション，そして全国レベルでの映画館の運営で巨万の富を築き，不動産バブルを背景にアジア最大の大富豪にまでのし上がった. その後ハリウッド映画会社等のアメリカ企業の買収に着手するも，FDI 資金の投資態度を巡って中国政府の逆鱗に触れることになった.

22)　中国商務部（2017）5 頁，7 頁.

23)　2016 年末現在，中国の国有商業銀行（中国銀行，中国工商銀行，中国農業銀行，中国建設銀行，中国交通銀行）は，アメリカ，イギリス，日本等の 45 カ国・地域に 83 支店，56 事務所を設置し，5.1 万人（内，現地外国籍は 4.8 万人，94.1％）を雇用している. また，保険会社は海外に 9 社を設置している［中国商務部（2017）5 頁］.

24)　投資先の海外の企業の売上額は 1 兆 5440 億ドル（前年比 11.4％増）で，国内企業が，こうした海外の企業を通じて行った輸出入額は 3206 億ドル（輸入 1814 億ドル，輸出 1392 億ドル）であった［中国商務部（2017）5 頁］.

25)　2016 年，投資先海外企業が現地政府に支払った税額は 300 億ドル，従業員数は 286.5 万人（内，現地外国籍は 134.6 万人，46.9％）で，前年度末比 11.8 万人であった［中国商務部（2017）5 頁］.

26)　中国商務部（2017）12-13 頁.

27)　もっとも，それでもリース及びビジネス・サービス業（中国語，租賃及商務服務）の内容は相当に不明である.

28)　中国商務部（2017）22-23 頁.

29)　中国商務部（2017）14 頁.

30)　1993 年王健による海南航空設立に始まり，物流・不動産・金融サービス・観光の一大コングロマリットを形成した海航集団——後ろ盾には，習近平国家主席の腹心である王岐山・前共産党中央規律検査委員会書記が控えているといわれている——は，一時期世界的ホテル・チェーンを率いる米ヒルトン・ホテル・グループ株の 25%，ドイツ銀行株の 10% を保有するなど，2000 年代までグローバル投資で脚光を浴びていた．しかし，その裏側は巨額の負債であり，2010 年代も中盤になると，次第に資金の手当てに行き詰まっていった．2018 年董事長・王が欧州で怪死し，そして 2019 年末に始まったウィルス禍の影響を受けて主力傘下企業の収益が急激に落ち込み，ドル建社債等は償還不履行，2020 年 2 月遂に政府の公的管理下に置かれた．

31)　中国商務部（2017）14-15 頁．

32)　第 1 位はアメリカで残高 6 兆 2827.5 億ドル（全世界残高の 24.4%），以下，第 2 位香港 1 兆 5278.8 億ドル（5.9%），第 3 位イギリス 1 兆 4439.4 億ドル（5.5%），第 4 位日本 1 兆 4006.9 億ドル（5.4%），第 5 位ドイツ 1 兆 3653.7 億ドル（5.2%），第 7 位フランス 1 兆 2593.8 億ドル（4.8%），第 8 位オランダ 1 兆 2593.8 億ドル（4.8%），第 9 位カナダ 1 兆 2199.9 億ドル（4.7%），第 10 位スイス 1 兆 1309.1 億ドル（4.3%）であった［中国商務部（2017）17-19 頁］．

33)　中国商務部（2017）34 頁．

34)　中国の複数の鉱山会社が，世界最大の鉱山会社である豪 BHP ビリトン（豪企業と英企業との合併企業）と鉄鉱石を採掘している．また同じく豪の鉱山会社であるリオ・ティントに対し，2008 年国有企業の中国アルミニウム（中国铝业股份有限公司）が筆頭株主になった．

35)　中国商務部（2017）34-35 頁．

36)　中国商務部（2017）32 頁．

37)　製造業投資残高 131.5 億ドルの内，インドネシア 28.87 億ドル，ベトナム 24.79 億ドル，タイ 21.19 億ドル，シンガポール 20.49 億ドル，マレーシア 12.39 億ドル，であった．リース及びビジネス・サービス業投資残高は 112.23 億ドルで，主な投資先はシンガポール，インドネシア，ラオス，ベトナム，マレーシア，採掘業投資額は 101.69 億ドルで，主な投資先はシンガポール，インドネシア，ミャンマー，ラオス，卸小売業投資残高 96.9 億ドルで，主な投資先はシンガポール，インドネシア，タイ，ベトナム，マレーシア，フィリピン，であった．更に，電力・エネルギー・ガス等供給業投資残高は 91.21 億ドルで，シンガポール，ミャンマー，インドネシア，ラオス，カンボジア，金融業投資残高は 45.73 億ドルで，主な投資先はシンガポール，タイ，インドネシア，ベトナム，であった［中国商務部（2017）33 頁］．

38)　中国銀行（香港）のチーフ・エコノミストである鄂（2017），4-5 頁は，「一帯一路」が人民元「国際化」を大きく推進するとしている．なぜなら，「一帯一路」を通じた中国の金融・投資が沿線国の慢性的な国際流動性不足を補うことになるからであり，そのためにも関係諸国の通貨の交換性が達成されねばならないとしている．その上で次のように記している．「明らかなことであるが，中国資本が『一帯一路』沿線国家に大量に流入することは，人民元が現地市場で利用される上でまたとない機会である．現在のと

ころ，人民元は主にインフラ関係の貸付・返済，決算等サービスで利用されている．沿線経済が成長し貯蓄が増大するにつれ，各種機関投資家，企業及び個人は人民元建資産の多様化と並んで人民元建資産管理の需要が大きく伸びるものと予想される．人民元に対する需要はオフショア貸付，オフショア債券，為替取引そして理財商品，ヘッジ手段のデリヴァティブ等財務業務に向かうことになる」．本書で既に記してきた通り，そうした戦略が現状は頓挫したことになる．

# 補論 3 | 過剰生産設備を擁した中国製造業の世界経済における プレゼンス

 *The Economist* 誌の 2016 年 2 月 12 日号は[1)]，EU Chamber of Commerce in China のレポートをベースに，中国の過剰生産力について，各産業種の稼働率を 2008 年と 2014 年で比較しながら記している．**図表補 3-1** はこれを取りまとめたものであり，鉄鋼 80% → 71%，電解アルミ 78% → 76%，セメント 76% → 73%，製油 80% → 66%，板ガラス 88% → 79%，紙・板紙 90% → 84% と，すべての全業種で稼働率が低下している．以下では，同レポートからいくつか文章を拾いつつ，過剰生産設備を擁した中国製造業の世界経済におけるプレゼンスについてみておこう[2)]．

鉄鋼……2004 年から 2014 年，世界の鉄鋼生産は 57% 増えたが，その内 91% が中国であった．今日，中国の鉄鋼生産は世界の生産の半分以上を占め，第 2 位の日本以下，インド・アメリカそしてロシアの四カ国の鉄鋼生産高の 2 倍以上である．

電解アルミ……アルミの生産は過去 10 年に急成長したが，現在アメリカの生産量の 13 倍に達する[3)]．

セメント……中国の生産は世界生産の 57% を占め，第 2 位のインドの 9 倍以上に達する[4)]．

化学……化学製品は多岐にわたっているが，中国石油・化学工業協会（China Petroleum & Chemical Industry Association, CPCIA）によると，肥料，ソーダ灰，苛性ソーダ，硫酸，メタノール，炭化カルシウム等の生産で世界をリードしている．しかし，2008 年には 11 カ月間で石油産業の利益は対前年比 7.1% 減少し，4556 社が財務上損失を計上した．これ以降，新規の設備投資は見直されるようになった[5)]．

製油……中国は世界第 2 位の製油生産力を有している．稼働率が 80% というのは比較的安定しているかにみえるが，巨大プラントを要する製油業では最低限の水準というべきであり，政府統計にはカバーされていない生産施設が全体の 25% を占めるようになっている現実がある．

図表補3-1　中国の主要製造業における過剰生産力の状況

| | 2008 年 | | | 2014 年 ** | | |
|---|---|---|---|---|---|---|
| | 生産能力 | 生産量 | 稼働率 * | 生産能力 | 生産量 | 稼働率 |
| 鉄　鋼 | 6.44 億トン | 5.12 億トン | 80% | 11.40 億トン | 8.13 億トン | 71% |
| 電解アルミ | 1,810 万トン | 1,320 万トン | 78% | 3,810 万トン | 2,890 万トン | 76% |
| セメント | 18.7 億トン | 14.2 億トン | 76% | 31 億トン | 22.5 億トン | 73% |
| 製　油 | 3.91 億トン/年 | 3.14 億トン/年 | 80% | 6.86 億トン/年 | 4.56 億トン/年 | 66% |
| 板ガラス | 6.5 億重量箱 *** | 5.74 億重量箱 | 88% | 10.46 億重量箱 | 8.31 億重量箱 | 79% |
| 紙・板紙 | 8,900 万トン | 8,000 万トン | 90% | 1.29 億トン | 1.08 億トン | 84% |

[注] ＊稼働率＝生産量／生産能力
　　＊＊電解アルミは 2015 年の数字.
　　＊＊＊ 1重量箱：厚さ 2mm, 比重 2.5 の板ガラス 10 平方メートルの重量（約 50kg）に相当.
[出所] European Union Chamber of Commerce in China（2016）をベースに作成.

板ガラス……都市化と高層ビル建設ラッシュと共に，板ガラスに対する需要は
　　大きく膨らんだ．板ガラスの生産拠点は，広東・華東・河北地域に小規模
　　分散している．2008 年の景気刺激策により活況を呈し生産施設の拡張も
　　続いたが，2012 年には価格下落が始まり，財務面で難しい局面にある[6]．
　　そのため，政府の指導下，中小企業の合併が続いている．

造船……2009 年から 2012 年まで，中国の造船業は世界シェア No.1 であり，
　　2014 年のシェアは 38.4％，第 2 位韓国 30.1％，第 3 位日本 23.7％であっ
　　た．しかし，2015 年には，中・韓の順位が逆転し，韓国 36.3％，中国
　　27％，日本 26％となった．2008 年～2014 年に，生産性の劣る中小造船所
　　の合理化が進み，300 カ所以上あった造船所は 150 カ所弱となり，2015 年
　　の数カ月の内に 100 カ所強にまで減少した[7]．

紙・板紙……アメリカを抜いて，世界最大の生産量を誇るに至ったが，7000
　　もの生産施設があり，生産性という点では大きく見劣りがする．2011 年
　　10.3％，2015 年 4.2％の産出力の増強を行った中国は，全世界産出力の
　　30％を占めるに至り，今日純輸入国から純輸出国に転じた．もっとも，生
　　産企業の多くは世界市場での競争力を欠いており，過剰生産力の問題が顕
　　在化している[8]．

　　さて，過剰生産施設を擁する中国である．その処理に当たる場合，調整過程

においては，集中豪雨的輸出に活路を求めていくことになろう[9]．

## 注

1)　'The march of the zombies, China's excess industrial capacity harms its economy and riles its trading partners', *The Economist*, Feb. 27 2016.

2)　European Union Chamber of Commerce in China（2016）p. 16.尚，本資料は大橋（2017）でも取り上げられている．

3)　European Union Chamber of Commerce in China（2016）p. 19.

4)　*ibid.*, p. 22.

5)　*ibid.*, pp. 23-24.

6)　*ibid.*, p. 29.

7)　*ibid.*, p. 30.

8)　*ibid.*, p. 33.

9)　中国経済が，重大な過剰生産力圧力に晒されていることは，中国政府も深く認識している．例えば，次のような声明を発表していた．「度重なる国際金融危機の影響，国際市場の持続的低迷，国内需要増大の緩慢化を受けて，我が国の一部産業では，需要に対する供給過剰が日増しに明らかになりつつある．伝統的製造業の産出力は全般的に過剰であり，特に鉄鋼，セメント，電解炉等，エネルギー多消費・多排出企業では特に突出している．2012 年末，我が国の鉄鋼，セメント，電解炉，板ガラス，造船の産出力利用率は各々，74％，73.7％，71.9％，73.1％そして 75％に止まっており，国際的な通常の水準と比べても明らかに低い．鉄鋼，電解炉，造船等の企業では，利潤が大きく落ち込み，企業経営全般が困難となっている．注目すべきは，産出力が著しく過剰となっているこれら企業は，従来通りの財を生産し，プロジェクトの立案を予定しているため，過剰な産出力は激化の勢いを示している．万が一措置を講じ打開に至らない場合，必ずや市場は悪性競争を激化させ，業界の損失は拡大，企業従業員は失業，銀行の不良債権は増加，エネルギー資源のボトルネックはいよいよもって狭まり，生態環境悪化等の問題は，産業の健全な発展に直接被害を及ぼして，生活改善と社会の安定という大局に対し，深刻な影響を与えよう．」（「国務院关于化解产能严重过剩矛盾的指导意见」2013 年 10 月 15 日）．

# 第10章 香港・シンガポールの通貨・為替相場制度と人民元「国際化」

　本章では，第二次世界大戦以来アメリカの圧倒的な影響の下に歴史を刻んできた香港及びシンガポールにおいて，人民元「国際化」がいかなる影響を与えているのか，各々の通貨・為替相場制度について概説した上で検討していく[1]。

## 第1節　カレンシー・ボード制下の香港ドルと人民元「国際化」

### (1)　カレンシー・ボード制下の香港ドル

#### ⅰ．香港金融経済小史

　第二次世界大戦以前よりイギリスの植民地であった香港は，「東洋の真珠」と謳われ，'West meets East'，大陸中国への「玄関 (Entrée Port)」としての役割を果たしてきた[2]。1935 年 12 月，香港ドルは英ポンドに£1 = 16 香港ドルで固定された．大戦中旧日本軍の占領を経て，戦後香港はイギリスの植民地に戻った．しかし，戦後イギリス経済の競争力は落ち，英ポンドには数次に亘って為替管理が課せられる始末であった．

　1967 年 11 月，折からのポンド危機の影響を受けて，£1 = 14.55 香港ドルに為替レートの切り上げが実施された．その後ドル危機が世界経済を覆い，ポンド危機が改めて再燃したことから，1972 年 7 月香港ドルは 1 米ドル = 5.65 香港ドルでリンクの再設定に踏み切り，1971 年 12 月のスミソニアン合意に倣って，中心レートの± 2.25％を変動幅とするも，折からの西欧諸国通貨の変動相場制移行の影響から，1973 年 2 月 1 米ドル = 5.085 香港ドルへと再び切り上げられた．そして 1974 年 11 月，香港ドルも変動相場制へ移行──この時点の対米ドル為替相場は 4.965 香港ドル──した．そして 1970 年代後半，貿易・経常収支赤字を資本流入の黒字でファイナンスし始めたアメリカは，高金利・ドル高策を掲げる'レーガノミックス'を実施，その煽りをうけて，香

港ドルの為替相場は急落し，1983年9月には1米ドル＝9.600香港ドルとなった．つまり，1974年末当時と比して，香港ドルの為替相場は米ドルに対し半落したことになる．この結果，原油等の鉱工業素材から食料等の生活用品まで大きく輸入に依存する香港にはインフレが襲い，1975年2.7%であったインフレ率は1980年16.2%にまで上昇した．変動相場制下，為替相場の下落は一層の相場下落に追い込むことによって利益を獲得せんとする空売りの投機を呼び込み，香港ドルの信認は大きく崩れていった．

　こうした事態に直面し，1983年10月香港は1米ドル＝7.8香港ドルで為替レートの再設定に踏み切ったのである．そして1993年4月，後に記すExchange Fundと銀行監督委員会とを統一させたHKMA（香港金融管理局）が発足した[3]．

　1997年7月1日，香港が遂にイギリスによる植民地統治の手から離れ，中国政府に返還された[4]．1840年以降二度に及んだアヘン戦争が1842年南京条約締結によって終結し，以来150年以上続いたイギリスによる香港の植民地統治が終止符を打ったのである．香港島・湾仔にある香港会議展覧中心では，江沢民国家主席（当時）をホスト役とし，わざわざ米クリントン大統領（当時）まで招待して盛大な返還式典が挙行された[5]．

　とはいえ，香港経済にとり，7月1日は大きな歴史的分岐点分であった．なぜなら翌日の7月2日タイ・バーツが事実上の対米ドル固定相場制を放棄し変動相場制へと移行，通貨金融危機が勃発したからである．危機は瞬く間に日本を含む東アジア各国に伝染（contagion）し，カレンシー・ボード制下，米ドルと固定レートで結ばれていた香港ドルもまたヘッジ・ファンド等海外投機筋からの攻撃を受け，これに連動する形で香港株式市場も投機の波に洗われた．

　それから凡そ10年が経過した2008年9月，いわゆるリーマン・ショックが発生し，アメリカ発世界金融危機が勃発した．危機を契機に欧米地域の輸入は激減し，当時高度経済成長を疾駆していた中国の輸出指向工業化戦略は甚大な影響を被ることになった．世界経済の激変を受けて，中国は新たな世界経済戦略を公表した．そして第7章で記した通り，2009年7月，人民元建貿易取引に始まる人民元「国際化」策を発表した．

　だが，2015年8月の人民元為替相場切り下げを契機に，香港金融資本市場

を拠点とする人民元建金融資本取引は大きな逆境に晒されることになった.
もっとも, 2015 年夏場以降の一連の混乱が沈静化していくにつれ, 「沪港通」・
「深港通」・「債券通」を通じ, 香港金融資本市場は上海・深圳市場との連動性
を強めていった. かくて, 19 世紀大英帝国の残り香を微かに留めていた香港
の面影は, 返還から 20 年を経過する中後景に退き, 「香港の中国化 (Chinaliza-
tion of Hong Kong)」は一段と深化していった.

### ⅱ. Exchange Fund とマネタリー・ベース

　香港の通貨制度はカレンシー・ボード制度 (Currency Board System) といわれ
る. 名称は銀行と政府を代表する各人が, 香港の為替相場を監督するための理
事会を設定したことによる[6]. 現在まで続く為替相場制度は The Linked System
(リンク制度) といわれ, 1983 年 10 月 17 日に始まった.

　ところで, 香港には三つの発券銀行が存在する. すなわち, イギリス系の旧
植民地銀行の流れをくむ香港上海銀行 (Hong Kong Shanghai Banking Corporation,
HSBC), Standard Chartered Bank, そして四大国有商業銀行である中国銀行
の香港現地法人, 中国銀行 (香港)[7]——凡その発券額シェアは順に 6 割, 1 割,
3 割——である[8]. 1988 年まで HSBC には他行の決済勘定が置かれ, 同行は香
港の決済システムを担っていたが, HKMA 発足に伴って決済勘定は上記 Ex-
change Fund に移されることになった[9]. 以降, 決済システムは HKMA の管理
下に置かれ, 1996 年 12 月には RTGS (Real Time Gross Settlement) の即時決済シ
ステムも始動した.

　さて, 現在のリンク制度の最大の特徴は, 香港ドルのマネタリー・ベースが
米ドルによって完全にカバーされている点にある. そのマネタリー・ベースは,
① 負債証明書 (Certificate of Indebtedness), ② 政府発行の 10 香港ドル紙幣及び
コイン, ③ 銀行部門が HKMA に寄託している決済勘定残高, ④ Exchange
Fund が発行する手形 (bill) 及び債務証書 (note)[10], である.

　①の負債証明書は, 発券銀行 3 行が自行名の入った銀行券を発行する際,
Exchange Fund に米ドルを寄託し, その預かり証として発行される. つまり
発券銀行にとっては, 銀行券発行の担保証券である. ②については政府の, ま
た④については Exchange Fund の各々の無準備発行 (fiduciary issue) のように

図表10-1　香港カレンシー・ボード制下の為替相場の安定化メカニズム

| 資本流入 | | 資本流出 |
|---|---|---|
| 香港ドル為替相場の安定 | | ↓ |
| ↑ | | 市場参加者の香港ドル売り |
| 金利低下 | | ↓ |
| マネタリー・ベースの拡大 | | 香港ドル為替相場に下振れ圧力 |
| ↑ | | ↓ |
| カレンシー・ボード，香港ドル売り | | カレンシー・ボード，香港ドル買い |
| ↑ | | ↓ |
| 香港ドル為替相場に上振れ圧力 | | マネタリー・ベースの縮小 |
| ↑ | | ↓ |
| 市場参加者による香港ドル買い | | 金利上昇 |
| ↑ | | ↓ |
| 資本流入 | | 香港ドル為替相場の安定 |

［出所］HKMA, *Hong Kong's Linked Exchange Rate System*, 2nd edition, 2005, p. 39.

　一見みえる．しかし，政府発行紙幣もコインも総て米ドルに交換可能であり，Exchange Fund 発行の手形及び債務証は，銀行部門においては支払準備に算入され，非銀行部門ではこれら手形や債務証を売却して香港ドルを入手し米ドルに交換できることから，同じく米ドルとの完全交換性を具えている．[11] ③が銀行部門の支払準備となることは多言を要しまい．

　このようにみれば，香港のマネタリー・ベース増減の大元は Exchange Fund の発行する負債証明書にかかっており，それは結局のところ香港為替市場を流出入する米ドル建流動性ということになる．

　もっとも，香港は自由な国際資本移動と為替取引が認められている．したがって，**図表10-1** の通り，1 米ドル = 7.8 香港ドルで結び付き，香港ドル建マネタリー・ベースが米ドルと 100%完全交換性を有するシステムを維持するには，香港ドル建金利は米ドル建金利に常に追随せねばならない．この点で金利政策の自由裁量は香港側には存在せず，いわば「米ドルの植民地」ともいえる．[12]

　こうして香港のカレンシー・ボード制は，D.ヒュームの正貨流出入機構（price-specie flow mechanism）を基本としつつ，米ドル建金利に追従する通貨金融制度を備えることで，今日まで存続してきたといえよう．[13]

　もっとも，香港ドルに対し投機攻撃が襲来した 1997 年東アジア危機当時，世界経済・国際金融のアカデミズム界では「国際金融のトリレンマ」——為替相場の安定性，自由な資本移動，独立した金融政策を同日に実現させることは不可能であるという——命題をベースとした「最適為替相場制度論争」が世界的に巻き起こった．「同命題」にしたがえば，自由な国際資本移動を認めつつ対米ドル固定為替相場制下の香港ドルは，独立した金融政策を放棄することでのみ存続可能ということになる．

　「論争」において，当時 IMF 副専務理事（元イスラエル中央銀行総裁，前連邦準備理事会副議長）S. Fisher は「両極の解（Bipolar View）」説を主張し，カレンシー・ボード制については，「これを維持するための真摯な覚悟」を条件として存続可能と評した[14]．しかし，香港のカレンシー・ボード制がこれまで命脈を得てきた背景には，香港の経常収支が黒字を計上し且つ対外純資産黒字のポジションを維持し続けているからである．実際香港は，中国・日本に続く世界第 3 位の外貨準備保有国である．

### ⅲ．　香港の銀行構造——三層構造——

　香港の銀行は総て認可銀行（Authorized Institutions, AIs）として政府登録をされ，いわゆる免許銀行（Licensed Banks, LBs）と制限付き免許銀行（Restricted License Banks, RLBs），預金取扱い会社（Deposit Taking Companies, DTCs）の三つの業態に分かれており，三層構造（Three-Tier Banking System）といわれている．

　上記のいわゆる LBs 銀行とは，小口顧客の預金から大口融資事業までフル規格の銀行業務を行っている一方で，RLBs は最小預金限度額が 50 万香港ドル以上で投資銀行業務，マーチャント銀行業務に特化する傾向があり，DTCs は最小預金限度額 10 万香港ドル以上で 3 カ月以内引出不可，消費者金融や貿易金融，証券業務に特化する傾向にある．

　2017 年末の銀行数は，LBs（香港内 12 行，香港外 133 行），RLBs（香港内 14 行，香港外 5 行），DTCs（香港内 17 行）である．海外銀行がいかに香港に集積しているか，国際金融センターたる香港の面目躍如たる一面である[15]．

### ⅳ．　香港所在商業銀行の対外債権・債務

　**図表 10-2a** は，2019 年 3 月末現在における香港所在商業銀行の対銀行・対

## 図表 10-2　香港銀行部門の対外債権債務 (2019 年 3 月末)

### a. 通貨別及び対銀行・対非銀行部門別

(100 万香港ドル，%)

| 対銀行部門 | | | | 対非銀行部門 | | | |
|---|---|---|---|---|---|---|---|
| 債　務 | | 債　権 | | 債　務 | | 債　権 | |
| 香港ドル建 | 外貨建 | 香港ドル建 | 外貨建 | 香港ドル建 | 外貨建 | 香港ドル建 | 外貨建 |
| 1,161,034 | 4,360,887 | 585,354 | 6,548,583 | 706,914 | 3,315,723 | 732,405 | 4,287,366 |
| 5,521,921 | | 7,133,937 | | 4,022,637 | | 5,019,771 | |

### b. 主要国別，対銀行・対非銀行部門別外貨建対外債権債務

(100 万香港ドル)

| | 対銀行部門別 | | 対非銀行部門 | |
|---|---|---|---|---|
| | 債　務 | 債　権 | 債　務 | 債　権 |
| 中　国 | 672,147 | 1,672,148 | 928,780 | 831,027 |
| 日　本 | 691,779 | 795,100 | 69,806 | 550,678 |
| イギリス | 406,012 | 535,309 | 682,884 | 343,843 |
| シンガポール | 541,807 | 631,854 | 141,666 | 132,967 |
| アメリカ | 351,690 | 374,332 | 135,740 | 724,651 |
| フランス | 290,233 | 281,512 | 7,536 | 62,742 |
| ドイツ | 145,467 | 108,210 | 5,471 | 60,261 |
| オランダ | 181,102 | 58,579 | 5,943 | 46,881 |
| オーストラリア | 103,879 | 377,133 | 40,561 | 158,348 |
| 台　湾 | 132,721 | 313,962 | 366,573 | 46,010 |
| 韓　国 | 137,324 | 347,252 | 19,442 | 71,141 |
| ケイマン諸島 | 23,624 | 7,311 | 93,784 | 149,291 |
| マカオ | 91,045 | 113,123 | 10,369 | 16,061 |
| 英領西インド諸島 | 3 | 259 | 248,156 | 305,021 |
| 小　計 | 3,768,833 | 5,616,084 | 2,756,711 | 3,498,922 |
| 上記諸国・地域が各総額に占めるシェア(%) | 68.3 | 78.7 | 68.5 | 69.7 |

[出所] HKMA 資料より作成.

非銀行部門別外債権債務残高を通貨別に示したものである．同表によれば，対
銀行部門では香港ドル建で債務超過，外貨建で債権超過である．海外銀行部門
からの香港ドル建で資金調達を行ない，外貨建——主に米ドル建——で海外銀
行部門向けに資金運用していることが分かる．対非銀行部門では香港ドル建で
は債権債務はほぼ同額，外貨建では若干債権超過である．全体として，対銀行
部門で 1 兆 6120 億香港ドル，対非銀行部門で 9971 億香港ドルの対外債権超過
である．

　次に**同表 b** 外貨建だけを取り上げた国・地域別の対外債権債務の残高数字
と合わせてみれば，香港所在銀行の対外債権・債務の構造がおおよそ理解でき
る．次の通りであった．

　第一に，外貨建の対銀行部門の債権債務は 2 兆 1787 億香港ドルの債権超過
である．債務相手国・地域は最大が日本 6918 億香港ドルであり，以下順に中
国 6721 香港億ドル，イギリス 4060 億香港ドル，シンガポール 5418 億香港ド
ル，アメリカ 3517 億香港ドル，フランス 2902 億香港ドル，であった．他方，
外貨建の対銀行部門の債権は最大が中国 1 兆 6721 億香港ドル，後は順に日本
7951 億香港ドル，シンガポール 6318 億香港ドル，イギリス 5613 億香港ドル，
オーストラリア 3771 億香港ドル，アメリカ 3743 億香港ドル，韓国 3472 億香
港ドル，であった．記載国の内，フランス，ドイツ，オランダ及びケイマン諸
島を除けば，対銀行債権債務は債権超過となっている．そうした中でも留意す
べきは，対中国の銀行債権残高が突出していることである．中国の金融システ
ムに一朝事あれば，香港の金融決済システムも無傷ではおれまい．国際金融セ
ンター・香港は，同時に中国発システミック・リスクの信用連鎖仲介地になり
かねないのである．[16]

　第二に，外貨建の対非銀行部門債権債務についても，9716 億香港ドルの債
権超過となっている．最大の債務相手国・地域は中国で 9287 億香港ドルであ
り，以下順にイギリス 6829 億香港ドル，台湾 3666 億香港ドル，英領西インド
諸島で 2482 億香港ドル，アメリカ 1357 億香港ドル，シンガポール 1417 億香
港ドル，であった．他方，外貨建の対非銀行部門の債権においては最大が同じ
く中国で 8310 億香港ドルであり，以下順にアメリカ 7246 億香港ドル，日本
5506 億香港ドル，イギリス 3438 億香港ドル，英領西インド諸島 3050 億香港

ドル，であった．この内，中国 978 億香港ドル，イギリス 1273 億香港ドルについては純債務，日本 4808 億香港ドル，アメリカ 5889 億香港ドル，英領西インド諸島 568 億香港ドルの純債権，であった．要するに，香港所在商業銀行の対非銀行部門取引においては，中国及び世界の金融センターであるイギリスから資金をネットで調達し，これを米ドル建金融取引のセンターであるアメリカとオフショアの英領西インド諸島，そして日本で資金運用していることになる．

　外貨建の対非銀行部門債務の相手側としては，例えば中国の国有企業が人民元建貿易取引等のために開設した人民元建預金，QDII の投資信託取扱い信託会社，[17] 旧植民地宗主国であるイギリスの場合には，香港の H 株やレッド・チップスへの投資を目論見書に記した投資信託取扱い等があろう．外貨建の対非銀行部門債権の相手としては，アメリカに限らず，バミューダ，ケイマン諸島などのタックス・ヘイブンで法人登録したヘッジ・ファンド等世界の機関投資家への投融資以外にも，[18] 大陸系中国企業の本土以外での海外事業活動への投融資もあろう．

### (2)　香港カレンシー・ボード制の行方

　返還から 20 年を経過する中，香港の中国本土の経済取引はこの間大きく伸長する一方で，中国経済自体の発展により，貿易量・港湾貨物取り扱量において，香港は上海・天津・深圳等の後塵を拝することになった．かくて「香港の中国化」は深化し，今後もこの勢いは留まることはないであろう．実際，香港返還 20 周年を迎えた 2017 年 7 月，新中派の新たな行政長官に就いた前政務官林鄭月娥（Carrie Lam Cheng），そして現 HKMA 総裁陳德霖（Norman Chan），いずれも人民元「国際化」そして「一帯一路」の中国の国際金融・世界経済戦略の実現のため香港金融資本市場はその役割を担っていくべきことを各所で主張している．[19],[20]

　既に記した通り，香港機関投資家経由の RQFII は，香港ドルや米ドル等ハード・カレンシーから人民元への交換を前提としているため，大陸系も含む香港所在商業銀行にとっては，これらハード・カレンシーを獲得する絶好の機会となってきた．[21] また既に記した通り，今や中国系大陸系企業の上場でひしめく HKEX である．大陸系企業の HKEX での上場は香港ドル建であるから，手

取り金はハード・カレンシーである香港ドル＝米ドルである．こうして取得された香港ドルは，人民元に交換されて H 株の本社向けに FDI として還流されようし，レッド・チップスの登記地であるオフショア・センター向けに FDI としても投融資されよう．実際，2018 年末の香港の FDI 総残高 14 兆 3312 億香港ドルの内，対中国 5 兆 8228 億香港ドル，英領ヴァージン諸島 4 兆 8418 億香港ドルで，二地域だけで全体の 74％を占めた[22]．加えて，この間巨額の中国マネーが香港に流入し，香港内の不動産投資に流用されてきた[23),24)]．このように，カレンシー・ボード制下，国際的金融資本取引が自由化された香港は，国内外で事業展開する中国企業向け資金集配機能を担ってきたのである[25]．

　2020 年 5 月 14 日，人民銀行は広東・香港・澳門地域の金融統合計画を発表した．既にある地域総合開発計画「粤港澳大湾区建設」の金融版である[26]．現在，澳門の通貨パタカを含め三通貨が同じ経済圏を流通している中[27]，今後人民元は地域統合通貨として確実に流通領域を広げるであろう．

　さて，香港カレンシー・ボード制は生き残っていけるであろうか．

## 第2節　バスケット通貨制度下のシンガポール・ドル

### (1)　バスケット通貨制度

　国際金融センター・香港について語るとすれば，同じく東南アジアの国際金融センターであるシンガポールについても語らずにはおれまい．周知の通り，香港と同じくイギリスの旧植民地であったシンガポールは，一旦は現マレーシアと共にマラヤ連邦として独立しながらも，1965 年改めて分離独立を余儀なくされて誕生した．

　さて，シンガポールは 1981 年以来為替相場に軸心を置いた金融政策を実施しており，その為替相場制度がバスケット通貨制度（currency basket system）である．バスケット通貨制度とは，自国通貨の為替相場を算定するにあたり，貿易相手国の比重に応じてバスケットの中身をウェイト付けしていく制度であり，実質実効為替相場を基準とする制度といってよい．バスケット通貨制度の最大の長所は，自国通貨の為替相場を算定するにあたり，主要貿易相手国通貨間の為替相場の変動が及ぼす影響を極力回避できるという点にある．たとえば，当

該国通貨の為替相場を円・ドル両通貨のバスケットとして算出する場合，円・ドル為替相場が大きく変動したとしても，円の上昇（下落）はドルの下落（上昇）であり，両通貨間の為替相場変動の影響は大きく相殺されることになる．したがって，特定国の通貨だけ，例えば米ドルだけに結び付けて為替相場を設定する場合よりも，バスケット通貨制度で算出された為替相場の方が，その安定性は格段に増すことになる．

　ところで，バスケット通貨制度の場合，それがあくまで貿易を基準とした通貨価値算定方法であり，国際的金融資本取引は考慮に入れられていない点である．そこで，実質実効為替相場を基準レートとしつつも，そこから±5〜10%の変動幅（band）を設けつつ，常時基準レートを見直してクロールさせること——これをもって BBC ルール（band, basket, crawl）という——ことで，国際金融資本取引及びこれに係わる為替取引を自由化させたとしても，バスケット通貨制度は存続可能であるというのが，上記「最適為替相場制度論争」において Fisher に対抗して論陣を張った Williamson の「中間的為替相場制度（intermediate exchange-rate regime）」論であった．

　もっとも，バスケット通貨制度を採用しているシンガポール・ドルについていえば，同国の中央銀行である MAS（Monetary Authority of Singapore, シンガポール金融管理局）は，2000 年段階で自国通貨の「非国際通貨 Non-Internationalization of Singapore Dollar」政策を確認している[28]．

　以上がバスケット通貨制度の概略である．しかし，ここで急いで記すべきは，バスケット「通貨」というものが現実に存在する訳ではないことである．それはあくまで計算上の通貨であり，「机上の通貨（desk currency）」というべきものである．現実の国際経済取引の契約・取引通貨は，米ドル，ユーロ，日本円，人民元等の特定の国民通貨建である．したがって，シンガポールの貿易取引において中国のウェイトが大きくなるにしたがい，また人民元の対米ドル為替相場が上昇するにつれ，シンガポール・ドルの為替相場算定において人民元のウェイトが大きくなることにはなる．だが，MAS はシンガポール・ドルの為替相場算定方式を公表している訳ではない．したがって，この点はあくまで推測の域を出ないことを断っておく．

　尚，念のために付け加えれば，東アジア地域屈指の米ドル等のオフショア貸

借市場である ACU（Asian Currency Unit）市場は「外－外型」であり，その増減はシンガポール国内のマネタリー・ベースに直接影響することはない．したがって，国際金融都市シンガポールであるからといって，シンガポール・ドルが米ドル・日本円・香港ドルと並ぶハード・カレンシーという訳ではない点には注意が必要である．

## (2)　シンガポールと人民元「国際化」

　2016 年 3 月，シンガポールは国父たるリー・クアン・ユー（李光耀）を失った．加えて，中国の南シナ海における一方的な九段線設定と海洋進出の件を巡って，中国との外交関係がギクシャクする中，シンガポールの将来もまた今日やや視界不良といった感がある．これもまた，2008 年の危機を契機にアメリカ中心の国際通貨システムが大きく軋み，シンガポールを含む東南アジア経済における中国経済のウェイトが徐々に高まってきたことの影響である．そこで香港－シンガポールを包摂して東南アジア地域経済全体の構図を塗り替えようというのが中国の「一帯一路」戦略である．

　2013 年に，中国工商銀行がシンガポールにおける人民元建貿易取引の決済銀行に指定され，また 2014 年にはシンガポール取引所（The Singapore Exchange, SGX）が，米ドルと CNH，米ドルと CNY のフューチャー取引を開始した[29]．

　だが，**図表 10-3** に示される通り，シンガポールにおける人民元為替取引は，近年むしろ減少傾向にある．同表は，BIS が 3 年に一度 4 月のある一日における世界主要為替市場の取引動向を調査する「外国為替およびデリバティブに関する中央銀行サーベイ」をベースに HKMA が作成したものである．同表によれば，香港が引き続きオフショア人民元為替取引の世界的センターであり，次にはロンドンが続く形となっている．シンガポールについては，2016 年調査時の一日当たり 425 億ドルであった人民元為替取引額は，2019 年時点でも 426 億ドルに留まった．またシンガポールのオフショア人民元建預金額は，2013 年 6 月 1330 億人民元から 2015 年 6 月 2340 億人民元へと増大した後，2019 年 12 月には 1180 億人民元へとほぼ半減した[30]．こうしたことの背景については，既に第 8 章で論じているので，ここでは再説しない．

　第 9 章でみた通り，東南アジア地域に中国が主導権を握った貿易・投資関係

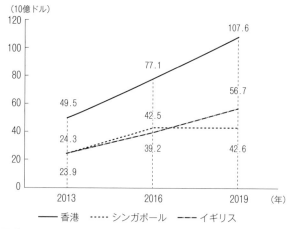

図表 10-3　オフショア人民元の為替取引——BIS 調査より——

［原資料］BIS, Triennial Central Bank Survey of Foreign Exchange and Over-the-counter (OTC) Derivatives Markets 各号より.
［出所］HKMA (2019) p.2.

が構築されているとはいえなかった．この面では「一帯一路」戦略をもってしても，東南アジア地域全体を中国経済の影響下に収めるには，現状かなり難しい状況である．そうした現実があるところで，2015 年夏場を転換点とした中国経済の推移が，シンガポール金融為替市場における人民元のポジション変化にも映し出されているといえよう[31]．

注
1)　樊・岡（1998）145-170 ページも極めて有益である．参考にされたい．
2)　今日でも，香港島には植民地時代の東インド会社を源流とする Jardine Matheson Holdings（中国名：怡和洋行，登記地バミューダ）——幕末時代，その長崎支店がグラバー商会——と Swire Groupe（中国名：太古集団）——航空会社 Cathay Pacific は子会社——が事業本部を構えている．
3)　Exchange Fund と銀行監督委員会は，これをイングランド銀行になぞらえれば，発券部と銀行部に相当するといえよう．
4)　1997 年東アジア危機当時の香港ドルに対する投機的攻撃等については，拙稿（1999）を参照．
5)　許（1999）によれば，中国側からみた香港回収の原則は，「イギリス資本を引き留め，

華人資本を逃がさず，華僑・台湾資本を取り込み，欧米外資を誘い込み，中国系資本を増大させる」ということであった．香港はこの間正にその通りの役割を担ってきた（100 ページ）．尚，中国返還から 20 年有余年を経過した香港経済の歩みと概要については，遊川（2017）が有益であるし，香港財閥については西原（2013）が詳しい．

6)　Scott（2004）p.21.

7)　HSBC は 1865 年，Standard Chartered Bank（旧 Chartered Bank of India, Australia & China）は 1859 年，中国銀行（香港）は 1917 年に香港に法人設置を果たしている．尚，中国銀行（香港）の発券は 1994 年から（HKMA 資料より）．

8)　HKMA（2018）p.65.

9)　Exchange Fund には特別行政区域・香港政府の財政余剰金も寄託されているが，これは外貨建投資に振り向けられているため，香港内のマネタリー・ベースを形成することはない［Scott（2004）p.32］．

10)　Exchange Fund 発行の手形は，額面に対する割引発行（利払いなし）で期間 1 年未満，債務証書は固定金利が付され，2015 年以降は主に期間 2 年の証券である（HKMA 資料より）．

11)　2019 年末段階で，香港ドル建債券市場の発行残高は 2 兆 1865 億香港ドルで，その内 Exchange Fund 発行の証券は 1 兆 820 億香港ドル（49％）を占めた．2019 年の新規発行額は 4 兆 1839 億香港ドルで，その内 Exchange Fund 発行の証券は 3 兆 3939 億香港ドル（81％）であった［HKMA（2020a）参照］．

12)　香港の通貨制度については Yam（2012）も有益である．

13)　Scott（2004）pp.35-37 参照．

14)　Fisher（2001）．尚，本書「補論 1」も参照されたい．

15)　HKMA の資料より．

16)　香港所在商業銀行の対中国向け銀行債権は，2018 年 11 月 2 兆 1446 億香港ドルをピークにして減少し，2020 年 2 月 1 兆 4689 億香港ドルである．但し，依然 8400 億香港ドルの債権超過である［HKMA 資料より］．

17)　香港証券取引所には，騰訊控股（テンセント），美団点評といった有名企業が株式市場上場を行っている．

18)　2015 年 1 月，香港の最大財閥長江グループは，登記地をケイマンに移籍している．ニューヨーク証券取引所には，中国石油天然ガス（Petro China），中国人寿保険以外にも，アリババ，百度，網易，優酷，京東商城，微博といった ICT，電子商取引の新興企業が上場している．

19)　2018 年 4 月香港政府は新たに 2 段階の法人税率措置を導入した．法人事業主については，利益の内 200 万香港ドルまでは 8.25％の税率，200 万香港ドルを超える利益については 16.5％の税率で課税される（JETRO 資料より）．また，香港には公的健康保険制度がないため，健康保険料の徴収もなければ，消費税，相続税，贈与税も存在せず，個人所得税率も 13 万 5000 香港ドル（約 200 万円）以上の所得税率は一律に 17％であるが，所得控除制度も別途あるため，給与所得者の約半数は所得税を支払ってはいない．その代わり，香港政府は域内全土の所有者として不動産開発業者に土地の賃貸借を行い，

その収入が香港政府の最大の財政収入源となっている.

20)　この面で J. Yam は，HKEX での香港ドル建株式取引に人民元建取引を加えれば，香港ドルの対米ドル為替相場の安定性は維持できると主張している（'Joseph Yam warns of challenges for Hong Kong dollar stability', *SCMP*, June 1 2018）.

21)　中国・国家外汇管理局が発表した 2017 年 12 月末段階の RQFII の割当許可機関を地域・国籍別にみれば，香港 82 機関 3056 億元，シンガポール 32 機関 693 億元，イギリス 17 機関 389 億元，フランス 7 機関 240 億元，韓国 46 機関 753 億元，ドイツ 3 機関 105 億元，オーストラリア 3 機関 320 億元，スイス 1 機関 70 億元，カナダ 3 機関 86 億元，ルクセンブルグ 7 機関 151 億元，タイ 1 機関 11 億元，アメリカ 3 機関 166 億元，マレーシア 1 機関 6 億元である. 日本で組成される RQFII 投資ファンドは存在しない. RQFII の組成地域として香港のウェイトが理解できよう. 尚，香港やドイツ等において日本の銀行・金融機関名を冠した現地法人が認可されているし，ルクセンブルクでは四大国有商業銀行の名称を冠した現地法人が認可されている.

22)　数字は Census and Statistics Department of HKSAR より.

23)　2018 年－19 年会計年度の香港政府の歳入総額は 5998 億香港ドルで，内訳は法人税 1666 億香港ドル，借地権収入 1169 億香港ドル，印紙税 800 億香港ドル，給与所得税 601 香港ドルであった（HKSAR, Census and Statistics 資料より）. 政府の借地権収入は歳入の約 2 割を占め，個人所得税額は印紙税額よりも少ないことに注目すべきである.

24)　2014 年 12 月に発生した反政府デモ「雨傘運動」に引き続き，2019 年夏「逃亡犯条例」に反対する大規模な反政府運動が展開した. その際，改めて香港の劣悪な住環境と所得格差が明らかになった. 特に注 19) の通りの香港の土地事情であるため，政府と不動産開発業者が結びつき住宅供給を意図的に抑制して住宅価格を引き上げたとなれば，市民の怒りは当然香港政府に向いた. しかも，この間大陸から巨額のマネーが流入し，住宅価格が一段と引き上がって来たため，怒りは中国政府にも向けられた.

25)　2020 年 5 月 28 日，第 13 次全人代第 3 会大会で「香港国家安全法」が採択された. これに対し，予てより米中貿易摩擦を仕掛け，同年秋に大統領再選を目指すアメリカ・トランプ政権より，米ドルと香港ドルとの決済システムを切断するとの話も聞こえている（'Hong Kong security law: China weighs risk US will go for 'nuclear option' and cut Beijing from the dollar payment system' SCMP, June 1 2020）. これが現実なものとなれば，香港はもとより中国の対外経済取引は決定的なダメージを被るし，「米ドル本位制」の存亡に係わる事態に発展しよう.

26)　中国人民銀行「于金融支持粤港澳大湾区建设的意见」，2020 年 5 月 14 日. 粤は広東，澳はマカオの略称である.

27)　旧ポルトガルの植民地であるマカオにはポルトガルの大西洋銀行（Banco Nacional Ultramarino）が 1902 年に進出し，1905 年より通貨パタカ（葡幣）を発行している. 1995 年には中国銀行マカオ支店も通貨発行を開始し，1999 年マカオの中国返還と共に，マカオ金融管理局が設置された. パタカは香港ドルにペッグされ，取引規制はない.

28)　MAS, 'Internationalization of Singapore Dollar', (http://www.mas.gov.sg/regulations-and-financial-stability/regulations-guidance-and-licensing/commercial-banks/cir culars/2000/internationalisation-of-the-singapore-dollar.aspx ← 2010 年 5 月 1 日閲覧).

29)　シンガポールで米ドルと CNH との為替取引を行うことになれば，決済先銀行はアメリカ系銀行と香港所在商業銀行となる．米ドルと CNY については，いわば NDF と同じ取引となる．

30)　MAS 資料より．

31)　その一方で，2019 年 6 月から続く香港政情不安を契機に，シンガポールの非居住者預金は 467 億ドルから 2020 年 4 月には 621 億ドルへと 33％の増大をみている（数字はMAS 資料より）．

# 第11章　中国・金利「自由化」と人民元「国際化」の現実と限界
## ——「米ドル本位制」に再編されるのか——

## 第1節　債務重圧下の金利「自由化」の限界

### (1)　債務重圧下の中国金融経済

　中国の「債務主導型経済」については，第6章第2節でも記した通りである．そうした中国経済において，この間最大の懸案となってきた問題が，国有企業とLGFVであり，家計債務であることも，既に関係個所で記してきた．

　国有企業の場合，これまで往々にして「債務の株式化」により，有利子負債をB/Sから外す方策が取られてきた．また国有企業に貸し付けを行っていた商業銀行にとっても，貸付債権の株式化は，不良債権処理の一方策として位置づけられてはきたが，今度は株式数の増加が上海A株市場の株価を下押しする大きな原因になってきた．そのため，2015年6月の上海株式市場のクラッシュ以降，国有企業も債券発行による資金調達にシフトしてきた．

　この間，不動産投機は激しさを加えながらも，景気の落ち込みを懸念した中央政府・人民銀行は，正に'ストップ＆ゴー'の政策を取り続けてきた．しかし，LGFVの資金繰り悪化は，公式・非公式を問わず債務保証を行ってきた地方政府財政を次第に圧迫するようになってきたことについても，既に第6章第2節で記した通りである．2017年末現在，中央政府の国債残高は13兆4770億元（全人代の認める債務限度額14兆1408億元），地方債の残高は16兆4706億元（同18兆8174億元）である．これら政府債務が，今日中国の金融資本市場に重く圧し掛かっていることになる．

　では，2015年5月以降発行が認められるようになった地方債を引き受けたのは誰か．国務院財政部が出資し，人民銀行でRTGS（即時グロス決済システム）処理が行われている銀行間債券市場の債券保管決済機関，中央国債登記結算の

図表 11-1　国債・地方政府債の保有

(億元)

| | 国　債 | | | | 地方政府債 | | | |
|---|---|---|---|---|---|---|---|---|
| | 2015 年 | 2016 年 | 2017 年 | 2018 年 | 2015 年 | 2016 年 | 2017 年 | 2018 年 |
| 商業銀行 | 63,778 | 72,346 | 81,564 | 88,617 | 44,557 | 93,631 | 127,556 | 153,272 |
| (%) | 71.2 | 67.1 | 66.9 | 65.0 | 92.3 | 88.1 | 86.5 | 84.8 |
| 海外銀行・金融機関 | 2,484 | 4,237 | 6,065 | 10,973 | 4 | 53 | 96 | 3,786 |
| (%) | 2.8 | 3.9 | 5.0 | 8.0 | 0.01 | 0.05 | 0.07 | 2.1 |
| 発行残高 | 89,563 | 107,862 | 121,962 | 136,400 | 48,255 | 106,240 | 147,415 | 180,700 |

[出所] 中央結算公司『債券市場統計分析報告』各号より.

年次報告書を取りまとめた**図表 11-1** によれば，国債及び地方債の最大の保有者が商業銀行であることが分かる．地方債に至っては 80〜90％を商業銀行が保有している．例えば，2016 年の地方債発行額は 6 兆 400 億元（その内借換債 4 兆 8700 億元）で，商業銀行の保有額は 9 兆 3631 億元，4 兆 9073 億の新発債を引き受けている[5]．もっとも，地方債引き受けを商業銀行の観点からいえば，それまで高利であった対地方政府貸付が低利長期の地方債に転換されたことを意味し，その分商業銀行は大きな収益機会を失ったことになる．

　だが，商業銀行こそは，債券市場を含む金融資本市場全般の流動性を維持する上での要であることは言を俟たない．そのための梃子の一つが人民元発券制度の「脱ドル化」であり，もう一つが「債券通」等の新たな外資導入策であった．

### (2)　人民元発券制度の「脱ドル化」

　既に第 6 章第 3 節（3）で記した通り，人民銀行の発券体制における「脱ドル化」は，この間大きく進んできた．2018 年 12 月の数字をみると，外為準備額は 21 兆 2552 億元，マネタリー・ベースは 33 兆 956 億元で，外貨準備によるマネタリー・ベースのカバー率は 64％であった．他方，この外為準備に次ぐ資産が「対その他預金銀行債権」であり，2018 年 12 月 11 兆 1517 億元となった．こうして今日中国のマネタリー・ベース約 30 兆元の内，凡そ 1/3 が外貨準備による資産カバーから外れた独占的発券銀行としての中央銀行信用に

よる対商業銀行マネー貸付ということになる.

　こうした事態を受けて人民銀行は, 過去数年間従前の規制金利体制を改革し市場調整型の自由金利体系への移行に向けて, その金利調節手段を整備させてきた. これについても第 6 章第 3 節 (1) で記した通りである. 2017 年 2 月に公表された人民銀行の『貨幣政策執行報告　2016 年度第四季度』では, 自由市場金利に一段と対応した金融調節を行うと記し, 最近では債券現先取引を利用したオペレーションを通じ流動性供給を行ってきた.

　人民銀行のマネー供給体制がこのように外為準備から国内の資金需給を重視した金融調節型に転じたのであれば, 当然ながら金利の「自由化」に向けて一段の弾みがつくことになるはずである. この点についても, 既に第 6 章第 4 節で記した通りであり, 2015 年 10 月に預金金利上限を撤廃したことで, 一応表向きの金利自由化は完了した.

　しかし, この金利自由化完了の時期は, 上記の通り, 巨額の地方債の引き受けが商業銀行に求められていた時期と重なっている. 地方政府の財政状況や地方債の信用リスクを踏まえた金利設定はできないであろうし, 資金調達を目的とした銀行間預金引き上げ競争は, 四大国有商業銀行と株式制商業銀行及びその他地方に散在する協同組合金融機関との圧倒的な資金収集力格差を噴出させ, 金融システム全体を震撼とせしめるであろう[6]. かくて, 制度上完了したとされる金利の「自由化」が市場レベルで実現することはなく,「定向」──事前に取引相手を決定──という表記に示される通り, 結局のところ地方債の商業銀行引き受けという「護送船団方式」が採られたのである[7]. その上で 2018 年 3 月末, 国務院財政部より国有商業銀行に対し, 地方政府債の購入以外, 地方政府への融資を控えるよう指示が出され[8], そのことが逆に地方債のデフォルト懸念を引き起こすことになってもいる[9].

　このようにみれば, 今日中国の金融経済は, 依然 LGFV −地方政府債の債務が重く圧し掛かったまま, ほとんど身動きが取れないまま, 事実上「流動性の罠」に陥っているといえよう. そのため金利・金融の「自由化」も制度的には完了したものの, 実質機能しえないままとなっている[10].

　そこで改めて財政出動による公共事業或いは減税等による消費刺激策となる. だが, 公共事業は, 本書各所で述べてきた「国進民退」を一段と推し進めるし,

消費刺激は不動産投資や高級車等購入のための消費ローンを徒に煽りかねない．その一方で，財政資金調達のための国債・地方債発行は増え，人民銀行には低金利政策が求められよう．かくて「債務主導型経済成長」による構造危機がまた一歩深化することになろう．

## 第2節　停滞する人民元「国際化」

### (1)　2016年以降の人民元「国際化」策の新展開

　第5章で記した通り，2015年6月の上海株式市場の大崩落そして8月の人民元為替相場切り下げを契機に，この間人民元「国際化」も後景に退いた感がある．もっとも，為替相場に安定感がみられるようになった2018年の年明けとともに，一部新たな展開がみられるようになった．

　2015年10月にはCIPS（RMB Cross — Border Interbank Payment System，人民币跨境支付系統）が開設され，人民元建クロス・ボーダー取引は人民銀行を頂点とした国内決済システムと接続されるようになった[11]．CIPSには，世界の主力銀行31行が直接参加，701行が間接参加している．邦銀ではメガバンク2行が直接参加，地銀等24行が間接参加している．2016年5月初めCIPSの第二段が始動し，世界中の人民元建国際決済が24時間CIPS経由で決済可能となり，これにはSWIFTも協力している．加えて，中国は世界24カ所に人民元決済銀行を設立し（内，23行が中国系銀行，1行が外資系銀行），中央銀行間通貨スワップも23カ国，2兆2770億元——直近は2018年3月の豪中銀との2000億元/400億豪ドルのスワップ——に達している．また，人民元と銀行間為替市場で直接交換可能な通貨は22種に及ぶ[12]．

　また中国は2015年から人民元レート変動の新基準として，対米ドル・レートに代わりCFETS人民元指数（2014年12月31日のレートを100）の運用を開始した．指数算出に当たっては貿易総額に占める各国のウェイトを基準としたバスケット通貨——2005年7月の為替相場制度改革を契機に導入——が用いられているが，**図表11-2**の通り，バスケットにおける米ドルのウェイは徐々に引き下げられている．また，2017年からは，同図表にある11カ国通貨以外に，南アフリカ・ランド，韓国・ウォン等，新たに13カ国通貨を加えた計24カ国

図表 11-2　人民元指数のバスケット通貨構成比

| | 2015 年 | 2017 年 | 2020 年 |
|---|---|---|---|
| 米ドル | 0.2640 | 0.2240 | 0.2159 |
| ユーロ | 0.2139 | 0.1634 | 0.1740 |
| 日本円 | 0.1468 | 0.1153 | 0.1116 |
| 香港ドル | 0.0655 | 0.0428 | 0.0357 |
| 英ポンド | 0.0386 | 0.0316 | 0.0275 |
| 豪ドル | 0.0627 | 0.0440 | 0.0520 |
| NZ ドル | 0.0065 | 0.0044 | 0.0057 |
| シンガポール・ドル | 0.0382 | 0.0321 | 0.0282 |
| スイス・フラン | 0.0151 | 0.0171 | 0.0144 |
| カナダ・ドル | 0.0253 | 0.0215 | 0.0217 |
| マレーシア・リンギット | 0.0467 | 0.0375 | 0.0370 |
| ロシア・ルーブル | 0.0436 | 0.0263 | 0.0365 |
| タイ・バーツ | 0.0333 | 0.0291 | 0.0298 |

［出所］中国外汇交易中心資料より.

通貨で構成されたバスケット通貨価値の指数表示を開始した.そして 2016 年 10 月 1 日,人民元は SDR の価値を算定する構成通貨（米ドル 41.73,ユーロ 30.93,人民元 10.92,日本円 8.33,英ポンド 8.09）に加わった[13].

　他方,2017 年 7 月,香港取引所＝HKEX 経由で海外の銀行・金融機関等機関投資家に取引上限を設けない形での債券市場への投資,「債券通」が始まった[14),15)].その効果は三重である.すなわち,CNH 為替相場引き上げと為替投機のいわば‘実弾’となるオフショア人民元の国内「還流」,そして本土債券市場への外資流入により地方政府・銀行金融機関等の債務繰り延べを図ることある.

　そして 2018 年 1 月,日本企業の対中ビジネスにおける人民元ニーズに応えるべく,日本のメガバンク 2 行が上海債券市場で各々 10 億元と 5 億元の人民元建債券（パンダ債）を発行した[16].翌 2 月,中国人民銀行はアメリカ・ゴールドマンサックスを民間銀行として初めてオフショア市場での人民元決済銀行に指定した[17].また 3 月には,フィリピン政府が銀行間債券市場で 14.6 億元（期

限3年，表面金利5%）のパンダ債を発行した[18]．

　続く4月初旬に海南島で開催された博鰲アジア・フォーラムの期間中には，次の三つの報道が注目を引いた．第一に，就任したばかりの人民銀行・易総裁は，今年6月をもって証券や生命保険の外資出資比率の上限を51%に上げ，3年後に全額出資をも承認すると発表した．第二に，2017年6月にMSCIが中国本土A株（222株）を新興国市場指数（構成比率0.7%）に二段階に分けて組み入れることを発表していることから，その第一回目の組み入れが目前に迫った[19]5月1日より上海と香港・「沪港通」，深圳と香港・「深港通」の取引拡大が図られた．すなわち，上海と深圳から香港の株式を売買する各々の「港股通」の一日の取引限度額を従来の105億人民元から420億元に，香港から上海・深圳の株式を売買する「沪股通」と「深股通」の一日の取引限度額を現行の各々130億元から520億元引き上げることが発表された[20]．そして第三に，中国銀行は総額32億ドル相当額の「一帯一路」関連債券を米ドル，ユーロ，豪ドル，ニュージーランド・ドルの各通貨建で発行した．発行は，中国銀行のシンガポール，ルクセンブルク，シドニー，ニュージーランド各現地支店を通じて行われた．

　こうして2020年を目標とした資本取引「自由化」を目指し，中国の金融資本市場の対外開放は着々と進んでいるかにみられるが[21]，さて現実はどうであっただろうか．

## (2)　人民元「国際化」の現実

### ｉ．人民元建貿易取引

　前掲**図表8-4**によれば，2015年夏場の上海金融資本・為替市場の混乱を契機に，人民元建貿易取引が大きく落ち込んだことが分かる．2017年第Ⅳ四半期のクロス・ボーダー人民元建取引は9.19兆元（受取4.45兆元，支払い4.74兆元），内経常取引は4.36兆元（貿易3.27兆元，サービス取引1.09兆元）[22]であった．2017年の国際収支によれば，グロスの経常取引額は35.4兆元，グロスの輸出入額は26.7兆元であったから[23]，経常取引額の12.4%，貿易取引額の12.2%が人民元建取引ということになる．これに対し第7章第1節（2）に記した通り，2014年上半期の人民元建貿易比率は17.1%であったから，この間中国の人民

元建貿易比率は後退したことになる[24].

## ⅱ．　国際取引通貨・公的準備通貨としての人民元

SWIFT の 2020 年 2 月のレポートをみると，国際決済手段としての各国通貨のシェアは米ドル 40.81%，ユーロ 33.58%，日本円 3.32%，カナダ・ドル 1.84%，人民元 1.65%，豪ドル 1.52%，香港ドル 1.40%，タイ・バーツ 1.12% であった．2018 年 1 月次の人民元のシェアが 1.66% であったから，人民元の国際決済手段としての利用はほとんど進展していない[25]．第 8 章で記した通り，2015 年 6 月末の上海株式市場と 8 月の人民元為替相場の切り下げ，そしてその後の為替相場下落によって，人民元の国際的信認には大きく傷がついたとみてよい．非居住者からみれば，いずれの国民通貨であれ，為替相場が下落する国民通貨建の取引・資産保有は回避されよう．

次に公的外貨準備についてみてみよう．2017 年 3 月末，IMF は「公的外貨準備通貨の通貨別構成（Currency Composition of Official Foreign Exchange Reserve）」を発表した．それによれば，2017 年第Ⅳ四半期における世界の公的準備通貨は総額 11 兆 4249 億ドルで，内訳は米ドル－ 6 兆 2851 億ドル（55.01%），ユーロ－ 2 兆 0185 億ドル（17.67%），日本円－ 4901 億ドル（4.29%），ポンド－ 4545 億ドル（3.98%）で，カナダ・ドル－ 2028 億ドル（1.78%），豪ドル－ 1800 億ドル（1.58%），人民元－ 1228 億ドル（1.08%）であった．中国の公的筋の報道は，2016 年同期との比較で公的外貨準備に占める人民元のウェイトが 0.15% 上昇したと記してはいる[26]．しかし，2016 年 9 月末人民元は IMF の SDR バスケット構成通貨になり，日本円のウェイト 8.33% を上回る 10.92% のウェイトを占めるに至ったことを考慮すれば，現状公的準備通貨としてのウェイトは余りにも低すぎよう[27]．

## ⅲ．　人民元建預金

2015 年夏場以降，香港の人民元建預金残高が大きく減少してきたことは，第 8 章第 2 節で記した通りである．その後人民元為替相場の安定化を受け，預金残高はやや増大に転じたものの，2019 年 3 月段階でも 6022 億元である．特に定期預金の場合，2014 年 12 月 8265 億元，2019 年 3 月 3920 億元（52.5% 減）であった．決済勘定として利用可能な要求払い預金及び貯蓄性預金も，2016

年 11 月 2070 億元まで増大したが，2017 年 1 月には 1192 億元にまで減少し，2019 年 3 月には 2101 億元となっている．

### iv. 「点心債」・「沪港通」・「深港通」・「債券通」

「点心債」……前掲**図表 8-3b** の通り，2017 年以降も香港 Hibor は上海 Shibor より引き続き金利高で推移しただけでなく，CNH も 1 ドル＝ 7 元ラインを一時的にせよ割ることがあったため，点心債発行環境は好転することはなかった．そのため，**図表 7-3** の通り，点心債の発行残高は減少しており，新規発行も大きく減少した．

「沪港通」……**図表 8-5** の通り，2015 年夏場の上海株式市場の大崩落の影響が少し緩み始めた 2016 年後半頃より「沪股通」はプラスとなり，香港から上海向けの資金流入に転じた．他方「港股通」は 2017 年以降プラスの伸びが抑制気味，すなわち上海から香港向けの資金移動が比較的低調に推移するようになり，2018 年ともなるとマイナス，すなわち香港から上海への資金引き上げに転じた．事態の転換に応えるかのように，2018 年 5 月，「沪股通」と「深股通」の一日の取引限度額の拡大策がとられ，同月「沪股通」は盛り返した．[28] その背景には，本章第 1 節（1）で記した通り，6 月に迫った中国本土 A 株（234 株）の MSCI 新興国市場指数への組み入れがあった．それと同時に，上海と深圳の A 株市場株価指数は 4 月末の下落傾向から反転上昇し，香港恒生指数も 30,000 の大台を大きく上回るに至った．外資流入に煽られた株価上昇である．[29]

しかし，2017 年末に勃発した米中貿易摩擦が深刻化した 2019 年以降事態は一変した．「沪股通」はマイナス，すなわち上海から香港への資金引き上げ，「港股通」はプラス値に転嫁，つまり上海から香港へのネット資金流入となった．これに合わせるかのように，上海の総合株価指数も再び下落に転じた．

「深港通」……2016 年 8 月開始以来，深圳と香港との株式面での相互取引は比較的バランスを保ちつつ活発であった．だが，華為を筆頭に，米中貿易摩擦は今日深圳株式市場を直撃している．**図表 8-6** の通り，それまでプラス値を示していた「深股通」はマイナス，すなわち深圳から香港への資金引き上げに転じ，「港股通」はプラス値，つまり深圳から香港へのネット資金流入を示すようになった．総じて深圳株式市場からの資金流出である．

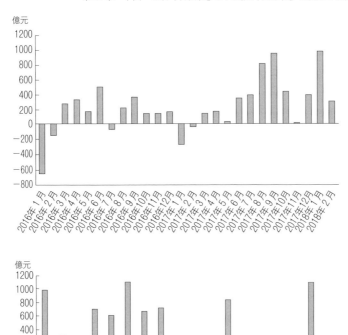

図表 11- 3　海外機関投資家による人民元建て債券保有の増減

［出所］新华社中国金融信网より.

　「債券通」……前掲**図表 9-2** に示される通り，2018 年ともなると国債及び地方政府債の海外銀行・金融機関保有比率が各々 8.0％と 2.1％となった．特に外資による地方政府債保有比率が僅か数％とはいえ数字に表れてきたことは，外資マネーが中国の地方政府にまで浸透し始めたことを示している.

　だが，総てが目論見通りに進んでいる訳ではない．**図表 11-3** の通り，「債券通」の開設当初は，確かに外資流入一辺倒の状況であった．しかし，人民元為

替相場の安定性が少しでも失われたり，中央政府の不動産バブル潰し策の影響
が直接・間接に債券市場に及んだ場合には，外資資金の流入も途端に先細りと
なる．実際，政府・人民銀行による不動産関連融資への歯止めが本格化し，
LGFV の破綻と地方政府債のデフォルトへの懸念が広がり始めてきた 2018 年,
外資流入の増勢に陰りが見えた.[30] その一方で近年では地方債の香港オフショア
市場での発行も論議されているだけでなく,[31] 2020 年 1 月中国財政省は地方債
の外国銀行引受を容認すると発表した．

　以上，人民元「国際化」の現状について，香港金融資本・為替市場を中心に
最近の動きまでを取りまとめてみた．2009 年 7 月の人民元建貿易取引に始ま
る人民元「国際化」策であるが，現状をみる限り，プロジェクトは半ば挫折し
たと評価せざるをえないであろう.[32]

## 第3節　「米ドル本位制」下，激増する中国の対外債務

### (1)　中国資本市場の対外開放
#### ——債務国化への道か——

　そこで改めて人民元「国際化」について考えてみよう．2015 年夏場以降,
香港オフショア市場を舞台とした人民元「国際化」策が挫折していく過程で,
大きくクローズアップされてきたのが中国国内の金融経済に重く圧し掛かる債
務であった．特に地方債の引受先となった商業銀行の資金繰りを支えるべく,
人民銀行は巨額の流動性を供給するだけでなく，「債券通」によって銀行間債
券市場にまで外資資金の導入を図ってきた．加えて，株式市場では，MSCI の
中国株組み入れに頼って，「沪港通」,「深港通」による改めての外資導入も実
現させた．これを人民元「国際化」の進展と積極的に評価する向きもあろうが,
別面でいえばそれは中国が対外債務を負うこと以外の何ものでもない．その結
果，今や中国の国内の金融リスクは債券・株式取引を通じ，世界経済に拡散さ
れていることになる．

　このように，過去 10 年間の人民元「国際化」の歩みを振り返れば，それは
中国の金融経済の資金繰りを支えるための金融資本・為替取引の小口段階的対
外開放策でしかなかったと評価せざるを得ない．時にパンダ債が発行されるも,

総ては関係当局の許可の下であり且つ比較的少額である[33]. このように，人民元「国際化」の掛け声は外貨資金を呼び寄せ，中国の対外債務の増大に繋がっていることを確認したい.

　確かに，こうした対外開放策により，非居住者たる外資系銀行・金融機関の人民元残高が形成され，2015 年夏場以降のような人民元の投機的売り圧力を減じるバッファーとして多少なりとも機能するかもしれない. しかし，米ドルとは違い，人民元の国際決済手段として利用は極めて限られている. したがって，非居住者たる外資系銀行・金融機関の人民元残高形成から発生する国際通貨発行益は極めて限定的である[34]. 一朝，中国国内の金融システムに事あれば，非居住者保有の株式・債券は総て売却され，残高形成された非居住者保有の人民元は一気呵成に為替市場で売り浴びせられよう[35].

　他方で，「債券通」・「沪港通」・「深港通」等，新たな外資導入策は，地方債を含め巨額の負債が圧し掛かる中国の金融経済に外部から圧力を加えることになりはしないか. 米英等，徐々に'非伝統的金融政策'から脱出して（tapering），金利引き上げを常に模索している. 中国の金利水準は，現行水準を維持できるであろうか. 人民元「国際化」が新たな外資導入策として登場している今日，中国は金利・金融の「自由化」に抗することができるであろうか[36].「自由化」は，中国発世界金融危機を誘発しないであろうか. 金融のグローバリゼーションが進んだ今日，世界経済が最も懸念すべきリスクがこれである[37].

## (2)　深刻化する銀行破綻と企業の債務デフォルト

　2018 年 5 月 11 日，中国は改めて地方政府の財政改革と地方債の起債規制，国有企業の生産性向上を厳命し，国内金融経済の質的改革を打ち出した[38]. 6 月には外資による中国の銀行・金融機関の出資比率規制も緩和された. このようにみれば，中国の国内金融経済改革の成否こそは，人民元「国際化」の行く末を決する試金石となろう. 自由な人民元建為替決済を受け止めるだけの自由金利型金融資本市場の成熟と為替取引の「自由化」，人民元が「国際化」するための必要条件がこれである（第 2 章第 1 節参照）.

　だが，中国の金融経済システムはかなり厳しい現状にある. 中国人民銀行が発表した『2019 年　金融安定報告』によれば，2018 年第四半期に実施した銀

行等金融機関 4379（大型銀行 24 行，3990 の中小銀行及び 365 の非銀行金融機関を含む 4355 の中小金融機関）の内，586 の銀行及び金融機関が高リスクに分類されたとしている[39]．実際，2019 年 3 月内モンゴル自治区の小規模銀行，包商銀行が公的管理下に置かれ，遼寧省に本店を置く錦州銀行――2015 年香港証券取引所に株式上場し，18 年 6 月末の総資産は 7483 億元（約 11 兆円）――には，経営再建を目的とした大手行の支援が入った[40]．

　非金融部門企業においても事態は深刻である．2019 年 2 月，中国の企業 59 社が共同出資者となって設立し，保険・不動産から航空機リース業まで幅広い業務を手掛けて中国のモルガン・スタンレーといわれた中国民生投資集団が，2 月当初の人民元建社債 30 億元[41]，そして 8 月初めにはドル建債 5 億ドルのデフォルトを引き起こした．そして日本のアパレル・ブランドであるレナウンの親会社で「中国版 LVHM（Moët Hennessy Louis Vuitton, フランス）」と自称する山東如意が，この間世界的に展開してきた M&A のために資金繰りに窮するようになり，2019 年 10 月末，支配株主である北京如意時尚投資控股有限公司の株式 26% を 35 億元で済寧市城市建設投資有限公司債務に売却した．事実上の国有化である[42]．また同じ山東省の西王集団が国内社債 10 億元のデフォルトに陥り，クロス・デフォルト条項――債務者がデフォルトに陥った場合，他の債務支払いも同じくデフォルトを発生させたものとみなす条項で，国際融資契約では一般的な規定――によって地域の関係企業に被害が広がり，関連するドル建債の売却が進んだ．そして 11 月には天津市が出資する公有企業・天津物産集団がオフショア・ドル建社債 12 億 5000 万ドルについてデフォルトに陥り[43]，12 月 2 日には東旭光電科技股分有限公司が 1 カ月以内で 3 回目の国内人民元建社債を，また翌 3 日は北京大学関連の国有企業・北大方正集団の人民元建社債 20 億元がデフォルトとなった[44]．実際，**図表 11-4** の通り，2019 年下半期だけで 51 社の債券がデフォルト（上半期 46 社，2018 年は通年で 54 社）となり，同年だけで 1790 億元（対 2018 年比 16.3% 増）であった[45]．また最近では国有企業のデフォルトまで激増している[46]．留意すべきは，この延長線上において 2020 年中国の銀行・金融機関の債務支払いがピークを迎え，そこに COVID-19 禍が席捲したのである．

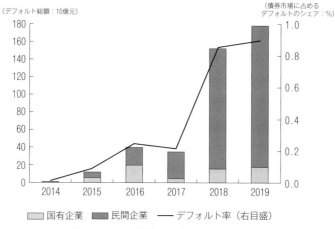

（デフォルト総額：10億元）　　　　　　　　　　（債券市場に占める
　　　　　　　　　　　　　　　　　　　　　　　デフォルトのシェア：%）

□ 国有企業　■ 民間企業　── デフォルト率（右目盛）

**図表 11- 4　激増する中国のデフォルト**

［出所］HKMA（2020b）p.21.

### (3)　人民元は「米ドル本位制」に再編されるのか

　中国の対外負債をみると，中長期債務及び短期債務共に，2014 年を境に明らかに大きな変化がみられる．中長期債務の場合には，2013 年 1865 億ドルであったのが，2014 年 4817 億ドル，2017 年 6115 億ドルへと，僅か 4 年間に 3.27 倍に増大している．短期債務の場合，人民元為替相場の下落に見舞われた 2015 年〜2016 年には短期借入の早期返済が進んだためか，2013 年の 1 兆 2982 億ドルから一旦は 8870 億ドル程度まで圧縮されたものの，為替相場が落ち着きを取り戻した 2017 年には 1 兆 1452 億ドル，2018 年には 1 兆 2716 億ドルにまで再び増大している．その結果，総債務額は 2013 年 8631 億ドルから 2018 年には 1 兆 9652 億ドルへと 2.27 倍に激増している[47]．

　こうした中国の対外債務増大の背景には，2018 年以降，国内の不動産開発に対する規制が一段と厳格となり，金融システム全体が不動産関連融資に対するデレバレッジが進む一方で，資金繰りに困窮し始めた不動産ディベロッパー，ひいては地方政府までもが，香港等のオフショア債券市場でドル建債券を相次いで発行したためと指摘されている[48]．このことを示しているのが**図表 11-5** である．概して 3 年満期で発行される債券が前々回償還期を迎えたのが 2013 年,

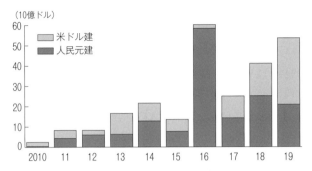

図表 11-5　中国の不動産開発業者による債券発行（各年発行額）

[出所]'China developers' dollar debt spooks investors',*FT*, April 30 2019.

前回が 2016 年，そして今回が 2019 年である．2018 年段階で 5 年物中国国債
利回りが 4% 以上であるのに対し，米国債のそれが 3% を下回る水準であった
ことにみられる通り，オフショアでのドル建債券発行は中国国内債券市場で発
行するよりも明らかに金利面で有利であった[49]．こうして調達したドル建資金は，
既存のドル建債の借換にも用いられようし，人民元為替相場が対米ドルで下落
する局面では上海の CNY 為替市場で人民元に交換して，次々と償還日が来る
既発人民元建債券への支払いに充当されもするであろう[50]．その際人民銀行が為
替市場に介入するとなれば，中国の外貨準備増大に寄与することもあろう．

　このように中国国内不動産関連企業や地方政府によるオフショアでのドル建
債券発行の増大が示唆していることは，最早人民元が「米ドル本位制」に抗す
るカウンター通貨としての地位を失いつつあることである[51]．IMF が半期毎に
公表している *World Economic Outlook* の 2019 年 4 月号 Statistical Appendix
には，2024 年中国の経常収支は 404 億ドル（対 GDP 比 0.2%）の赤字という推
計が出ていた．

　人民元は「米ドル本位制」に再編されることになるのであろうか．そうであ
れば，人民元「国際化」の 10 年の歩みは，国内の国有企業改革，4 兆元の公
共事業，そして不動産バブルを経て膨れ上がった金融負債の流動性を維持すべ
く，外資導入によって「債務大国」化に道を開いただけということになりかね
ない[52]．

## 注

1)　李克強首相は 2016 年 3 月の全国人民代表大会以降，有利子負債の株式化である DES に事ある毎に言及するようになった（Yuan Yang, 'China explores debt-for-equity swaps to defeat bad debt pile-up', *FT*, March 16 2016）．実際，AMC の一角である「華融」会長は，2016 年の時点で石炭・鉄鋼等過剰生産設備に悩む企業の債務軽減化のために，差し当たり 1 兆元の DES が予定されていると述べており，総額で 1～3 兆元の DES が示唆された（'China Said to Plan $155 Billion of Sour Loan-Equity Swaps', *Bloomberg*, April 5, 2016）．そのためにも株式市場の市況が好転する必要があるが，現実は厳しい状況が続いてきた．

2)　ここでは第 4 章第 3 節（2）で述べた 2000 年代のいわゆる「非流通株」の問題も関係している．

3)　2019 年末現在，中国の債券発行残高（保管機関ベース）は 87 兆 3786 億元（約 1400 兆円）である［数字は中央結算公司（2019）より］．ちなみに，同年末の日本の公社債市場残高は 1191 兆円（日本証券業協会資料より）で，2019 年世界第 2 位の債券市場となった．

4)　国務院の会計監査部門である審計署の報告書によれば，地方政府に新たに 1542 億元の「隠れ債務」が存在したと指摘されていた（審計署「2017 年第四季度国家重大政策措施落実情況跟踪審計結果」2018 年 4 月 18 日）．尚，中国版シャドウ・バンキングに関する最近の分析では，Ehler, *et. al.*（2018）が最も詳しい．

5)　中央結算公司（2016）18 頁．

6)　短期銀行間市場では，国有企業や地方政府との関係が密で，人民銀行の公開市場操作等オペレーションの適格資産を潤沢に擁する四大国有商業銀行が，現先取引やコール取引を通じ，招商銀行，中信銀行，光大銀行，華夏銀行，広東発展銀行，深圳発展銀行等 17 行（資産総額 2 兆元以下の銀行）及び小型の地方都市銀行，農村銀行，農村合作銀行，村鎮銀行に対し一方的な資金供給サイドに立つ（例えば，中国人民銀行（2018）表 9 参照）．

7)　Zhu（2016）がいう政府による非公式の「暗黙の保証」が正に表に出た形で実施された訳である．議論の対象は全く異なるが，近年アメリカ，日本で注目を浴びている MMT（Modern Monetary Theory）を踏まえれば，中国は経常収支黒字を計上し続ける以上，人民銀行は国債を担保に巨額の通貨を発行できるから中国経済は安泰ということになる．この点 MMT 信奉者はいかがであろうか．

8)　財政部「关于规范金融企业对地方政府和国有企业投融资行为有关问题的通知」，2018 年 3 月 28 日．2018 年に発行された地方債では，償還期が 15 年或いは 20 年の債券が増えている（財政部「关于做好 2018 年地方政府债券发行工作的意见」2018 年 5 月 4 日）．

9)　'S&P Global Ratings says China to see first bond default by a local government financing vehicle in 2018', *SCMP*, Jan 30th 2018.

10)　2019 年 8 月末以降，2013 年 10 月に導入された LPR 金利（第 6 章第 3 節（3）参照）を公開市場操作——主に MPR 金利——に準じるとして，より市場指向的な指標金利となった．詳細は三浦（2019）を参照．

11)　その限りでは，クロス・ボーダーの人民元決済における中国銀行（香港）の役割は減じることになる．

12)　尚，第4章注5) も参照．

13)　中国外汇交易中心資料「关于调整 CFETS 人民币汇率指数货币篮子的公告」．もっとも，バスケット通貨が現実に存在はしないこと等，第10章第2節で記した通りである．したがって，中国が世界各国の通貨を構成通貨としたバスケット通貨を為替レート指標として発表したとしても，中国の国際取引決済において米ドルが大きなウェイトを占める現実には変わりはない．

14)　2009年6月の人民元建貿易取引と香港オフショア市場での人民元建預金開設以来，中国は，これに参加する海外の銀行・金融機関等機関投資家に対し，本土の銀行間債券市場へのアクセス——運用のみ「可」，調達「不可」——拡大を段階的に図ってきた．2015年7月には，広く海外の中央銀行・通貨当局，国際金融機関，政府系投資ファンドであるソブリン・ウエルス・ファンドに対し，人民銀行への届出を条件に銀行間債券市場への投資が承認された．

15)　中国人民銀行「中国人民银行进一步放开境外机构投资者投资银行间债券市场」2016年2月．その後，銀行間債券市場に参入する外資系銀行・金融機関には，変動する人民元為替相場のリスク管理手段として人民元建デリバティブ取引が認められた（中国人民銀行「关于金一步做好境外机构投资者银行间债券市场有事关宣公告」2017年3月）．取引は債券取引の実額を踏まえた'実需'原則であり，決済は中国の銀行を通じて行われる．

16)　2020年3月，日本のメガバンク3行の内残る1行も10億元のパンダ債を発行した．

17)　2016年9月，中国銀行ニューヨーク支店がアメリカでの人民元決済銀行の第一号である．

18)　「菲律宾发行东南亚地区第一支主权熊猫债券」『中国金融信息网』，2018年3月18日．外資系金融機関は，2017年7月に開設された香港経由の「債券通」（後述）を通じ同債券の購入が可能で，非居住者に88%が消化された．

19)　MSCI（Morgan Stanley Capital International が算出・公表している指数の一つであり，算出に組む込まれることでグローバル投資における各種ベンチマークを構成することになる．したがって，組み入れられた株式はグローバル・マネーの格好の投資対象となり，それにつれて指数も変動する．2019年11月末，MSCI 新興国市場インデックスにおける人民元建A株の組み入れ比率は20%に達した．

20)　中国証券監督管理委員会，香港証券及期貨事務監察委員会 联合公告「内地與香港股票市場交易互聯互通機制：監管機構宣布擴大每日額度」，2018年4月11日．ちなみに，2018年5月9日の上海A株市場の取引額は1542億元，深圳株式市場の取引額（B株市場を除く）は2311億元，香港取引所843億香港ドル（682億元）であった．グローバル・マネーが上海・深圳の株式市場で，また香港株式市場で中国本土マネーが，各々一定の役割を演じるようになっている．

21)　この他にも IMF との間で，「一帯一路」構想に係わる国際的人材養成機関の創設が発表された（中国人民銀行「中国-国际货币基金组织联合能力建设中心正式启动」，2018

年 4 月 12 日）.

22)　中国人民銀行（2018）11 頁.

23)　貿易・経常取引の数字については，国家外汇管理局資料より.

24)　2018 年以降，人民元建貿易取引の比率も若干上向きであるが，その背景には人民元為替相場の相対的安定ということがあろう.

25)　SWIFT, ‘RMB adoption between China and Japan has more than doubled in the last two years’, *RMB Tracker*, Feb. 2020.

26)　IMF 資料及び「2017 年末人民币在全球外汇储备占比上升 1.23％」『中国金融信息网』2018 年 3 月 31 日.

27)　Zhihuan & Liu（2018）p. 4 参照.

28)　2018 年 5 月 1 日から従来枠の 4 倍に引き上げられた. 1 日の取引限度額について，香港から上海及び深圳の株式を売買する「沪股通」と「深股通」を各々 130 億元から 520 億元に，上海及び深圳から香港株式を売買する「港股通」を従来の 105 億元から 420 億元に変更された.

29)　「首季港股交投暢旺 沪深港通交易大增 港交所赚 25 億」『香港商報』，2018 年 5 月 10 日.

30)　証券決算機関である中央決算公司の数字では，地方政府債の 2016 年末残高 10 兆 6239 億元，2017 年末残高 14 兆 7414 億元の内，海外の銀行・金融機関は各年 53 億元，96 億元の保有額であった［数字は中央決算公司（2016），（2017），各年次報告書より］.

31)　刘（2016）参照.

32)　中国「人民日報」の英語版 China Daily は，2016 年 9 月の段階でも，‘RMB’s unstoppable climb to the global stage Mainland economy’s opening-up, new stock connect help lift the yuan’ という記事を掲げていた.「国際通貨」国には「国際通貨発行特権」が発生するが故に，「国際通貨国」＝対外債務が可能な金融大国という「米ドル本位制」の歴史経緯を読み間違えた理論的誤りがあるのかもしれない.

33)　2014 年イギリス政府は期間 3 年，30 億元の人民元建国債を発行したが，この金額は拡大された「沪港通」,「深港通」の一日の取引限度額の 1/10 以下である.

34)　2015 年 10 月中国政府は，ロンドンで期間 1 年，50 億元の短期債を発行したが，これだけで国際準備資産を発行したことにはならない. なぜなら，準備資産とは中央銀行・通貨当局による為替市場介入のための売却・取り崩しを予定しているのに対し，人民元がロンドン為替市場で主たる取引通貨の地位を得ている訳ではないからである. したがって，現段階では中国政府の単なる短期債務でしかない.

35)　この点，本書「補論 1」を参照されたい.

36)　拙速な「自由化」は，金融システムの大混乱，システミック・リスクの発生を誘発しかねず，リスクが中国共産党－人民解放軍－国有銀行・企業のトライアングル体制に対して極めて深刻な政治経済的衝撃を与えることは想像に難くない. 中国の金融・資本取引の「自由化」の限界，それは中国の金融経済に潜む巨額債務リスクとこれ絡む政治経済体制にあるといえよう.

37)　第 7 章注 38）を改めて考慮すべきである.

38)　「关于做好 2018 年地方政府债券发行工作的意间」財政部，2018 年 5 月 4 日，「关于地方机构改革有关问题的指导意见」，「关于加强国有企业资产负债约束的指导意见」，「推进中央党政机关和事业单位经营性国有资产集中统一监管试点实施意见」中央全面深化改革委员会，2018 年 5 月 11 日.

39)　中国人民銀行（2019）96 頁.

40)　2019 年 7 月 28 日，中国工商銀行と AMC である中国信达資産管理，中国長城資産管理の国有 3 社は，錦州銀行の株式少なくとも 17％を買い入れることで合意した．香港に上場している錦州銀株は 4 月から売買停止，7 月後半に錦州銀のドル建債は大幅に下落した（Ren, Shuli, 'Why China Has Chickened Out of Another Bank Seizure, A second small regional lender is in trouble, but taking it over could do more harm than good', *Bloomberg*, July 29, 2019.）.

41)　同投資集団破綻直前の 1 月 21 日，習近平主席は共産党中央党校に集めて講演し「『ブラックスワン』だけでなく『灰色のサイ』も防がなければならない」と述べていた.

42)　'In China's third-largest province, Shandong firms are still reeling from liquidity crunch after default scare', *SCMP*, Oct. 23$^{rd}$, 2019. 1998 年山東如意の売り上げは 2 億元であったが，2016 年に 500 億元を上回った．その間，D'URBAN，Aquascutum，Bally といった欧州の高級ブランドのアパレル企業を完全子会社化している.

43)　デフォルトいう事態を受けて同集団は，投資家に対して最大 64％の損失を受け入れるか，表面利率を大幅に引き下げた上で支払いの遅延を認めるよう提案した．尚，同集団の内，2017 年時点で天津物産の年間売上高は 666 億ドル，利益は約 1 億 2200 万ドル，資産は 383 億ドル相当，従業員数は 1 万 7000 人で，米誌 *Fortune* の 2018 年版グローバル 500 社リストで 132 位と評価され，中国中信集団より上位にランクしていた．但し，株式非公開の天津物産は，世界三大格付け会社からの格付けを得ていなかった（'Tewoo Debt Plan Shows China Is Allowing State Firms to Fail', *Bloomberg*, Nov. 26, 2019）.

44)　中国では，この他にも精華大学等，最高レベルに位置する大学が企業集団を設立しており，財務状況は方正集団と同じような状況にあるといわれている（'Missed bond payment by China's state-owned Peking University Founder Group shocks investors', SCMP, Dec. 4, 2019）.

45)　数字は**図表 11-4** の［出所］と同じ．Lardy（2019）は，中国の債務問題は対 GDP 比での負債の絶対額ではなく，負債が生産性の低い国有企業と関連していることだとしている（p.22, pp54-64）.

46)　'China's Government Is Letting a Wave of Bond Defaults Just Happen', *Bloomberg*, Dec. 27 2019 も参照のこと.

47)　数字は国家外汇管理局「1985-2018 年中国长期与短期外债的结构与增长」より.

48)　'China developers' dollar debt spooks investors', *FT*, April 30 2019. 一戸建てを除く，住居用マンションの空室率は 2013 年時点とほとんど変わらず 22.4％，空室数は 2013 年の 4900 万室から 2017 年には 5000 万室に増大したといわれている（'A Fifth of China's Homes Are Empty. That's 50 Million Apartments', *Bloomberg*, Nov. 9$^{th}$ 2018）.

49)　2018 年 11 月, 中国の最大手不動産ディベロッパー中国桓大 (China Evergrande) が総額 18 億ドルの 5 年物債券を発行した際のクーポン金利は 13.75％であった ('Evergarande: China's biggest property developer faces debt crunch', *FT*, Nov. 29 2018).

50)　'The $500 billion market the world never thought it would see', *Bloomberg*, July 31 2018.

51)　'China Is Putting the Yuan Against the Dollar. So Far, It's Not Going to Plan', *WSJ*, Sept. 16, 2019.

52)　2019 年 11 月末, 中国人民大学国際貨幣研究所副所長向松祚教授 (第 2 章注 10) も参照) が行った「100 分钟演讲：中国经济的内外挑战 (100 分間講義：中国経済が面する国内外の困難)」は, 今後中国が深刻な金融負債デフレに苛まれると喝破し, 中国内外から賛否の声が上がった.

# 補論4 「日中金融合作」

　2018年5月，8年ぶりに中国・李克強首相が来日し，日中金融協力として日本円・人民元の通貨スワップ協定が締結された．併せて，RQFII枠2000億元の割り当てが決定された．このことが人民元「国際化」に直ちに繋がるかといえば，答えはNOであろう．それでも付与されたRQFII投資枠は香港3076億元に次ぐし，東京に人民元決済銀行を設立することにもなり，2019年6月三菱UFJ銀行がその役を果たすことになった．

　もっとも，2017年日中間の貿易額は2973億ドルで，その内の人民元建取引は8％に過ぎない．また，日中間の人民元建国際取引は4509億元，第4位の規模であり[1]，現状大きなウェイトを占めている訳でもない．しかし，人民元と日本円の直接取引が本格化し，日中間貿易取引における人民元建比率が上昇すれば，国際決済手段としての人民元の利用は大きく促されることになろう．世界第3位と第2位のGDPを擁する日中間貿易取引の人民元建化と日中金融合作，それはサプライ・チェーンが形成された東アジア地域の貿易取引で広く人民元が国際決済手段として利用されることを促すことになろう．このことを米ドルの立場からみれば，日中間或いは東アジア地域間という第三国間貿易決済の‘脱ドル化’ということである[2]．

　更にいえば，2017年世界最大の原油輸入国になった中国は，自国の需要動向を国際価格に直接反映させるべく上海先物取引所に原油先物市場を開設し，今後は直物現物渡しも実現していくという[3],[4]．また既に第9章で記した「一帯一路」戦略も，今後紆余曲折を経ながらも引き続き展開しているとなれば，これらは国際通貨・米ドルの‘ネットワーク外部性’を蚕食していくことになるかもしれない．

注
1)　以上までの数字は，「中日金融領域合作给予日方2000亿元RQFII额度」『中国金融信息网』，2018年5月11日より．2018年4月末現在，RQFIIの6148億元で，香港を除く

その他の割当内訳は，シンガポール 746 億元，韓国 753 億元，イギリス 414 億元，フランス 240 億元，オーストラリア 320 億元，アメリカ 166 億元，ルクセンブルグ 151 億元，ドイツ 105 億元，タイ 11 億元，であった（国家外汇管理「人民币合格境外机构投资者（RQFII）投资额度审批情况表」）.

2) ちなみに，2017 年の日本の国別貿易をみれば，輸出総額 6970 億ドル：アメリカ 1345 億ドル（19.3％），中国 1326 億ドル（19.0％），輸入総額 6709 億ドル：アメリカ 720 億ドル（10.7％），中国 1642 億ドル（24.5％）である（数字は JETRO 資料より）.

3) 中国商務省は「人民币正成为避险货币（人民元はリスク回避通貨になっている）」というタイトルの web 記事で，原油先物市場開設により，人民元の国際準備通貨としての地位が一段と高まるという Russia TV のニュース記事を掲げている. 国際準備資産としての人民元のウェイトについては，既に本文で記した. やや過大な自己評価であると考える.

4) そして 2020 年 4 月，コロナ・ウィルス禍が世界経済を席巻したところで，中国銀行が‘紙原油’として投資家に販売していた原油価格連動型金融商品が直撃を受けた. というのも，原油 WTI 先物価格が 1 バーレル＝−42 ドルまで暴落したことで，期初に先物買のポジションを建てていた投資家は，5 月限月の清算日 4 月 21 日に暴落した価格で差金決済をすることになり，取引の証拠金を預けていた銀行預金が没収更には銀行借り入れで決済を余儀なくされたからである「“原油宝”教訓」『財新网』2020 年 5 月 12 日]. どこまでも投機の世界である.

# 補論 5 | デジタル人民元の「国際化」

2015年夏以降の人民元為替相場下落と金融システムの混乱が続く中, 'デジタル人民元'が脚光を浴び, 人民元「国際化」が進むかの如き論調が改めて登場している. その背景には, 2008年アメリカ発世界金融危機を契機に, ビットコインの如き「仮想通貨 (crypto currency)」が新手のリスク商品として脚光を浴びたことにある.

しかし, 一般の財・サービス取引において交換手段としての受容性・流通性もない「仮想通貨」が, そもそも通貨と呼称するに足るものであるのかどうか, 理論的には誤りである. ましてや, 貨幣の機能である価値尺度と価値の貯蔵手段という観点からみれば, 元本価格が大きく変動するリスク金融商品が貨幣の機能を担えるとは考えられない. むしろ, グローバル金融資本主義を技術的に牽引してきたICTを駆使し世界的なSNSを構築してきたFacebookが, 今日「仮想通貨」Libraを構想していることから, その中国版であるデジタル「人民元」にもスポットライトがあたっているようだ.

さて, 上記の理由から, それ自体交換手段としての受容性・流通性を欠く「仮想通貨」が存立するには, 各国国民通貨との安定した交換性を必要にして不可欠な条件とする. この点でLibraは, ドル・ユーロ・ポンド・日本円等主要通貨から構成されたバスケット通貨に裏打ちされた価値を有し, 各国民通貨と安定的交換関係を目指すものとして構想されているようではある. だからこそ, ICT技術にブロックされたはずのLibraは各国国民通貨への転換を求めてサイバー攻撃の対象ともなる. 他方, 中国は2013年以降「仮想通貨」取引を禁止した. なぜなら, 「仮想通貨」が人民元から米ドル等ハード・カレンシーへの転換窓口, つまりは資本流出の抜け穴になる一方で, 人民元を受け取った業者には人民元売の'実弾'が供給されたに等しかったからである.

以上の点からみれば, デジタル人民元が人民元「国際化」を促すとはどういうことであろうか. 中国でも銀行口座を開設するにはIDカードと煩雑な手続きを要する. しかし, 補論2で記した通り, モバイル決済サービスが広がった

中国において，GPS 機能付き携帯電話が決済取引の手段となれば，監督当局は人物特定と位置情報を得て，マネー・ロンダリングや非合法な為替取引において身柄拘束もできよう．このように考えれば，さてデジタル人民元が人民元「国際化」を促すことになるのかどうか，大きな疑問を禁じ得ない[1]．

**注**

1)　2020 年 3 月中国人民銀行金融研究所首席研究員　邹平座氏が論文「货币政策的市場化协同与大数据机制研究（金融政策の市場化はビッグデータ・システム研究を歩調を合わせて進む）」を発表した．論文では，米ドル中心の国際通貨金融システムへの批判，雇用の量と質において中国人の一人当たり価値をアメリカのそれよりも上回らせること等，強烈なナショナリズムが見え隠れはするが，人民元「国際化」に繋がる具体的糸口が記されている訳ではない．

# おわりに

　本書『中国・金融「自由化」と人民元「国際化」の政治経済学』執筆の最終段階において，コロナ・ウィルス禍が世界中に広がり，中国経済はいうに及ばず，世界経済全体の行く末が深く憂慮されている．4月17日中国・国家統計局が発表した2020年第Ⅰ四半期のGDPは20兆6504億元で，対前年比−6.8％，工業生産指数−8.4％，社会消費小売総額−19.0％，固定資本投資（農業部門を除く）−16.1％，民間固定資本投資−26.4％であった．「改革・開放」から40有余年の中で歴史的なマイナス数字が並んだ．もっとも，こうした新たな社会経済環境が広がる以前において，人民元「国際化」がほぼ挫折したという認識は世界の共通了解となっており，実のところ本書のタイトルを冠した著書を世に問うことには躊躇するところもあった．

　しかし，コロナ・ウィルス禍が鎮静化し，世界経済が新展開を期す段階になるや，「改革・開放」から40年を経た中国経済の来し方もまた必ずや改めて問われることだろうと考え，本書の出版を決定した．

　さて，この間の中国の経済発展は誰しもが認めることである．流石に紀元前の時代に「万里の長城」を築いた国である．だが，その経済発展は大戦後のアメリカを中心とした国際政治経済秩序に中国が加わることで，初めて可能であった．その中国が「基軸通貨」米ドルに代わる人民元「国際化」を進めるというから，正直驚くしかない．確かにアメリカを中心とした国際政治経済秩序は制度疲労どころか，各地に政治的危機を引き起こし，時には自らの軍事介入によって惨劇を生み出し，国内外に広がる「経済格差」は国際社会の安定を大きく損なってきたといわざるを得ない．そうした状況下で，もし国際政治経済秩序を変革する真にalternativeな改革案を提起するとすれば，それは第2章で記した「ドルの罠」の二番煎じ的な着想であってはならない．直接的な国益からは一歩離れ，人類社会の生死に係わる国際公共財の構築案でなければならない．そうしたアイディアを中国が提起できたとあれば，自らイニシャティブをとって実行可能であろうと期待もする．

　本書は，著者にとって二冊目の単著である．単著以来，10 年以上に亘って人民元「国際化」をキー・ワードに，金融論・国際金融論の観点から中国の金融経済について研究してきた．本書はその成果を取りまとめたものである．また，出典等には特に記しはしなかったが，研究の途上では，この間中国から日本或いは欧米各国に留学をされた諸氏の著書・論文・投稿記事等々，大いに参考にさせて頂いた．

　尚，本書の出版に際しては，京都女子大学「出版助成（経費の一部助成）」を受けている．また，出版までの編集校正作業では，晃洋書房の西村喜夫氏にお世話になった．関係各位に記して謝意を申し述べたい．


　　2020 年 7 月 1 日


鳥 谷 一 生


追記

　本書脱稿後，アメリカ政府は United States Strategic Approach to The People's Republic of China, May 2020 を発表した．

# 参 考 文 献

**日本語文献**

赤羽裕（1971）『低開発経済分析序説』岩波書店.

梅沢正邦（2014）「銅価格が急落、中国から広がる"赤い"不安　爆食の陰で浮かび上がる、もう1つの『影の銀行』」『週刊　東洋経済』4月13日号.

大橋英夫（2017）「中国の過剰生産能力と国有企業改革」［日本国際問題研究所編『中国の国内情勢と対外政策』］.

奥田宏司（2016）「人民元の現状と「管理された国際化」『立命館国際地域研究』第43号.

小野久資（1990）「拡大再生産における固定資本の補填」［富塚良三・井村喜代子編集『資本論体系　4　資本の流通・再生産』有斐閣，第Ⅲ部3］.

梶谷懐（2011）「改革開放政策と財政金融改革──概観──」［『現代中国の財政金融システム　グローバル化と中央−地方の政治経済学』名古屋大学出版会］.

関志雄（2013）『中国　二つの罠　待ち受ける歴史的転機』日本経済新聞社.

金泳鎬（1988）『東アジア工業化と世界資本主義』東洋経済新報社.

木村爽（2010）「加速する元建てクロスボーダー決済──人民元国際化に向けて──」『三井物産戦略研究所レポート』10月.

齋藤尚登（2015a）「中国の金融政策の現状と問題点，必要とされる将来への備え」『大和総研調査季報』春季号.

────（2015b）「中国株式市場の急騰・暴落の背景と政府主導の株価対策の評価」『月間資本市場（公益財団法人資本市場研究所）』No.362.

許家屯（1999）『香港回収工作』筑摩書房〔ちくま学芸文庫〕.

神宮健（2019）「モバイル決済・インターネット金融の普及」［小原篤次他編著『中国の金融経済を学ぶ　加速するモバイル決済と国際化する人民元』ミネルヴァ書房，第8章］.

神宮健・李粋蓉（2007）「終盤に入った非流通株改革」『季刊　中国資本市場研究』Spring.

関根栄一（2010）「中国の人民元建て貿易決済取引の導入と人民元の国際化」『資本市場クォータリー』.

────（2015）「上海・香港ストックコネクトと市場開放の展望」『月刊　資本市場』No.

360.

孫錫寧 (2016)「中国株式市場乱高下の元凶」『知的財産創造』野村総合研究所.

高田創 (2013)「中国短期金融市場金利の背景にある根深い問題」『リサーチ TODAY』みず
　ほ総合研究所.

竹内啓 (1979)『近代科学主義の光と影』新曜社.

谷内満・増井彰久 (2007)「加速する中国金融改革の分析」『開発金融研究所報』第 34 号.

渓内謙 (1988)『現代社会主義を考える――ロシア革命から 21 世紀へ――』岩波書店〔岩波
　新書〕.

滕鑑 (2016)「中国の計画経済時代における体制改革」『岡山大学経済学会雑誌』48 (1).

陳雨露 (2014)『人民元読本――今こそ知りたい！中国通貨国際化のゆくえ――』日本僑報
　社.

露口洋介 (2012a)「中国人民元の国際化と中国に対外通貨戦略」『国際金融』1234 号.

―――― (2012b)「クロスボーダー人民元決済と中国の金融政策への影響」『国際金融』
　1237 号.

程暁農 (2003a)「中国経済を再認識する」[同編著『中国経済　超えられない八つの課題』
　草思社，二].

―――― (2003b)「繁栄はどこからきたのか――中国経済の現状と趨勢の分析――」[同編
　著『同上書』，五].

鳥谷一生 (1994)「円の『国際化』の現状と限界」[内田勝敏『国際化のなかの日本経済』ミ
　ネルヴァ書房，第 9 章].

―――― (1999)「香港ドルと国際短期資本移動――「ドル本位制」におけるカレンシー・
　ボード制の矛盾――」『大分大学経済論集』第 50 巻第 5 号.

―――― (2006)「東アジア通貨金融危機の発生と国際金融システム機器」[嶋田巧編著『世
　界経済』八千代出版，第二部第 4 章 2].

―――― (2010a)「安定した国際通貨制度を求めて」――国連・国際通貨金融システム改革
　専門家委員会「報告書」を読んで――」『大分大学経済論集』第 61 巻 6 号.

―――― (2010b)「外国為替取引とは何か」[『国際通貨体制と東アジア――「米ドル本位
　制」の現実――』ミネルヴァ書房，第 1 章].

―――― (2010c)「外国為替銀行の生成・展開と国際決済」[『同上書』，第 2 章].

―――― (2010d)「『米ドル本位制』の系譜と国際決済の非対称性」[『同上書』，第 4 章].

─────（2010e）「東アジア通貨危機の背景──「最適為替相場論争」と「資本収支危機」説の検討──」[『同上書』，第 5 章].

─────（2010f）「人民元為替相場論争」[同上書，第 6 章].

─────（2010g）「東アジア地域為替清算同盟の可能性」[『同上書』，第 9 章].

鳥谷一生（2015）「欧米における国際通貨制度改革構想について──複数基軸通貨制度とSDR 本位制への展望──」『現代社会研究科論集（京都女子大学大学院）』9 号.

─────（2018）「 中国・人民元『国際化』戦略とその現状と展望──中国人民大学・国際貨幣研究所の論説から──」『現代社会研究（京都女子大学）』第 20 号.

─────（2019）「『国際金融のトリレンマ』命題」[山本和人との共編著『世界経済論』ミネルヴァ書房，第 11 章コラム 4].

鳥谷一生・松浦一悦（2013）『グローバル金融資本主義のゆくえ』ミネルヴァ書房.

童適平（2013）「金利自由化進展の現状とその課題」[『中国の金融制度』勁草書房，第 8 章].

東善明（2007）「中国資金決済システムの動向──遠隔地間の小口決済にかかる最近の施策を中心に──」『日銀レビュー』.

中田理恵（2015）「中国株式市場が抱える構造的問題」『金融資本市場（大和総研）』.

内藤二郎（2015）「中国財政の構造問題と課題──高まる財政圧力のもとで──」『JRI レビュー』日本総合研究所　Vol. 4, No. 23.

西村友作（2019）『キャッシュレス国家「中国新経済」の光と影』文藝春秋〔文春新書〕.

西原哲也（2013）『李嘉誠　香港財閥の興亡』NNA.

韓冰（2005）「中国における不良債権発生のメカニズム──国有企業の経営悪化と国有商業銀行の不良債権──」『現代社会文化研究』No. 32.

樊勇明・岡正生（1998）『中国の金融改革』東洋経済新報社.

范立君（2017）「中国のシャドウバンキングの膨張と金融改革」『信用理論研究』信用理論研究学会，第 35 号.

平勝廣（2001）「外国為替取引とは何か」『最終決済なき国際通貨制度』日本経済評論社，第 1 章.

福地亜希（2015）「中国における株価下落の経済への影響──過剰貯蓄と繰り返される投資ブーム──」『経済マンスリー』三菱東京 UFJ 銀行.

三浦祐介（2019）「中国の金利市場化改革が一歩前進」『みずほインサイト　アジア』みずほ総合研究所.

230

村瀬哲司（2011）「人民元市場の内外分離政策と『管理された』国際化〜国際金融秩序への挑戦〜」『国際金融経済論考』2011 年第 2 号.

巌善平（2002）「中国における郷鎮企業の発展と融資問題」『桃山学院大学総合研究所紀要』第 28 巻 2 号.

遊川和郎（2017）『香港　変換 20 年の相克』日本経済新聞社.

楊帆（2003）「株式市場に関する中国の論争」［程暁農編著『中国経済　越えられない八つの課題』，草思社，三].

李婧（2010）「人民元の台頭とアジア化・国際化戦略」［上川孝夫・李婧『世界金融危機 日中の対話──円・人民元・アジア通貨金融協力──』春風社，第 5 章]

劉家敏（2004）「中国の債券市場〜原状と抱える問題点」『みずほリポート』3 月.


**欧語文献（翻訳文献を含む）**

Brus, W. (1975) *Socialist Ownership and Political Systems*, Routledge & Kegan［大津定美訳『社会化と政治体制』新評論，1982 年].

Carvo, G. A. & Reinhart, C. M (2000) 'Fear of Float', *NBER Working Paper*, No.7993, Nov.

Dev K. & Sarah F. (2012) *Illicit Financial Flows from China and the Role of Trade Misinvoicing*, October 25.

Ehler, T., Kong, S., & Feng, Z. (2018) 'Mapping Shadow Banking in China: Structure and Dynamics', *BIS Working Papers*, No. 701, Feb.

Eichengreen, B. (2010) *Exorbitant Privilege: The Rise and Fall of the Dollar and the Future of the International Monetary System*, Oxford U.P. ［小浜裕久監修『とてつもない特権──君臨する基軸通貨ドルの不安──』勁草書房，2012 年].

European Union Chamber of Commerce in China (2016) *Overcapacity in China, An Implement to the Party's Reform Agenda.*

Fisher, Stanley (2001) 'Exchange Rate Regimes: Is the Bipolar View Correct?' *IMF Speech*, Jan.6.

Gao, Haiong, and Yu, Yondong (2012) 'Internationalization of Renminbi', *BIS Papers*, No.12,.

Hong Kong Monetary Authority (2018) *Annual Report 2018.*

───── (2019) 'The Foreign Exchange and Derivatives Markets in Hong Kong', *Quaterly Bulletin*, Dec.

————(2020a)‘The Hong Kong Debt Market in 2019', *Quarterly Bulletin*, March.

————(2020b)*Half-Yearly Monetary & Financial Stability Report*, March.

Kroeber, R. Arthur（2016）*China's Economy*, Oxford U.P.

Lardy, R. Nicholas（2019）*The State Strikes Back, The End of Economic Reform in China?*, Peterson Institute for International Economics.

Li, Cindy（2013）'Shadow Banking in China: Expanding Scale, Evolving Structure', *Asia Focus*, Federal Reserve Bank of San Francisco, April.

Lipton, David（2016）'Rebalancing China: International Lessons in Corporate Debt', *IMF Speech*, June 11..

Lo, Chi（2010）*China After The Subprime Crisis, Opportunities in the New Economic Landscape*, Palgrave Macmillan.

————(2013）*The Renminbi Rises, Myths, Hypes and Realities of RMB Internationalisation and Reforms in the Post-Crisis World*, Palgrave Macmillan.

Lorogova, S., & Lu, Y.（2013）'Structure of the Banking Sector and Implications for Financial Stability', in *China's Road to Greater Financial Stability*, edited by Das, Udaibir S., Fietcher, J., & Sun, T., IMF.

Marx, K. & Engels, F.（1848）*Manifest der Kommunistischen Partei*［『マルクス＝エンゲルス全集　1846－1848』大月書店，第4巻，1966年］.

Marx, K.（1867）*Das Kapital*, Erster Band［『マルクス＝エンゲルス全集』大月書店，第23巻b, 1966年］.

Marx, K.（1885）*Das Kapital*, Zweiter Band［『マルクス＝エンゲルス全集』大月書店，第24巻，1965年］.

McKinnon, Ronald I（1973）‘Money and Capital in Economic Development, Washington, DC', Brookings Institution.

McMahon, Dinny（2018）*China's Great Wall of Debt, Shadow Banks, Ghost Cities, Massive Loans and the End of the Chinese Miracle*, Little, Brown.

Prasad, Esawar S.（2014）*The Dollar Trap, How the US Dollar Tightened its Grip on Global Finance*, Princeton U.P.

————(2017）*Gaining Currency, The Rise of The Renminbi*.

Sanderson, H. & Forsythe, M.［2013］*China's Superbank, Debt, Oil and Influence-How China*

*Development Bank is Rewriting the Rules of Finance*, John Wiley & Sons［築地正登訳
『チャイナズ・スーパーバンク　中国を動かす謎の銀行』原書房，2014 年］.

Scott, Robert Haney（2004）'Monetary System and Policies', in *The Hong Kong Financial System*, edited by Ho, Simon S. M., Scott, Robert Honey, and Wong, Kie Ann, Oxford U.P.

Shaw, Edward（1973）*Financial Deepening in Economic Development*, Oxford University.

Subacchi, P.（2017）*The People's Money, How China is Building A Global Currency*, Columbia Univ. Press.

Sweezy, P. M.（1980）*Post-Revolutionary Society*, Monthly Press［伊藤誠訳『革命後の社会』TBS ブリタニカ，1980 年］.

Trotsky, L. D.（1937）*The Revolution Betrayed: What Is the Soviet Union and Where Is It Going?*［藤井一行訳『裏切られた革命』岩波書店〔岩波文庫〕，1992 年］.

Walter, Carl. E. & Fraser J. T. Howie（2011）*Red Capitalism, The Fragile Financial Foundation of China's Extraordinary Rise*, John Wiley & Sons.

Wang, J. & Pomeroy, J.（2016）*China and the World, New Frontiers and Fresh Connection*, HSBC, May.

Yam, Joseph（2012）*The Future of the Monetary System of Hong Kong*, Institute of Global Economics and Finance, The Chinese University of Hong Kong.

Yu, Yongding（2014）Revisiting the Internationalization of the Yuan, *ADBI Working Paper*, Series, No. 366.

Zhang, Y. Sophia & Barnettm Steven A.（2014）'Fiscal Vulnerabilities and Risks from Local Government Finance in China', *IMF Working Paper*, No. 14/4, Feb.

Zheng, J., *et.al.*（2006）'RMB cross-border trade settlement scheme: What are the potential implications/', *Economic Observatory*, BBVA Economic Research Department, Sept.

Zhihuan, E. & Liu Yayin（2018）'Prospects and Impacts of the Opening of the Mainland's Bond Market', *Economic Review*, Bank of China（Hong Kong）, April.

Zhou, X.（2009）'Reforming the International Monetary System', March 23.

Zhu, Nin（2016）*China's Guaranteed Bubble*, McGraw-Hill［森山文那生訳『中国バブルはなぜつぶれないのか』日本経済新聞社，2017 年］.

## 中国語文献

Deloitt 德勤（2018）『中国房地产行业投资促进报告（中国不動産業投資促進報告）』4 月.

鄂志寰（2017）「從“一帶一路”國際合作進展看沿線資金融通前景」『中银经济月刊』中国银行（香港），5 月.

黄剑辉和其他（2019）「政府市场双到位商品房保障房双轨并行供给需求双激活」『民生智库专题报告』中国民生银行，总第 113 期.

刘东民（2016）「以地方政府债券的离岸发行促进人民币国际化」中国社会科研院世界经济与政治研究所国际金融研究中心，*Policy Brief*, July.

余永定（2016）　『最后的屏障　资本项目自由化和人民币国际化之辩』东方出版社.

西南财经大学・中国家庭金融调查与研究中心（2012）『中国家庭金融调查报告精选』.

王芳・张晋源（2016）「人民币国际化与特里芬难题的辩证反思」『IMI 研究动态』　No.1614.

中国商务部（2017）『中国对外直接投资公报 2016』.

───（2018）『中国对外贸易形势报告　2018 年春季』.

中国人民银行（2009）『货币政策执行报告　2009 年第三季度』.

───（2015）『货币政策执行报告　2014 年第四季度』.

───（2018）『货币政策执行报告　2017 年第四季度』.

───（2019）『中国金融稳定报告　2019』.

───（2020）『货币政策执行报告　2019 年第四季度』.

中央结算公司（2016）『债券市场统计分析报告』.

───（2017）『同上』.

───（2019）『同上』.

## 注記

本文中の web 新聞記事の略称は次の通りである.

FT: Financial Times
SCMP: South China Morning Post
WSJ: Wall Street Journal

# 索　引

《著者紹介》

鳥 谷 一 生 （とりたに　かずお）

　　1959年生まれ
　　同志社大学大学院商学研究科博士後期課程単位取得退学
　　現在：京都女子大学現代社会学部教授　博士（商学）
　　主著：『世界経済論』（共編著）ミネルヴァ書房，2019年.
　　　　　『グローバル金融資本主義のゆくえ』（共編著），ミネルヴァ書房，2013年.
　　　　　『国際通貨体制と東アジア』ミネルヴァ書房，2011年.

中国・金融「自由化」と人民元「国際化」の政治経済学
──「改革・開放」後の中国金融経済40年史──

　　2020年10月10日　初版第1刷発行　　＊定価はカバーに
　　　　　　　　　　　　　　　　　　　　　表示してあります

　　　　　　　　　　　　著　者　　鳥　谷　一　生 ©
　　　　　　　　　　　　発行者　　萩　原　淳　平
　　　　　　　　　　　　印刷者　　藤　森　英　夫

　　　　　　　発行所　株式会社　晃　洋　書　房

　　　　〒615-0026　京都市右京区西院北矢掛町7番地
　　　　　　　　　　　電話　075(312)0788番(代)
　　　　　　　　　　　振替口座　01040-6-32280

　　装丁　野田和浩　　　　　　　印刷・製本　亜細亜印刷㈱

　　　　　　　　ISBN978-4-7710-3397-9